不知历史者，无以图未来

中国铁道出版社有限公司
CHINA RAILWAY PUBLISHING HOUSE CO., LTD.

图书在版编目（CIP）数据

中国十大传奇帝王 / 史海渔夫著．— 北京：中国铁道出版社，2017.8（2021.9重
ISBN 978-7-113-22975-7

Ⅰ．①中…　Ⅱ．①史…　Ⅲ．①帝王－列传－中国－古代　Ⅳ．①K827=2

中国版本图书馆 CIP 数据核字（2017）第 071547 号

书　　名：中国十大传奇帝王

作　　者：史海渔夫

责任编辑：刘建玮　　　　电　　话：（010）51873038

装帧设计：艺海晴空　　　　电子信箱：liujw0827@163.com

责任印制：赵星辰

出版发行：中国铁道出版社有限公司（北京市西城区右安门西街 8 号　邮编 100054）

印　　刷：三河市燕春印务有限公司

版　　次：2017 年 8 月第 1 版　　2021 年 9 月第 2 次印刷

开　　本：710mm×1000mm　1/16　印张：14.5　字数：232 千

书　　号：ISBN 978-7-113-22975-7

定　　价：44.00 元

Preface
前言

翻开中国浩如烟海的史册，在那风口浪尖上，不难发现有这样一群传奇人物，总是为人们所铭记：他们或奠基创业、开国换代，或东征西讨、称雄一时，或立志革新、中兴家国……

这些传奇人物，就是处于封建专制社会金字塔顶尖的至尊帝王们。

作为中国历史的重要角色之一，这些帝王是当时左右国家、民族和国人命运的关键人物，他们对于当世和后来中国，乃至世界的影响也同样不言而喻。

本书收集了中国历史上卓有建树的十大帝王：首位完成华夏大一统的秦始皇嬴政，汉民族和汉文化的伟大开拓者汉高祖刘邦，集“天使”与“魔鬼”于一身的汉武帝刘彻，“怕老婆”的好皇帝隋文帝杨坚，济世安民的“千古一帝”李世民，中国历史上的唯一女皇武则天，皇帝中的“厚道”者宋太祖赵匡胤，名副其实的“仁君”宋仁宗赵祯，白手起家的“和尚皇帝”明太祖朱元璋，亘古少见的英明君主康熙。研究他们的是非功过，治乱兴替，在一定意义上事关国家盛衰、民族兴亡、个人成败，对我们现代人而言，也有着极大的借鉴意义。

本书着重突出了故事性、知识性和趣味性，对每个帝王的政治抱负、征战历程、治国才能乃至机谋善变等，都有十分详细的叙述。此外，也注重对他们的生活、家庭、情感、生活趣事乃至隐秘私事等进行全方位的描述，以期将一个帝王的多面性与丰富性，用一种立体的方式呈现在读者面前。

衷心感谢您对本书的关注，希望本书能带给您不一样的阅读感受和人生感悟。

Contents

目录

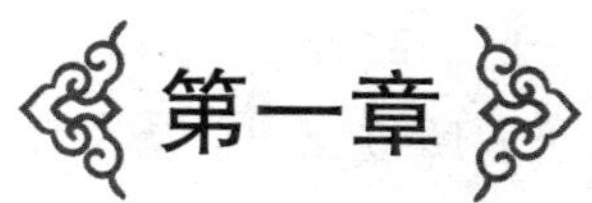

第一章

首位完成华夏大一统的君主：秦始皇嬴政

秦始皇嬴政（前259～前210年），首位完成中国统一的秦王朝的开国皇帝。13岁即王位，39岁称皇帝，在位共37年。是中国历史上第一个使用“皇帝”称号的君主，对中国和世界的历史均产生了深远而重大的影响，被明代思想家李贽誉为“千古一帝”。

在残酷的斗争中长大

中国人常说：“知子莫若父”，或“有其父必有其子”。可一提起鼎鼎有名的秦始皇，人们却很难从他父亲的身上看出其对儿子的影响。

这是因为，人们实在很难说清楚秦始皇的亲生父亲究竟是谁。

确实，根据《史记·秦本纪》的记载，秦昭王四十八年（前259年），秦始皇嬴政生于赵国。从秦国国君的世系看，他的父亲是当时在赵国作人质的秦公子子楚（后立为庄襄王）。

可是，令人“抓狂”的是，同一本《史记》，在其《吕不韦列传》中却又记载了一个嬴政实为大商人吕不韦之子的传奇式故事。说吕不韦先与一个能歌善舞的赵姬同居，知赵姬有身孕后，让赵姬去勾引子

楚。不久子楚爱上赵姬，吕不韦便把赵姬献给了子楚。赵姬足月后生下嬴政，子楚遂立赵姬为夫人。此说为东汉史学家班固所接受，于是在其《汉书》中干脆将嬴政称为吕政。按此说法，嬴政的父亲应该是吕不韦。

由于那时没有“DNA”之类的鉴定手段，后人便只能被司马迁等人“带到了沟里”，没法弄清楚秦始皇嬴政的父亲究竟是谁。

不过，嬴政到底叫谁为爸爸并不重要，重要的是，他的母亲的丈夫很快就成了秦国的国君，这就足够了。

前 259 年 9 月，秦国兵临邯郸城下，邯郸危在旦夕。如同热锅上蚂蚁的赵国人，竟想出杀死正在赵国作人质的子楚，以解邯郸之困的办法来。

子楚也算命大，一个素与他交好的赵国官吏很快就把这个消息告诉了他，他急忙与在邯郸做生意的秦国著名商人吕不韦商量。吕不韦于是出钱买通城门防守官吏，让子楚和自己一起逃出邯郸城，返回了秦国。

赵国得知子楚出逃的消息后，又打算杀死子楚的妻子赵姬及其儿子嬴政。但赵姬是邯郸富豪之女，在财大气粗的娘家掩藏下，竟躲过杀身之祸，存活了下来。

秦昭王五十六年（前 251 年），秦昭王死，嬴政的爷爷——也就是子楚的父亲安国君继位成为秦孝文王，子楚也成为太子。这时秦赵关系已经缓和，赵国就把赵姬母子送归秦国。时年 9 岁的嬴政在邯郸度过艰苦的童年后，回到了秦国。

秦孝文王做了几十年的太子，日思夜想的就是这个王位，可他却无福消受。登上秦国王位一年后，他就随父亲仙逝而去。嬴政的父亲子楚随即继承王位，是为秦庄襄王。庄襄王一即位，便起用吕不韦做相国，并封之为文信侯。

庄襄王在位时间也很短，三年就去世了。这样，秦庄襄王三年（前 247 年），13 岁的少年嬴政就登上了秦国的王位。

登上王位的这位 13 岁少年，不管他意识到与否，他都要摘取这枚硕大而即将成熟的果实。历史为他安排的，是一系列严峻的挑战和一连串的胜利机遇。在残酷的斗争和成功的喜悦中，一代历史巨人在渭水之滨的宫廷里，开始了他具有重大历史意义的政治生涯。

当然，当时最紧迫的任务还是怎样坐稳他的王位。

13 岁的嬴正刚即位时，政务均由母亲赵太后和其“奸夫”相国吕不韦处理。

吕不韦此时完成了他一生中最大的一笔生意，他不仅位居相国，还获得了“仲父”（类似于今日“干爹”之类）的尊号，成为秦国首屈一指的巨富和政治暴发户。然而，这也是他从巅峰走向灭亡的开始。由于他权势过大，直接影响到秦王嬴政的统治，对权力怀有强烈欲望的嬴政当然不可能视而不见。

这时的吕不韦因见秦始皇渐渐长大，唯恐自己继续与太后赵姬通奸下去会惹祸上身，便找了一个名叫嫪（lào）毐（ǎi）的人假充宦官，进入太后宫中为其“服务”。这嫪毐可不是“一般人”。按照《史记·吕不韦列传》的记载，嫪毐是一个“大阴人”（阴茎巨大的人），可以“阴关桐轮而行”（用阳具转动桐木车轮）。

凭着自己的超强的“本钱”和一张巧嘴，嫪毐深得太后宠爱，很快便拥有门客一千余人，并与朝中官员多有交结，以嫪毐为首的“后党”集团遂成为仅次于吕不韦的“吕党”集团之外的又一股政治势力。

秦王八年（前 239 年），嬴政已经 21 岁，按秦国制度，第二年就要举行加冠亲政的仪式。就在这时，吕不韦召集宾客三千人编撰的《吕氏春秋》完成，并示威性地被挂在城门前让人纠错；而嫪毐也在此时分土封侯。两个集团分别向秦王嬴政弄权示威。

面对“吕党”和“后党”两大集团的嚣张气焰，秦始皇未动声色。秦王九年（前 238 年）四月，嬴政到秦故都雍城的新年宫举行冠礼。嫪毐乘机发动暴乱。不料嬴政早有戒备，立刻命令昌平君等人率军镇压，活捉嫪毐。当年九月，嫪毐被车裂，诛灭三族，党羽皆枭首示众。秦王嬴政还借机杀死了赵太后与嫪毐的两个私生子，也就是自己的同母异父兄弟。至此，“后党”集团被消灭。

追根究底，相国吕不韦是当年嫪毐进宫的始作俑者，这自然就牵连到他身上来。嬴政倒也打算趁嫪毐案件诛杀吕不韦，一并清除吕氏集

团。但是吕不韦辅佐先王继位的卓著功勋众所周知，其本人在秦国也有深厚的根基，操之过急，难免事败，因而秦始皇暂时没有动吕不韦。

秦王十年（前237年），嬴政已经站稳脚跟，于是免去吕不韦的相国职位，将他轰出秦都咸阳，迁居封邑洛阳。吕不韦在洛阳居住期间，关东六国君主频繁地派人到洛阳向他请安。为防止吕不韦与关东六国勾搭，秦王十二年（前235年），秦王嬴政决定置吕不韦于死地，根除祸患。他派人给吕不韦送去一封书信，信中说："君对秦国有何功劳？却封土洛阳，食邑十万。君与秦国有何血亲？却号称仲父，妄自尊大。快带家属滚到西蜀去住！"吕不韦哪里受得了这番凌辱，自度不免一死，于是服毒自尽。至此，秦王嬴政终于彻底解除了自己的心头大患。

综观秦始皇的青少年时期，他诞生于战国时代的烽火岁月，大概从记事时起，就亲眼目睹了数不清的刀光剑影，似懂非懂地经历了无数宫廷内外的明争暗斗。他过早地接触政治斗争，以及与之紧密相伴的残酷无情，使得他过早地泯灭了童心，失掉了爱心。这一切，对于嬴政之后的性格的达成无疑起了重要的作用，也深深地影响了他的帝王生涯和一系列的重大决策。

灭六国，成一统

在消灭嫪毐和吕不韦两大"内患"后，秦王嬴政开始了统一六国（韩、赵、魏、楚、燕、齐）的事业。从历史的角度，无论如何评价这一次大一统的意义都不过分，因为从此开始，"合"成了中国历史的主旋律。

秦王嬴政之所以能发动一统天下的战争，与当时的主客观条件是密不可分的。首先，嬴政即位时，由于七国之间社会经济的发展和民族、地区之间联系加强，为统一提供了必要的社会基础；其次，当时的人民苦于战乱，渴望统一；第三是秦国经过商鞅变法，封建经济和军事力量增强，逐渐成为七国中实力最强的封建国家。因此，在七国中秦国最有条件实现统一。

秦灭六国总的战略方针是，由近及远，集中力量，各个击破。

自前230年至前223年，秦先后灭掉韩、赵、魏、楚四国，过程大抵说来还算顺利。在稍后灭燕国的过程中则稍微出现了一点状况，那就是发生了历史上有名的“荆轲刺秦王”事件。

事件的经过大致是这样的。

在灭赵的过程中，秦国大军已兵临燕国边境。燕国国君惶惶不可终日，眼见秦国就要向自己杀来，却无计可施。最后，燕国太子丹想出了孤注一掷的暗杀行动。时值前227年，太子丹找到一名叫荆轲的韩国勇士，对他好酒好肉款待，希望他能帮自己去刺杀秦王嬴政。荆轲满口答应下来。为了保险起见，太子丹又派了个叫秦舞阳的勇士做荆轲的副手。

定好的日子到了，荆轲带着樊於期的人头（樊於期本是秦国的大臣，因不满秦的暴政投奔了燕国。为了刺秦王成功，他自献人头，以便让荆轲取得秦王信任），同时还带着燕国督亢（位于今河北境内）的地图，图中藏着匕首。勇士秦舞阳跟着他，登车直奔秦廷而去。

此时，秦王嬴政正在宫中与嫔妃和宫女们歌舞作乐，听说燕国使者荆轲带着樊於期的人头和督亢地图来了，自然龙心大悦，便设九宾之礼，在咸阳宫召见荆轲。

荆轲捧着装有樊於期头颅的盒子，秦舞阳捧着装有地图的匣子，一前一后走上大殿。就当他们走到宫殿前面的台阶时，秦舞阳因为紧张和害怕脸色大变，浑身发抖，让秦王很是奇怪。还是荆轲机智稳重，回过头朝秦舞阳笑了笑，然后上前解释说：“他是北方蛮夷之地的粗人，没见过世面，今天见得天子的威严，所以害怕，还请大王原谅宽容，让他在大王面前完成使命。”

接下来，秦王让荆轲把地图呈上，荆轲小心翼翼地献上地图，慢慢打开卷轴，当地图完全展开时，藏在其中的匕首也显露了出来。说时迟那时快，荆轲一把拉住秦王的衣袖，抓着匕首就刺了过去，可惜没能刺中。

秦王大惊失色，抽身而起，挣断衣袖，伸手拔剑，可急切之间一

时难以拔出。这时，只见荆轲在大殿之上追赶秦王，秦王只好绕着柱子跑，群臣惊慌失措，但又毫无办法。因为按照秦国律法，上殿大臣不得佩带任何兵器，守卫宫禁的侍卫虽有武器，但都在殿外，没有命令也不能上殿。

无奈之下，大臣们只好惊慌地用手去抓荆轲，亏了御医夏无且用他身上带着的药袋向荆轲投去，秦王才有了喘息的机会。大臣们赶紧提醒秦王说："大王剑在背上！大王剑在背上！"于是秦王拔剑刺向荆轲，砍伤了荆轲的左大腿。荆轲伤残倒地，举起匕首投向秦王，却没投中，击中了柱子。秦王又回过身来砍杀荆轲，荆轲身中八处剑伤。

荆轲自知事情不能成功，靠在柱子上大笑，然后痛骂道："事情没有成功的原因，是想活捉你这畜生，然后要你同我们订下誓约来回报太子！"秦王的大臣们立刻蜂拥而上，斩杀了荆轲。

秦王脱险之后，很快就组织军队于前 222 年灭掉了燕国。

荆轲虽然死了，但从此以后，他的威名却一直威震华夏。直到今天，在许多史学家和文学家乃至主流媒体的笔下，也仍然把荆轲视作一个英雄加以描述。

不过，这种作法日益受到另外一些人士的质疑。质疑的观点也很有趣。那就是：一方面，如果我们承认秦灭六国有利于天下的统一，是正义行动，那么，荆轲的行为无疑就是阻碍统一步伐的一次阴谋，这样的行为又怎能称为英雄行为呢？这样，荆轲不但不是英雄，相反，他才是逆历史潮流而动的败类；另一方面，假如我们承认荆轲是英雄，他刺杀秦王嬴政的行为无疑就是正义行为，那么，这岂非说明，秦王的统一行为是不义的，杀死他更有利于历史的进步？

或许，荆轲究竟是个什么样的人，永远都没有统一答案。但是，秦王嬴政统一天下的努力很快就有了答案。

前 221 年，秦王嬴政消灭了六国中的最后一个国家齐。至此，诸侯割据称雄的时代结束，嬴政只用了十年时间，就一举消灭了东方六国，完成了统一，建立了我国历史上第一个统一的封建王朝——秦朝。

秦统一六国战争的胜利，是由于秦国在战争中战略战术运用得当。

秦王嬴政在位时期，国力富强，有足够的人力物力供应战争，在战略上处于进攻态势，势如破竹，摧枯拉朽，相继灭掉诸国。在战术上，秦执行了由近及远、先弱后强的方针，首先灭掉了毗邻的弱国韩赵，然后中央突破，攻燕灭魏，解除了北方的后顾之忧，最后消灭两翼的强敌齐楚。秦国运用策略正确，根据具体情况灵活机动，赵有机可乘则先攻赵，韩可攻则灭韩。灭楚战役是在检讨了攻楚失策后，根据楚国实力集中优势兵力攻楚而取胜的。攻打齐国则避实就虚，出奇制胜。正是有了这种战略与战术的完美结合，才有了一统天下的局面。

秦统一六国是历史发展的一大进步。首先，春秋战国时期的割据混战不利于国家的发展强盛。秦的统一，结束了数百年来诸侯割据的局面，顺应了历史发展的趋势，具有重大的进步意义。此后，我国社会虽然也出现过暂时的割据状态，但统一始终是历史的主流。其次，秦的统一符合广大百姓的愿望。春秋战国以来数百年的战争，不仅严重破坏了社会生产力，而且给天下苍生带来了巨大的灾难。秦的统一，客观上符合广大百姓的愿望。从这个意义上说，秦王嬴政的历史功绩是不可磨灭的。

开创国家管理的新模式

统一六国后，秦王嬴政开始了管理国家的探索，在这方面，他再次展示了自己的雄才大略和高超的政治家才干。

首当其冲的当然是自己的"称呼"问题。春秋战国时期，各国诸侯要不被称为"君"，要不被称为"王"。已经一统天下的嬴政，自然认为这些称号都不足以显示自己的尊崇。他倒也不谦虚，自认为是"德兼三皇，功高五帝"，于是将"皇""帝"两个人间最高的称呼结合起来，作为自己的帝号。从此以后，"皇帝"就成为封建时代中国国家最高统治者的称谓。

"皇帝"称谓的出现，并非仅仅是简单的名号变更，还反映了一种新的统治观念的产生。在古代，"皇"有"大"的意思，人们对祖先和

其他一些神明，有时就称“皇”。“帝”是上古人们想象中的主宰万物的最高天神。秦始皇将“皇”和“帝”两个字结合起来，第一，说明了他想告诉天下，其至高无上的地位和权威，是上天给予的，即“君权神授”；第二，反映了他觉得仅仅做人间的统治者还不够意思，还要当“神”。可见，“皇帝”的称号，也是嬴政神化君权的一个产物。

由于秦王嬴政做了中国历史上第一个皇帝，因此他自称“始皇帝”。他又规定：自己死后皇位传给子孙时，后继者沿称二世皇帝、三世皇帝，以至万世。为了使皇帝的地位进一步神圣化，秦始皇又采取了一系列“尊君”的措施：一是皇帝自称为“朕”。“朕”字的意义类似于“我”，以前一般人均可使用，但秦始皇限定只有皇帝才能自称为“朕”。皇帝的命令叫作“制”或“诏”（命曰制，令曰诏，盖二者效令不同也）。二是臣下和草民百姓在文字中不准提及皇帝的名字，要避讳。文件上逢“皇帝”“始皇帝”等字句时，都要另起一行顶格书写。三是只限皇帝使用的以玉质雕刻的大印才能称为“玺”。

以上这些规定，说一千道一万，目的就在于突出天子的特殊地位，强调皇帝与众不同，强化皇权在人们心目中的神秘感。秦始皇幻想借助这些措施，使他的皇位千秋万代地在其子孙后代中传续下去。

当然，皇位是一代又一代地传下去了，可惜早就换人了，他的子孙后代不过做到二世就灰飞烟灭了。

秦始皇还开创了三公九卿制。嬴政成为皇帝后，独掌了全国的军政财等一切大权。皇帝之下设三公，即丞相、太尉、御史大夫，佐助皇帝处理政务。丞相有左右两相，为百官之首，总揽政务；太尉管军；御史大夫掌图籍秘书，监察中宫。三公之下设廷尉、奉常、郎中令、卫尉、太仆、典客、少客、宗正、治粟内史等九位上卿，分管各行政务，他们与三公组成中央政府。三公九卿之官，全归皇帝任免调动，不世袭。

秦始皇在地方实行郡县制管理。秦统一后，就如何巩固对六国地区的统治，在朝廷内曾展开一场争论。秦始皇最后同意了李斯的意见。李斯说：“天下人都苦于战斗不休，就是因为有了侯王。如今天下初定，再来建立许多封国，就是种下战争的根苗。”于是，秦始皇下令在全国实行郡县制，分天下为三十六郡，后来又增至四十余郡。郡下设县，县下设里、亭。郡设郡守，县设县令，乡有三老，里有里正，亭长管治安。从中央到地方，形成了严密的统治体系。郡县长官定期向中央述职，中央则通过“上计”考核地方官。这一制度延续数千年，许多内容直至今天仍在使用。

此外，秦始皇还颁布了封建法典《秦律》。它是一部较完整的国家大法，从人到畜，从生产到生活，从思想到行动都有规定，要求臣民无条件地遵守，违者依法惩处。

这套专制主义中央集权的封建制度，对巩固和维护国家的统一，起到了有力的作用，促进了生产力的发展。当然，毋庸置疑，设计这一制度的初衷和最终目的无疑是为了更有效地实施对百姓的统治和管理，以最大限度地维护统治者的利益。

彪炳史册的“三同”

除了一统天下外，秦始皇最为人称道，也最少争议的贡献，当属在全国实行“三同政策”，即书同文，车同轨，行同伦。

一个国家要真正统一、强大，没有共同的文字是万万不行的。战国时，文字的形体非常紊乱，各国文字不统一。不但字体不同，同一个字所采用的声符、形符也都有很大差异。

秦统一六国后，“文字异形”给政令的推行和文化的交流造成严重障碍。因此，秦始皇下令将秦文小篆在全国统一推行。各级政权机关上下行文，官员来往，都以小篆文字为标准。秦始皇还指示丞相李斯、中车府令赵高、太史令胡毋敬分别编纂《仓颉篇》《爰历篇》《博学篇》等三部启蒙教材，教材用小篆书写，作为标准文字范本。后来经过初步简化的小篆也还嫌难于书写而不太适应需要，在实践中又产生了更为简化的字体即所谓“秦隶”。这种字体在民间流行甚早。

据说在秦统一后，有一个因犯罪被监禁的官吏程邈总结了群众的创造，向秦始皇奏上“隶书”这一新字体，得到秦始皇的赞许，被作为秦

书八体之一。隶书打破了古体汉字的传统，奠定了楷书的基础，提高了书写效率。

秦始皇下令统一和简化文字，是对我国古代文字发展、演变所做出的一次总结，也是一次大的文字改革，对我国文化的发展起了重大作用。

随后，秦始皇又下令统一货币和度量衡。他下令废除秦以外六国的刀、布、钱等货币，统一使用秦币。秦朝以黄金为上币，铜钱为下币，规定珠、玉、龟、贝、银、锡等物只作器饰珍藏，不能充作货币。至此，金、铜货币成为通行全国的法定铸币。

秦始皇又用商鞅时制定的度量衡标准，来统一全国的度量衡。前221年，秦始皇颁布了统一度量衡的诏书。秦始皇还用法律规定了度量衡器误差的允许限度。他规定六尺为步，二百四十步为亩。

在秦始皇统一中原之前，列国的车辆规格向来是没有统一的规定的，各地的车辆大小都不一样，因此车道也有宽有窄。国家统一了，车辆还要在不同的车道上行走，很不方便。因此，秦始皇规定车辆上两个轮子的距离一律改为六尺，使车轮的轨道相同。这样，全国各地车辆往来就方便了。这叫作“车同轨”。车同轨可看作对秦朝工业“标准化”的一个概括，秦王朝在工业生产领域内广泛推行标准化生产，可以说是为近现代工业生产标准化开了先河。

在交通方面，秦始皇为了控制广阔的国土，特别是六国旧境，并便于政令军情的传送和商旅车货的往来，下令在全国各地修筑驰道。筑道工程以秦的都城咸阳为中心向各地辐射，东至燕、齐（今京津地区及山东），南达吴、楚（今江苏与两湖地区），北抵九原（今内蒙古包头西北），西通陇西（今甘肃临洮），形成较为完整的交通网络。驰道宽五十步，路基均用铁锤夯实。每隔三丈植松树一株，作为标志，驰道两旁辅以小径，为百姓行走之途。驰道修成之后，极大地方便了整个国家的陆路交通。当然，秦始皇时期的驰道应当是免费使用的，就今已发现的文献来看，未见有按县、按郡甚或按亭来一段一段收费的。

“行同伦”是指人们的日常行为要遵从统一的道德与规范。秦始皇在许多重要场合及众多的巡游刻石中反复强调“依法为教”“禁止淫佚”，以法律的形式矫正人心，改造陋俗，这在中国历史上也还是第一次。

秦始皇实行“三同政策”，有效克服了在一个大一统的国家内，各地区、各民族之间进行政治、经济、文化交流的障碍，促进了中华民族共同体的形成，在中华民族的发展史上具有划时代的意义。尽管后人对秦始皇的评价并不统一，但对他实行的“书同文、车同轨、行同伦”政策均抱以赞誉。秦始皇对中央集权制度的创新，奠定了此后两千多年中国历史发展的基本格局。

开疆拓土的壮举

一切真正伟大的帝王从来就不是一个只知道守着自己“一亩三分地”过日子的人。秦始皇如果仅仅是统一了六国，那他只是优秀，要想伟大，就得在统一六国外，还要进一步的南征北战，开疆拓土。

幸好，秦始皇做到了后者。

他走出的第一步就是南征百越。

秦朝初年，今浙江、福建、江西、湖南南部及两广地区，居住着一个人口众多的民族——越族。越族部属众多，而且部落差异很大，因之又被称作“百越”。依据其分布地区不同，可分为于越、闽越、瓯越、南越、西瓯等八部分。其中，“东越”分布在瓯江流域（今浙江温州一带）；“闽越”居住在今福建地区、闽江下游（今福建福州一带）；“南越”和“西瓯”则散居在岭南一带（今广东、广西）。这些越人过着以农业为主、渔猎为辅的生活，生产技术比中原地区落后。

完成六国统一后，秦始皇随即进行了大规模的征服岭南的军事行动。他命屠睢为统帅，兵分五路，统率五十万大军进攻南方。兵达南岭后，遭到了南越和西瓯的顽强抵抗。越人利用熟悉地形、善于水战等优势，逃入丛林与秦军周旋，秦军习惯于在中原开阔地区作战，不习惯于在密林中作战，因而伤亡惨重，连主帅屠睢也丢了性命。

比这更让人沮丧的是秦军的后勤补给的不足。南方河流纵横交错，秦军面对这种情况，不知所措，这给粮草供应造成了极大的困难。

不过，秦始皇毕竟是秦始皇，这点还难不倒他。为了解决粮草运输问题，他派监御史禄负责开凿灵渠。史禄继承了秦国兴修水利事业的优良传统和经验，经过精心勘察规划，巧妙地在长江水系和珠江水系的关键地段，即湘江和漓江源头分水岭上，修建了著名的灵渠。

灵渠于前 214 年修建完工，解决了秦军的军粮运输问题。于是，秦军加强了对岭南的攻势，很快攻占岭南，并在那里设置了桂林、象、南海三郡，基本上统一了岭南。

统一岭南后，秦始皇命令进军岭南的将士留守当地“屯戍”。另外还从中原向岭南地区大量移民。这些留守的将士和移民，带去了中原地区先进的文化和生产技术，为促进岭南地区的发展做出了重大贡献。

搞定百越后，秦始皇又挥师北上，剑指匈奴。

匈奴是我国北方的一个古老民族，他们的历史与中原民族几乎不相上下。匈奴人主要以游牧为生，随水草迁徙，没有农业和城池，注重骑马和射猎，也没有文字。战国晚期，匈奴势力逐渐强大，中原内地精美丰富的物质财富，正是他们梦寐以求的掠夺目标。因此，他们常常入侵中原，抢劫财物，掳掠人口，对当时诸国造成很大危害，特别是和它接壤的燕、赵、秦国所受威胁最大。当时燕国、赵国、秦国分别都建筑了长城来进行防守，还经常派驻数十万大军进行反击。

在秦统一六国的前夕，由于各诸侯国忙于战争，匈奴便乘机长驱直入，占领了黄河河套地区。

在完成统一六国的战争后，秦朝初创，国力不足以应付大规模的战争。于是，秦始皇采取了积极防御的策略，命蒙恬、王离加强对北方地区的屯戍。经过几年的准备之后，秦始皇于前 215 年，亲自从东到西视察了整个北方边区，确定了大举进攻夺取河套地区南部战略要地的方针。在这一年，秦始皇派大将蒙恬率兵三十万北击匈奴。蒙恬采用集中兵力、速战速决的作战方法，很快收复了“河南地”和榆中。这一场大战迫使匈奴向北退避七百多里，十多年不敢南下掳掠，基本上解除了匈奴对秦帝国的威胁。秦政府一方面在这些地区设置四十四个县，实行有效的行政管理，另一方面还大量迁徙刑徒（相当于今天被判处有期徒刑的罪犯），并鼓励一般民众移居边地。

前214年，蒙恬率军渡过黄河，继续向北进击匈奴，占领了阴山山脉的西段狼山及其山南的广阔平原，并设置九原郡统辖这一地区。

秦朝反击匈奴的胜利，是匈奴有史以来所遭受的第一次沉重打击，这次胜利也为河套地区的广大人民带来了很长时间的安定生活环境。

抗击匈奴的战争结束后，秦始皇还下令把原来秦国、赵国和燕国北部原有的长城连接起来，以防止北方匈奴的南侵。

就这样，经过十多年的南征北战，秦始皇大大扩展了秦朝的疆域。秦的版图东临大海，西至今甘肃、青海，南抵南海，北到今内蒙古以及辽东一带，成为一个幅员辽阔、人口众多的大帝国。

秦始皇开疆拓土的贡献一点也不亚于他的统一六国，后世中国的版图也正是在秦时版图的基础上发展演变而来的。这一点，秦始皇在九泉之下也是可以为自己竖起大拇指的。

为人不齿的暴政

作为中国历史上一位大有作为的皇帝，秦始皇为中国历史建立了不朽的功勋。然而，作为一个封建专制社会的统治者，在秦始皇的身上同样体现出了暴戾、残忍的一面。

在清人杨廷烈所著的《房县志》中有一个小传说：有人发现一种全身长毛的“毛人”，据说他们的祖先是秦始皇修长城时征用的农夫，因为无法忍受劳役的痛苦和秦始皇的暴政，就跑到深山老林里躲了起来，久而久之，就出现了返祖现象，浑身上下长出了毛。传说当有人见到“毛人”时，他会问你：“长城筑完乎？秦皇安在乎？”只要你回答“长城未筑完，始皇安在”，“毛人”就会吓得跑掉。当然，这只能视为一个民间传说，但它却反映了秦始皇统治的残酷和暴虐。

为了防备人民的反抗，在当时科技尚不发达，无法实施其他更

“高明”措施的情况下，秦朝规定每五户共用一把菜刀，一户出事五家连坐。而且，秦始皇还收集天下兵器到咸阳，将之熔铸成十二座金人。金人高大约十六米，足长两米，各重约二十万公斤，置于宫殿中。也许只有把全天下的兵器都放在自己身边，由自己亲手统管，秦始皇才睡得着觉吧。

收归了天下的兵器后，秦始皇或许认为天下从此太平，至少人民是没有反抗的本钱了。于是，他不顾经过多年征战，黎民百姓早已苦不堪言的现状，开始大兴土木，过起了奢靡的豪华生活。

据史书记载，秦始皇光派去建造阿房宫和为自己修建骊山陵墓的人，就有七十多万。再加上北筑长城，南戍五岭，修驰道，造离宫，以及其他兵役杂役。秦朝人口大约有两千万，在秦始皇统治的十多年中，每年都要有两百万以上的男丁被征发去做苦工，甚至有些时候男丁不够，还要征发女丁。这使得大量劳动力脱离生产，土地连片荒芜。如此暴政，又怎么可能维持长久呢？

为了聚集财富以供自己大兴土木和享乐，秦始皇制定了多如牛毛的苛捐杂税。比如，本来按照传统，人们都主张和自己的父母同住，以便尽孝，而秦始皇则要成家的男子和父母分居，这样国家就可以按照户数多收赋税。

除了沉重的兵役徭役压得人民喘不过气外，秦始皇还杀人如麻。长城脚下、阿房宫中、骊山陵墓以及五岭路上，处处堆积着白骨。秦始皇的暴政导致民怨沸腾。为了防止老百姓对自己的反叛，秦始皇制定了严酷的律法。秦法仅死刑就分为戮、腰斩、车裂、坑（活埋）、凿颠（凿破头脑）、抽胁、枭首几种，并推行连坐法和族诛。此外，还有野蛮的肉刑制度，常将犯人的脚砍断，造成大量的残疾人。

滥杀无辜也是秦始皇的本性之一。前 221 年，在秦的东郡（今河南濮阳）落下一块陨石，有人趁机在上面刻了一句诅咒秦的话：“始皇帝死而地分”。这件事传到京城，可把秦始皇气坏了。他马上派御史大夫到东郡去，追查是谁在陨石上刻的字。御史大夫在那里追查了许多天，始终没有查到一点儿线索。秦始皇一气之下，索性下令把陨石附近的所有居民全部杀光。

除了实施严刑峻法从肉体上消灭敢于反抗的人外，秦始皇还企图从精神上消灭反抗者。他的举措便是“焚书坑儒”。

前 213 年，秦始皇在咸阳宫召集群臣举行宴会，庆贺自己北筑长城、南伐百越的功绩，参加宴会的文武百官及博士等共七十人。席间，文武百官无不为秦始皇歌功颂德，尤其是对他实行郡县制极尽吹捧之能事。

就在这时候，有个叫淳于越的儒生却奏道：“臣观古籍中所载，殷周两代都相传了千余年，就是由于分封子弟和功臣，有各国诸侯辅佐的结果，如今秦已统一天下，安抚海内，却不实行分封，如果朝廷一旦出现乱臣贼子，企图篡夺王位，能有谁来救助呢？”淳于越还说：“事不师古而能长久者，非所闻也。”淳于越再一次地提出了分封制的问题。于是秦始皇命众臣对淳于越的观点进行讨论。

此时丞相李斯说：“‘五帝不相复，三代不相袭’，自古因时代不同，治理方法也随之改变。如今天下已定，法令统一，百姓积极而努力生产，儒生们本应学习法令，为国效力，相反，以淳于越为代表的‘愚儒’们却‘不师今而学古’，指责当世，惑乱百姓，他们以‘私学’诋毁‘法教’，指责朝政法令‘入则心非，出则巷议’，甚至造谣诽谤。”之后，他又说，“这些以淳于越为代表的‘愚儒’们是秦朝政权和国家顺利发展的绊脚石，应当及早除掉。”所以，他又向秦始皇提出了焚书的建议：史书除《秦记》之外一律烧掉；《诗》《书》、百家语除博士官收藏的以外，其他人的藏书都限期集中到郡，由郡守、郡尉监督烧掉；医药、卜筮、种树等书不在禁列。李斯在焚书的建议中表明，禁止传授《诗》《书》等百家思想，所有的官办学校必以法令为教材，不得随意讲授其他内容。

秦始皇觉得李斯的话很有道理，便当即采纳了，并在全国范围内付诸执行。于是，全国各地青烟滚滚，大批古代文献、典籍毁于大火之中。

秦始皇焚书的实质是禁锢人民的思想，维护自己的皇权统治，以

使自己的专制统治长久下去。但这场运动焚烧了大量古代文化典籍，使古代文化受到了严重的摧残，是文化专制主义的重要表现。同时，这种为了消除异议、统一思想而施行的愚民政策，被后世所有封建专制统治者均奉为圭臬而予以采纳。因此，毫不客气地说，秦始皇是中国几千年"文字狱"的始作俑者。古人云："始作俑者，其无后乎！"秦经二世即"断后"，也是必然！

在焚书之后的第二年，秦始皇又实施了坑儒之策。由于大量焚书，引起不少儒生和方士的不满，他们大造舆论，谩骂、攻击秦始皇，说他"专任狱吏""乐以刑杀为威""贪于权势"等，天下到处都散布着对他不利的言论。这使秦始皇勃然大怒，派出御史到全国各地追查，最后抓到四百六十多人，秦始皇下令一起押到骊山的山谷中，全部坑杀，也就是把这些人活活地埋死。因为这些人中绝大部分的是儒生，所以，这次灭绝人性的杀人事件被世人称为"坑儒"。历史上把这一事件与焚书事件连起来统称为"焚书坑儒"事件。

古往今来，虽然由于人们所处的位置不同，所谓"屁股决定脑袋"，对于焚书坑儒之举看法并不一致，但不可否认，这是一场悲剧。再怎么说，中国之大也不至于连几本书都容不下，而至于付之一炬吧？儒生们不过发表了几句反对意见，又何至于坑之九泉？从这个意义上说，后世有人将秦始皇归结为"暴君"的行列，也不无道理。

那么，是什么原因造成焚书坑儒这个悲剧的呢？当然是封建专制制度使然。在一个专制社会中，一般都实行高压政策，钳民之口，对胆敢妄言或谤议朝政者严惩不贷。这是专制制度的本性，也是古代中国人的悲哀。

在为了巩固自己的统治用尽了十八般手段后，秦始皇终于气数已尽，尽管他为了长生不老，四处求仙，最终还是没能逃脱凡人的宿命。前 210 年的暑热季节，秦始皇死在了他西巡的路上——沙丘平台（今河北平乡），死时年仅 50 岁。

关于秦始皇的死亡原因，后世有不同的看法。

在《史记 · 秦始皇本纪》中明确记载：

始皇第五次出巡行至平原津时，身染重病，勉强抵达沙丘平台时崩。发病的原因是秦始皇纵欲过度，体弱多病，加上出巡期间旅途劳累，以致一病不起。

但对秦始皇丧事的处理，则不同寻常。据《史记》记载，丞相李斯恐天下有变，秘不发丧，置棺木于辒凉车中，让亲信宦官守护。每到一处，按例进膳。百官奏事，也由宦者在车内应答。时值酷暑，便用车载上一石鲍鱼，来混淆尸体的臭味。直到进入咸阳，才正式发丧。这种种做法，无疑使秦始皇之死，蒙上了一层神秘的色彩。

因此，很多人对秦始皇之死提出了疑问：第一，秦始皇并不像历史上有些封建帝王那样体弱多病，相反，他的身体一向健壮；第二，即使他在西巡路上得病，还能口授诏书给公子扶苏，说明他当时思维清晰如故，无致命急病。就此，有人认为，根据种种迹象推测，宦官赵高弑君的可能性很大。

首先，赵高与当时掌管秦军的大将蒙恬和大臣蒙毅兄弟有宿怨。据说，赵高曾犯大罪，蒙毅以法治之，判其死刑，后因秦始皇过问，方得赦免。当时，蒙恬威震匈奴，蒙毅位至上卿，一为武将任外事，一为文臣主内谋，不仅深得始皇信任，还为始皇的大儿子扶苏所倚重。一旦扶苏即位，蒙氏兄弟的地位必将更加巩固，而自己的下场就很不妙。因此，为了自保，赵高有弑君的动机。其次，秦始皇死后，胡亥继位为秦二世，但秦的实权掌握在“指鹿为马”的赵高手里，可见赵高有政治野心，具备弑君的主观愿望。再次，作为宦官，赵高能与秦始皇近距离接触，有弑君的大把机会。最后，当然还有其他一些原因。

总之，从情理上分析，赵高弑君的嫌疑是很大的，但事情毕竟发生在两千多年之前，秦始皇究竟是得暴病而死，还是遭他人谋杀，仍难确定，因此这至今还是一个谜。

无论如何，秦始皇还是走到了他人生的终点。虽然他所创立的大秦帝国如昙花一现般只存活了十五年，可就是这短短的十五年，却如惊鸿一瞥，让历史为之倾倒与陶醉，让众生为之尊崇和慨叹。大秦帝国这短瞬间的凝眸，带来了中国历史上的沧桑巨变。它在政治、经济、文化、

军事、社会生活等各方面均颠覆了前人所经历的各种形态，对后世产生了深远的影响。

如今，秦始皇已长眠于地下两千多年，他的功绩还一遍遍被人们赞颂着，他的暴行也一遍遍被人们诅咒着，那就让人们继续赞颂、继续诅咒吧。秦始皇究竟是个什么样的皇帝？明君兮？暴君兮？人们永远都在争论着，那就继续争论吧。只是，历史的车轮滚滚向前，人们可以站在长城之巅指点江山、激扬文字，却决不允许暴秦的悲剧重演。这，或许就是秦始皇留给我们的最后一笔遗产吧！

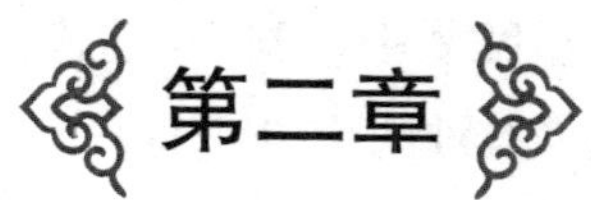

第二章

汉民族和汉文化的伟大开拓者：汉高祖刘邦

小档案

汉高祖刘邦（前256～前195年），汉王朝的开创者。出身平民阶级，秦朝时曾担任泗水亭长，后起兵于沛（今江苏沛县），称沛公。秦亡后被封为汉王。后于楚汉战争中打败西楚霸王项羽，建立汉朝。他对汉民族的统一和强大作出了决定性的贡献。

寒门中走出的流氓无赖

前256年，刘邦出生于沛县丰邑（今江苏丰县）中阳里一户农民家庭。

关于刘邦的出生，历史上的记载很是“神秘”。《史记》记载说，刘邦的母亲刘大妈有一次不知何故睡在湖边上，梦中遇到了神。当时雷电交加、天昏地暗，刘邦的父亲前往探视，却看到一条蛟龙正伏在自己老婆身上。不久后刘大妈便有了身孕，生下了刘邦。

刘邦的家乡县志上也有类似的传说，说是有一天，刘大妈到田里灌溉庄稼，刚刚挑了几桶水，就感觉浑身疲倦，便打发两个儿子去放牛，自己先行回家休息。刚走到一片水泽边时，忽然觉得头脑昏沉四体

酸软，难以行走，就靠坐在一棵大树下瞌睡起来。睡梦中，刘大妈忽然看见空中降下一位穿着金甲的神仙，指着她说："本神因你刘氏世代积德，又与你三生石上有缘，今天特意秘授一个龙种给你。"刘大妈一听，当然知道这位神仙想干什么，一时吓得手足无措，转身就想逃跑，不料那位神仙摇身一变，化作一条又粗又长的赤龙，同时晴天霹雳，云雨大作。刘大妈一时吓得昏死过去。

中午时分，刘邦之父刘太公见老婆还没回来，而自己肚里早已饥肠辘辘，便出门寻找刘大妈。走到堤边，只见刘大妈一人斜倚树根，紧闭双眼，睡得正甜，急忙把她唤醒，问她："你怎么不回家，却睡在这里？"

刘大妈睁开睡眼，感觉甚是诧异，就将刚才所做的"白日梦"告诉了刘太公。

老实的刘太公还以为妻子在开玩笑，就安慰她说："梦里的事无根无据，何须深究，你是做活儿累的，在家好好休息两天吧。"

刘大妈说："听说只要真是龙种，将来就是真命天子。梦中那位金甲神仙说要授我龙种，难道我们家里真会出个皇帝子孙吗？"

刘太公一听吃了一惊，赶忙捂住妻子的嘴巴说："你可千万不要乱说，传出去要遭灭门灭族大祸的。我们农家，能够丰衣足食，娶媳抱孙，就是天大福气了。"

说来也怪，刘大妈一场怪梦之后，果然有了身孕，怀胎十月，第二年就生下了刘邦。刘邦上有两个兄长刘伯和刘仲，他便叫作刘季，大概就是"刘三儿"之类的意思。

有关刘邦出生的上述种种传说当然不过是鬼话。由于刘邦出身低微，所以他才会和封建社会其他一些帝王一样，喜欢借助诸如神龙转世等神话来标榜自己、抬高自己，目的无非是希望以此在大众心目中树立起"命系于天""君权神授"的观念。

不过，刘邦也确实了得。作为"寒门之子"，如果没有超人的能耐和坚毅的品格，他是绝对不会在群雄四起、狼烟纷争的秦末打败各路对手，特别是项羽而建立汉王朝的。只不过，年少时的刘邦，却没有日后帝王的“行止”，而是一副典型的流氓无赖形象。

史书记载，刘邦年轻时好吃懒做，从不帮父母从事生产劳动，而且常常耍一些流氓无赖的手段骗吃骗喝，平日里没事就整天游手好闲四处闲逛，成为附近乡村颇有名气的小混混。与刘邦不同的是，他的两个兄长都是本分老实的农民，整日跟随父亲下田劳作。因此，刘太公很不喜欢刘邦，骂他不如其他几个儿子听话，是一个没出息的家伙。此外，刘邦还喜欢和一些屠夫、商贩、小偷、无赖等市井之徒交朋友，终日与一帮狐朋狗友在乡里要么舞枪弄剑、偷鸡摸狗，要么猜拳喝酒、寻欢作乐，一副十足的贪酒好色、江湖混混的形象。

但是和别的小混混不同，刘邦自幼就有侠义心肠。他不同于别的小混混那样仅满足于市井无赖的生活，而是希望有朝一日能出人头地，到外面广阔的世界去干一番惊天动地的大事业，只是苦于没有机会。

在做偷鸡摸狗勾当的同时，刘邦还富有仁爱侠义心肠，为人乐善好施，为朋友更不惜两肋插刀，而且好像还颇有“女人缘”。

刘家虽穷，供不起刘邦每日海吃海喝，但邻家有两个寡妇，一个叫王媪，一个叫武负。两个妇人合开了个小小的酒店，或许是念在街邻街坊的缘故，或许是为刘邦身上某些说不清道不明的东西所吸引的缘故，两个妇人对刘邦算得慷慨大方，不但每日供他酒饭，而且还送他零钱任其花用。这样一来，刘邦自然可以衣食无愁了。

据说一天晚上，刘邦喝得烂醉，蒙被大睡。王媪、武负见天色已晚，便去唤醒刘邦，谁知走近床前，还未开口，突然看见一条金龙酣睡在床上，二人吓得目瞪口呆，待定神来再看，金龙已经不见，却见刘邦仰面朝天鼾声如雷地躺在那里。王媪、武负于是便绘声绘色地把这事传扬了出去（用今天的话说，这也很难说刘邦不是在故意“炒作”）。

乡里人得知这一奇事，便认准刘邦日后必会出人头地贵不可言，就自愿凑集了一笔银子，给刘邦运作了一个泗水亭长的职务。

刘邦当了亭长以后，除发明了一种竹皮冠，装模作样地戴在头上外，倒是没有什么官架子，依然嬉皮笑脸，吃喝嫖赌，而且经常在酒馆里打白条赊酒吃。刘大妈心疼她这个小儿子，常常去帮他还酒债，而且

总是加倍地还钱。于是刘邦在乡里乡间，便博得一个“大度喜施”的美名，很有些人缘。

亭长虽然算不得什么大官职，但做了亭长，就要办理乡里一些小的讼案，遇有大事还要详报县里。这样，借公务之便，刘邦常到县里奔走，时间长了，就和县里几个吃衙门饭的人交了朋友。一个是沛县功曹萧何，一个是捕役樊哙，一个是书吏曹参，另一个是刽子手夏侯婴。这几个人与刘邦年龄相仿，性情相投，后来都成了刘邦的左膀右臂，追随刘邦南征北战东征西讨，为刘邦夺取天下、建立汉朝，立下了丰功伟业。

在做亭长期间，刘邦还留心结交当地的上层人士和有识之士。比如，他多次去拜见丰邑有名的治学名士马维，向他请教儒学；他还结交了博学多识的张良，跟随他学习兵法的知识，后来张良一直跟随刘邦，成了他的得力助手和开国元勋。

大约在这一期间，刘邦还结了婚。

刘邦之妻名为吕雉。刘邦与吕雉的结合也很有传奇色彩。有一年，吕雉的父亲吕公为躲避仇人，从别处移居沛县，因为沛县当时的县令和他是好友。吕公一家人刚刚到沛县时，很多人便听说了他和县令的关系，于是，人们便上门来拜访，拉拉关系、套套近乎。刘邦听说后，也去凑了热闹。但作为当时在沛县担任县主簿并主持招待客人的萧何，宣布了一条规定：凡是贺礼钱不到一千钱的人，一律到堂下就座。但刘邦根本不管这些，虽然他身上没带一分钱，却对负责传信的人说：“我出贺钱一万！”

吕公一听，又惊又喜，赶忙出来亲自迎接他。吕公平日里喜好看人的面相，见刘邦器宇轩昂，与众不同，便越发敬重他。入堂之后，刘邦毫不客气地坐在首席之上，谈笑自若，频频饮酒。

有人看吕公对刘邦十分看重，便悄悄提醒他说：“这是个爱吹牛的家伙，办不了多少实事。”吕公一直注意着刘邦，哪里能听得进劝告。

客人渐渐告辞离开，吕公用眼神示意刘邦留下来。刘邦会意。宴会结束后，吕公对刘邦说：“老朽自小就擅长相面，相过的人很多，还没见过您这样的贵相。希望您把握机会做一番事业。我有一亲生女儿，愿把她许配给您，为您扫床叠被。”

吕公的妻子听说吕公要把女儿嫁给混混刘邦，十分恼怒，对丈夫说：“你不是一直想把女儿嫁给一位贵人吗？沛县县令与你关系那么好，他来求婚你都没有答应，为什么随随便便把女儿许配给刘邦呢？这不是把自家女儿往火坑里推吗？”

吕公说：“你们这些妇道人家能知道什么！”

最终，吕公不顾老妻的反对，将长女吕雉许配给了刘邦。这对刘邦来说不啻是天上掉馅饼，他哪里还敢挑三拣四的，待征得父母同意之后，便和吕氏结了婚。吕氏就是后来历史上有名的吕后。汉惠帝就是她和刘邦的儿子，他们还有一个孩子是鲁元公主。

联姻名士、娶得美妻的刘邦，此时更加意气风发，整天乐得“天上都是脚板印”。

不过，刘邦的父亲刘太公好像很是看不惯刘邦整日游手好闲的样子（也难说不是因为刘大妈的奇异怀孕而有心结），就在出徭役（徭役是中国古代统治者强迫平民从事的无偿劳动，包括力役、杂役、军役等）的时候借机让刘邦去服役，这样刘邦便来到了咸阳。

刘邦自乡村来到了都城，大大开阔了视野，感觉这才到了一展身手的地方。一天，他正在和同乡们修筑城墙时，突然看到一队规模宏大的仪仗队列队而来，气势磅礴、威仪豪华，令刘邦叹为观止，急问这是做什么的。管事的小头目告诉他是秦始皇出巡。刘邦大为感慨道：“嗟呼，大丈夫当如是也（有能耐的男子汉就要过这样的日子）！”其英雄之志或曰野心可见一斑。

自咸阳服完劳役回家之后，刘邦凭借他的胆识和早年打下的基础，又当上了沛县泗水亭的亭长。虽然他丝毫没改变自己的流氓无赖习气，照旧吃喝嫖赌，贪恋酒色，混迹于市井之中。但这时的刘邦已经明白了一个道理——那就是，一个人“选择不了出生，但可以选择人生”，他的心中已经有了一个瑰丽的“梦”，为了梦想成真，他更加善于利用亭长的身份广交当地权贵和江湖豪杰，积聚力量，蓄势待发。

历经艰难，成为关中王

秦二世元年（前 209 年），秦二世大兴土木，修长城、驰道、宫室以及在骊山建造秦始皇的陵墓，并由此从民间征调了大量劳役。最终，为骊山建造陵墓征劳役的任务下到了沛县，劳役征齐后要往咸阳押送。

押送劳役是一件很不好干的事，千里迢迢，苦不堪言，劳役又不好管束。为完成这一任务，县令选择了刘邦，他觉得刘邦会笼络人，能使劳役们听他的话，便把这一任务放在了刘邦身上。

数千里翻山越岭、长途跋涉，全靠两只脚一步步地走，同时又要携带笨重的行装设备，日夜兼程，劳役们不堪重负。而一向待人宽厚的刘邦不忍再把严酷的管理加给他们，于是胆大的劳役便利用这一点，趁机逃走。并且，逃走的人越来越多。

刘邦为此一筹莫展，心想：这样下去，恐怕到不了咸阳人就跑光了，到时候自己怎么交差？说不定自己的脑袋也要搬家了。但如果用严酷的办法管束劳役，即使劳役们不再逃跑，把他们带到地方，他们也会被累死或被折磨死。他心中不忍，一边听之任之，一边思索该怎么办。想来想去，最后决定一不做，二不休，干脆把劳役们都放了，惹下的祸由自己一人承担。

一天，走到丰邑西边的大泽里休息时，刘邦多喝了几杯酒，就仗着酒劲把劳役们身上的绳索解开，并对他们说："你们都各自逃命去吧！我也从此逃命去了！"

劳役们感激涕零，有的人自去逃命，但有十几个人不愿意丢下他一个人走，都表示愿意跟随他。于是，刘邦就跟他们结伴而行。走着走着，前面的人回来报告说："前边有条大蛇挡在路上，还是回去吧。"

刘邦仗着酒劲儿，说："大丈夫走路，人挡杀人，佛挡杀佛！"于是他赶到前面，拔剑斩死大蛇。那些追随他的人都渐渐地敬畏他了。看来男人要想干点事，就得拿出一股"天不怕，地不怕"的劲头才行。

为了逃避官府制裁，刘邦逃到山里躲了起来。他的老婆吕雉去找他，却常常能找到。刘邦很奇怪，就问她原因。吕雉说："你这么出色的男人，就好像黑夜里的萤火虫一样，我怎么会找不到呢？”刘邦心里更加欢喜。沛县的年轻人听说了这件事，都愿意来依附于他。虽然这种传说基本上都是后来编造的，但在一定程度上也说明了刘邦的人格魅力和非凡的号召力。

就在这一年，由于不堪忍受秦的暴政，陈胜、吴广等在大泽乡起事，于是各地的百姓纷纷杀了官吏，响应起义。没有多久，农民起义的风暴席卷了大半个中国。陈胜派兵遣将分头去接应各地起义，他们节节胜利，占领了许多地方。但是因为战线长，号令不统一，有的地方被秦始皇曾经消灭了的六国遗留下的旧贵族占了去。起义不到三个月，赵、齐、燕、魏等地方都有人打着恢复六国的旗号，自立为王。

与此同时，随着反秦战争的发展，起义军内部的弱点和矛盾也逐步暴露出来。陈胜变得骄傲起来，听信谗言，诛杀故人，与起义群众日益疏远，派往各地的将领也不再听从他的节制。不久，围攻荥阳（今河南省荥阳市）的吴广也与义军将领田臧意见不合，田臧竟假借陈胜的命令杀死吴广，结果导致这支队伍全军覆灭。

秦国大将章邯在荥阳大获全胜后，乘机猛扑陈县（今河南省淮阳县一带），陈胜接战不利，突围逃至城父（今安徽蒙城西北），为叛徒庄贾杀害。此后陈胜的部将吕臣率领的赵义军虽两度收复陈县，处死庄贾，但张楚政权已不复存在。

陈胜、吴广虽然死了，但是由他们点燃的反抗秦朝之火却在各地到处燃烧。在南方的会稽郡（今江苏苏州），声势更大。

而此时的刘邦，日子却并不好过。他虽然学着陈胜、吴广也领导一群民众举起了反秦大旗，但举旗容易，真正领兵打仗就不是那么简单的一回事了，更何况是一群平时只会抡锄头的农夫、农妇呢？不过，从刘邦开始在沛县打响第一炮起，这帮最初支持他的兄弟姐妹们就跟随他开始了艰难困苦的战斗之路，没有人退缩。

这时的刘邦已有 48 岁了。

与此同时，项羽和他叔叔项梁的抗秦队伍也在迅速壮大。他们在吴中（今江苏吴县）起兵后，没多久兵力就达到了近万人。其他被秦国

灭掉的六国贵族后裔们也纷纷起兵，加入了灭秦的行列，组成了反秦联军。为了增加号召力，项羽还找到了楚国的王族后裔，立为楚怀王，并让他担任反秦联军的总司令。

不久，楚怀王的一个约定改变了天下的命运，也改变了刘邦的命运。

这个楚怀王并不简单，他虽然只是项梁叔侄扶植的一个傀儡君主，但他却不甘心永远做傀儡，时刻想着拥有实权。他看到刘邦的力量虽然还弱小，但拥有广泛的群众基础，就一心想借刘邦的力量从西入关灭掉秦国，从而在声望与气势上与项梁的力量相抗衡。

当然，楚怀王也清楚地知道，灭秦这样的事，光靠一小撮力量肯定是不行的。所以在反秦情绪高涨的当口，就与众将约定：谁先入定关中，谁就做天下之王。

当时谁都明白，秦军的力量尽管在一定程度上受到反秦力量的打击，但所谓“瘦死的骆驼比马大”，更何况，秦朝还没有到苟延残喘的地步，于是自然而然大家都对做王没抱什么大的希望，将领们也都不愿意冒险西进和秦军决战。

只有刘邦踌躇满志，他才不会畏首畏尾得怕这怕那。其实，他对当时的形势了解得相当透彻，所以做好了充分的思想准备。当他得到楚怀王的暗示后，便主动接下了这个任务。

项羽见刘邦出头，自己当然也不甘落后，也表示要与秦军决战。

于是，根据楚怀王的约定，刘邦与项羽各带一路人马，一个往西，一个往东，浩浩荡荡朝秦朝国都咸阳杀奔而去。

此时的反秦起义处于低潮时期，对刘邦的西进很不利。

当初陈胜、吴广发动反秦起义时，一呼百应，天下云从，在很短的时间内就发展成为史无前例的军事集团。而此时的反秦力量，就像火山刚刚爆发过，现在仅仅是剩下的余威，远远不能跟陈胜、吴广起义时的盛况相比。

刘邦刚出发时，手下仅几千人，大部分还处在“山野村夫”的状态，可想而知这一系列的战斗何其艰难了。好在经过十个月的千里转战，刘邦终于带着他的“老弱病残”打到了秦朝的武关（今陕西商县东）。

下面，让我们来看下刘邦的西进路线：根据《史记》的描述，再综合有关传记，刘邦的进军线路大致如下：发于砀（山名，在今安徽省砀山县东南）——至安阳，成武——至亳南（今河南商丘东南）——至咸阳、杠里（均为今山东甄城一带）——至昌邑——至栗——至高阳、陈留、开封——至白马（今河南滑县东）——至曲遇、阳武（今河南省中牟、郑州一带）——至长社、宛陵（今河南新郑一带）——至颍阳、缑氏（均为河南偃师一带）——至平阴、河津（今河南孟津）、洛阳——至阳城（今河南登封）——至宛（今河南南阳）——至丹水（今河南淅川）——至胡阳（今河南唐河）——至析郦（今河南内乡一带）——至武关下，别师西定汉中。

刘邦从砀出征选择首战安阳，缘于他知道自己兵力不足，不能与装备精良的秦军正面交锋，所以绕开秦军主力，让项羽的东路大军去打。在两个主力部队打得热火朝天的时候，刘邦也没有闲着，他趁机进攻秦都咸阳的东大门，而此时的秦军也没有足够的心思来对付他，胜券在握还能落个不错的口碑，这样的好事他一早就惦记着呢。

打开东大门后，刘邦虚晃一枪，来到彭城（今江苏徐州），彭城在安阳的西面，这样就造成了他继续西进的假象，从而牵制住了秦军。随后，他便掉头北上，在咸阳、杠里一带攻击秦军王离的部队。秦军完全被刘邦搞晕了，一直朝西行军的刘邦部队，忽然又打到北方来了。所谓兵不厌诈，刘邦往北攻击王离显然不在他的西征范围内，他的这一举动实际是为反秦联军作试探性的进军，在消耗秦军有生力量的同时，以向北压迫秦军，为日后在赵地决战奠定基础。

刘邦在面对自己实力不强、缺少万全之策的情况下，有意识地在西进前作一番来来回回的运动战，既把周边的秦军拖得疲惫不堪，又充分制造了假象。这种战略意图应该说是相当高明的，但对于即将西征灭秦又人数有限的刘邦军队来说，这些任务还是过于沉重了。尽管如此，刘邦仍然继续完成其西进以外的任务。

秦二世三年（前207年）二月，刘邦向西攻击高阳、陈留，又北上袭击开封、白马，这一连串的行动都很好地跟反秦联军相互照应。在这一作战阶段，刘邦的命运发生了至关重要的两个转折，一是攻占陈留，二是战白马。攻占陈留之前，刘邦的部队不满一万人，可是刘邦在取得了陈留的粮草后，他就开始在陈留招兵买马、扩充实力了，这对于西进灭秦是至关重要的。白马一战是刘邦部西进前到达的最北端，打到这，刘邦率领的这支战功卓著的疲惫之师才开始了专心致志的灭秦之路，准备西进关中。

与此同时，隔河的项羽与秦军的战斗也取得了优势。可是项梁在获得了几次胜利后就变得更加的骄横狂妄，骄兵必败的道理在他身上得到了十足的印证，他不听别人的意见，连胜轻敌，在被秦朝章邯带领的援军偷袭后，大败被杀。

项羽为了给叔叔报仇，一怒之下改变行军路线，挥师北进攻打章邯。经过“破釜沉舟”的艰苦战斗，终于击溃了章邯的四十万大军。不过，他也因此耽误了向关中进军的时间。

而此时的刘邦，已经领兵浩浩荡荡地挺进关中了。他不费吹灰之力就进入了咸阳，并以“汉中王”自居。

“约法三章”，笼络人心

当刘邦进入咸阳以汉中王自居时，很多人都不理解：这混账东西怎么就走了“狗屎运”呢？

其实刘邦的成功还真不是靠侥幸。

许多人都知道中国这句老话：“得人心者得天下，失人心者失天下”。刘邦的成功，确实应该从得人心上去考察。

大体上说，刘邦的得人心，主要体现在两点上：得下属心和得民心。这两点常常交叉在一起，并不能截然地分开。

信任人是刘邦得人心的标志之一。刘邦信任人，常常是信任到极点。比如，刘邦手下的谋士陈平，是有“盗嫂受金，反复无常”之嫌疑的。至少他的收受贿赂是一个事实。然而刘邦知道后，只是找他谈了一次话，便给予他高度的信任。

刘邦问陈平："先生起先事魏，后来事楚，现在又跟寡人，难道一个忠实诚信的人会如此三心二意吗？"

陈平回答说："不错，我是先后事奉过魏王和楚王。但是，魏王不能用人，我只好投奔项王。项王又不能信任人，我只好又投奔大王。我是光着身子一文不名逃出来的，不接受别人的资助，就没法生活。我的计谋，大王如果觉得可取，请予采用。如果一无可取，就请让我下岗。别人送给我的钱全都没动，我分文不少如数交公就是。"

刘邦一听，便起身向陈平道歉，还委以陈平更大的官职。后来，陈平向刘邦建议用"银弹"在项羽那边行反间计，刘邦立即拨款黄金四万斤，随便陈平如何使用，也不用"报销"（恣所为，不问其出入）。结果，陈平略施小计，果然弄得项羽疑心生暗鬼，对范增、钟离昧等心腹之臣都失去了信任。

这就不仅是用人不疑，而且是豁达大度了。刘邦为人，确实大方。这种大方也许在他老妈加倍替他偿还酒债时就已培养起来了，但更重要的应该说还是因为他"其志不在小"。他要攫取的，是整个天下，当然也就不会去计较一城一池的得失，更不会去计较那几个小钱。为了这一"远大目标"，他也能忍。比方说，克制自己的欲望。

秦二世四年（前206年），刘邦进入咸阳后，当他看到富丽堂皇的宫殿，不禁有些留恋起来，准备就此住下，享受享受。妹夫樊哙提醒他："沛公要打天下，还是要做富家翁？这些穷奢极欲的东西使秦亡了，您要这些干吗？还是快点回到灞上去吧！"刘邦根本听不进去。

张良再次进谏说："秦王朝的统治残暴无道，所以你才能进入关中。你若想为天下除去残暴，自己首先就必须以朴素为资。现在刚刚入秦，却安于享乐，这并非大丈夫所为，况且，'忠言逆耳利于行，良药苦口利于病'。樊哙讲的话虽不合你意，但为了坐稳天下，希望你还是听从他的劝告。"

刘邦一想，有道理。于是听从了张良、樊哙讲的话，"乃封秦重宝

财物府库，还军灞上”。

刘邦还干脆人情做到底，连秦人献来犒劳军士的牛羊酒食都不接受，说是我们自有军粮，不忍心破费大家，弄得秦人喜不自禁，唯恐刘邦不能当秦王。刘邦这一手，干得实在漂亮。比起后来项羽在咸阳大肆掠夺杀人无数烧城三月，显然更得人心。

作为一个领袖人物，刘邦最大的优点是“知人”。这里说的知人，还不是一般意义上的尊重人才和善用人才，而是懂得人情人性，既知道人性中的优点，也知道人性中的弱点，这才能最大限度地团结一切可以团结的力量，又能孤立敌人以各个击破，运天下于股掌之中。什么是天下？天下并非土地，而是人。所以，得天下，也就是得人，得人心。刘邦很懂这个道理。他似乎天生就会和人打交道。《资治通鉴》说他厌恶读书，却天性聪明，胸襟开阔，能采纳最好的谋略，连看门人和最底层的小兵，一见面都说成为老朋友。这里面，除因他性格豪爽大度，不拘小节，易与人相处外，还因为他懂得一个道理：“世间一切事物中，人是第一个可宝贵的。”因此他把所有的人都看作宝贵的财富和资源，唯恐其少，不厌其多。

其实，怎样才能得人心？也就是要能知道别人心里想要什么并予以满足。大将韩信曾念念不忘刘邦“解衣衣我，推食食我”之恩，说明刘邦已得他心，也说明刘邦能够做到设身处地、将心比心：自己肚子饿要吃饭，知道别人也想吃，便让出自己的饭食；自己身上冷要穿衣，知道别人也想穿，便让出自己的衣服；自己想得天下想当皇帝，知道别人也想封妻荫子耀祖光宗，便慷慨地予以封赏。这种“有饭大家吃，有衣大家穿，有钱大家赚，有财大家发”的想法和做派，在中国最是大得人心。

不能替别人着想的人，其实对自己也缺乏体验；而能够以己度人的人，也多半有自知之明。刘邦确实有自知之明。

前 202 年农历五月，刘邦在洛阳的南宫举行即位后的庆功宴，他在宴席上总结了自己取胜的原因，并对在场的所有大臣说：“论运筹帷幄之中，决胜于千里之外，我不如张良；论抚慰百姓供应粮草，我又不如萧何；论领兵百万，决战沙场，百战百胜，我不如韩信。可是我能做到知人善用，发挥他们的才干，这才是我取胜的真正原因。至于项羽，他只有范增一个人可用，而且项羽向来多疑，连范增也不信任，这是导致他最终失败的主要原因。”

从这里我们可以看出，刘邦没文化，好酒、好色，但是他有自知之明，敢于承认自己“固不如也”，知道问群臣“为之奈何”？的确，在谋略方面，他比不上张良、陈平；在打仗方面，他比不上韩信、彭越；在治理国家上，他不及萧何。然而，刘邦能够最大限度地使用人才，知道把手下的人才放在最合适的位置。

因此，他自己实际上只有两件事可做，一是用人，二是拍板。这样不但避免了自己的短处，也调动了别人的积极性，一举两得。加上他明是非，识好歹，善于听取别人意见，勇于纠正自己错误，又能容忍别人的过失，不拘一格用人才，也使得别人心甘情愿为他所用，从而在身边集结起一群英雄豪杰，并形成优势互补的格局。

比如樊哙有勇，张良有谋，韩信会将兵，萧何会治国，简直就是一个优化组合。结果他这个“老板”当得非常潇洒，也非常成功。而他的对手项羽不懂得这个道理，自恃天下英雄第一，什么都自己来，反倒吃力不讨好，变成光棍一条。

项羽不知人，也不自知。不知道哪些是自己所长，哪些是自己所短，当然也不肯认错。直到最后兵败垓下，自刎乌江，还说是天要亡他，他自己什么错都没有，真是“死不认错”。刘邦则不同。刘邦也犯错误，而且犯判断错误和战略错误，但他肯认错，也肯改。前 200 年，刘邦对形势和军情作出错误判断，不听娄敬的极力劝阻，亲自带兵挺进，深入匈奴腹地，结果被匈奴围困在白登（今山西省大同市附近），幸亏用陈平密计才脱离危险。刘邦班师回到广武（今山西省代县西南阳明堡镇），立即释放关押在那里的娄敬，向他赔礼道歉，承认错误，并封娄敬两千户，升关内侯。

这样的度量，项羽就没有。

实际上，刘邦不但识得手下人的“心”，知道他们想要什么；他更

能读懂天下百姓的心，知道他们心里想要什么。

再回到刘邦自封“汉中王”的时候，他刚一到达灞上之后，便召集各县百姓中有威望的杰出人士到灞上，对大家说：“诸位父老乡亲，你们吃够了秦朝的苦头了，当初诽谤一下朝政就满门抄斩，私下议论一下时势就要被杀头，这样的朝政也太残暴了，不推翻它简直就没有天理。我先前与诸侯们约定，谁先进入关中，谁就在这里称王，现在我就是关中王了。我与诸位父老乡亲约定，只订立三个最基本的维持治安的法律。第一，任意杀人者判处死刑；第二，无故伤人者依轻重治罪；第三，抢劫盗窃者要严惩不贷。除了这三条，其余秦朝的法律全部废除。从前那些为秦朝干事的官吏们，大家还是该干嘛干嘛，无须担心失业。我到这里来，本就是为了替大家除害，而非侵害你们，所以希望大家不要害怕（父老苦秦苛法久矣，诽谤者族，偶语者弃市。吾与诸侯约，先入者王之，吾当王关中。与父老约法三章耳：杀人者死，伤人者刑，及盗抵罪。余悉除去秦法。诸吏人皆案堵如故。凡吾所以来，为父老除害，非有所侵暴，无恐）！”这就是历史上著名的“约法三章”。

别小看这个“约法三章”。它是一个内容相当丰富的政令文件，显示了刘邦高瞻远瞩的政治谋略。首先，它拉近了刘邦与关中百姓的距离。关中是秦朝的发祥地和战略总后方。这里的人民曾长期支持秦王朝所进行的统一战争。大概因为他们承担的赋役相对较轻和为狭隘地域观念所局限，在关东地区纷纷起兵反秦的时候，这里却一直是秦王朝安定的后方。秦王朝灭亡后，关中之民惊恐不安，联系到他们二十余万子弟在新安被项羽坑杀的惨剧，唯恐刘邦之军也对他们施以残酷的报复。刘邦的“约法三章”以“父老苦秦久矣，诽谤者族，偶语者弃市”开头，点明关中百姓与关东百姓同样受秦朝酷虐政治之害，刘邦并不在关中和关东之间划上此疆彼界，使关中之民消除与关东起义军之间心理上的隔阂。又以“凡吾所以来，为父老除害，非有所侵暴，无恐”消除他们的惊恐情绪，使起义军与关中之民在情感上沟通起来。

其次，刘邦全盘接受秦朝在关中的各级官吏，让他们继续供职，使关中的行政机构正常运转，维护了社会的安定。如果说关中百姓因秦朝的垮台而惊恐不安，那么秦朝在关中的各级官吏惊恐的程度必然远远超过关中百姓。因为他们是秦王朝的爪牙，秦王朝的虐政正是通过他们之手施使的。然而，刘邦不仅没有惩办他们，反而来了个“诸吏人皆案堵如故”的告示，要求他们各安其位，各司其职，这就给这批人吃了定心丸。由于这批人有较丰富的吏治经验，与关中百姓有千丝万缕的联系，对关中的地理民情又异常熟悉，招降纳叛这批人对刘邦日后治理关中显然是十分有利的。

再次，它以最简单的法规维持关中的社会秩序。秦朝灭亡，其法律制度自然失去效用。刘邦成为关中的统治者，如果没有一个明确的法规，百姓无所适从，就极易导致无政府状态。刘邦既明确宣布废除繁苛的秦朝法律，又以一个简单明了的新法规作为人们的行为规范，这对维持关中地区的社会稳定，维护社会生产和社会生活的正常进行，具有重要意义。作为“约法三章”的核心内容，它保证人身安全和私有财产不可侵犯，实际上是宣布既有的社会秩序和财产关系不容变更和侵犯。也就是说，刘邦向关中百姓准确无误地表明：他推翻的仅仅是一个嬴姓的王朝，而不是这个王朝所代表的制度。

最后，“约法三章”明确宣布刘邦是关中新的统治者，让关中百姓和原来的秦吏都知道刘邦是自己的新主人。“吾与诸侯约，先入者王之，吾当王关中”，表明刘邦“王关中”并不是自己的专擅，而是实践与诸侯的前约，于法于理都是站得住脚的。也就是告诉关中百姓，对此不必有丝毫怀疑，必须心悦诚服地接受他这位新主人。

可以说，“约法三章”是刘邦君臣经过深思熟虑而精心制定的一个政策法规，反映了关中百姓在政权易主的非常岁月里对于正常秩序和安定生活的要求。因此，它一经宣布，就立即解除了关中百姓的忧虑和不安，“秦人大喜，争持牛羊酒食飨军士”。刘邦又故意谦让不受，说是“仓粟多，非乏，不欲费人”，进一步取得了关中百姓的好感，“惟恐沛公不为秦王”。这表明，刘邦的上述政策取得了政治上的巨大成功，它使刘邦集团在关中百姓心中留下了良好的印象，与关中百姓结下了不解之缘。虽然不久之后项羽实行的大分封违约将刘邦发遣汉中、巴蜀，但

却未能斩断刘邦与关中百姓的联系。“约法三章”为后来刘邦顺利夺取关中地区，并以此为根据地战胜项羽奠定了坚实的基础。

当然，刘邦制定“约法三章”，实行“视民如子”等一系列的首善之举，或许出于某种天性使然，但毋庸置疑，更是政治的需要，是他精心设计安排好的。但是，这也与刘邦的政治理念是一致的。因为他深知“得民心者得天下”，只有得到百姓的信任、拥护和支持，才能形成一股强大的政治势力，才能所向无敌。所谓“你把百姓放在心上，百姓才让你坐在台上”，心怀人民者，焉能不得天下！

勇赴鸿门宴，改变历史的走向

刘邦率军驻在灞上不久，项羽击溃秦军主力后也引兵入关，他听闻刘邦居然敢自称汉中王，不禁大怒，决定兴师向刘邦问罪。

当时，项羽兵多将广，有四十万军队，号称百万之师，驻扎在鸿门；而刘邦只有十来万人，驻扎在灞上。两地之间的距离只有四十里。

被项羽尊为“亚父”的范增知道项羽性格优柔寡断，为了坚定项羽剿灭刘邦的决心，范增故意用话刺激他：“刘邦以前在山东时，贪财好色。现在占领咸阳后，一改以前的陋习。他这样做的目的是为了收买人心。这个人的野心不小啊，迟早我们都会成为他的手下。”

好胜的项羽听后更是生气，恨不得立刻把刘邦撕成两半。

项羽手下有一个叫项伯的人，他是项羽的叔父。项伯和刘邦的谋士张良是生死之交，他怕项羽打败刘邦后连张良也不放过，连忙偷偷跑到刘邦的营中，告诉张良项羽即将攻打的消息，并劝说张良赶紧躲避，以免杀身之祸。

张良说：“刘邦一直对我不错，现在他有难，如果我离他而去，实在是不仁不义，我必须把这个消息告诉他。”

刘邦知道后，大吃一惊，要求张良带他去见项伯。

刘邦见到项伯后，不断地奉承他，并一再要求和项伯结成儿女亲家。待取得项伯的欢心后，刘邦装着委屈的样子说：“我攻破咸阳后，不敢私自动一点东西，天天盼望项羽将军到来，以便把咸阳移交给他，现在却不料被他误会，我真感到痛心。希望你回去后把我的苦心转达给他。”

项伯连夜回到营中，把刘邦和他说的话全部向项羽说了一遍，并夸大了刘邦对项羽的敬畏之情。项羽的虚荣心得到了满足，火气也去了不少。

第二天一大早，刘邦带着张良、樊哙等亲信来鸿门见项羽。项羽见刘邦态度谦恭有礼，怒气顿消，随即设宴款待刘邦。

在酒席上，范增不断地给项羽使眼色，暗示他早下令拿下刘邦，以绝后患。项羽默默地没有反应。范增只好出去招来武将项庄，对项庄说：“项王心肠太软，不忍下手。你进去上前祝酒，祝酒完了，再请求舞剑助兴，趁机把刘邦杀掉。不然的话，我们大家都将成为他的阶下囚！”项庄一口应承。

过了一会儿，项庄站起来说：“今日项羽将军和刘邦将军饮酒，是一件高兴的事，可惜军中没有音乐伴奏。要不我来舞几路剑，给大家添添兴致。”说着便拔剑起舞，项伯见来者不善，也拔剑和项庄对舞，并时时以身体遮挡刘邦，使项庄无法按计行事。

张良一见情况不妙，偷偷跑出帐外，对担任警戒的樊哙说：“情况紧急！项庄在里面舞起剑来。项庄舞剑，意在沛公。”

樊哙一听，不顾门卫的阻拦，强行进入帐内。他揭开帷幕面向西站立，瞪眼看着项羽，头发直竖起来，眼眶都要裂开了。

项羽问说：“这位客人是干什么的？”

张良说：“他是沛公的卫士樊哙。”

项羽说：“是个壮士！赏他一杯酒。”

侍从就给他一大杯酒。樊哙拜谢，站着一饮而尽。

项羽说：“再赏给他一只猪前腿。”

侍从就给了他一只猪前腿。樊哙把盾牌反扣在地上，把猪腿放在盾牌上，拔出剑切着吃起来。

项羽说：“壮士，能再喝杯酒吗？”

樊哙说:“我死尚且不怕,还怕多喝一杯酒!”说完,便狠狠地咬了一大口生猪肉,又说道:“秦王像虎狼一样凶狠,杀人唯恐不能杀尽,处罚人唯恐不能用尽酷刑,所以天下的人都背叛了他。楚怀王曾经和诸将领约定,谁先打败秦军进入咸阳,就封谁为关中王。现在沛公先打败秦军进入咸阳,一丝一毫都不敢占有私用,封闭了宫室,退军驻扎在灞上,以等待大王到来。派遣将士把守函谷关,也是为了防备盗贼的出入和发生意外的事变。这样劳苦功高,没有封侯的赏赐,反而听信小人谗言,要杀有功劳的人,大王认为这样做对吗?”

项羽没有回答他什么,让他坐下。樊哙就挨着张良坐下。过了一会儿,刘邦起身上厕所,顺便招呼樊哙一道出去,准备先行离开。

刘邦问樊哙:“刚才出来没有告辞,这怎么办呢?”

樊哙说:“做大事情不必顾虑细枝末节,生命关头这些小礼节不遵守又何妨。现在人家正像切肉的刀和砧板,我们是鱼和肉,何必告辞呢?”

于是,刘邦就叫跟出来的张良留下向项羽辞谢,自己准备溜走。张良问刘邦来时有没有带些什么礼物,刘邦拿出一对白玉璧和玉杯,让张良代替他献给项王与范增。刘邦还特意叮嘱张良:“我走小路回军营,要行二十里。请你估计我到了军营后,再进去见项王。”

说完,刘邦丢下随从的人马,骑马离开鸿门。他顺着骊山脚下,取道芷阳(在今陕西省西安市东),抄小路逃走了。

估计刘邦已经回到军中,张良才进去辞谢,说:“刘将军有点醉了,没法向你辞行,已先行离去,他走时特意留下了玉璧和玉杯各一对,玉璧送给将军您,玉杯送给范增将军,请你们笑纳。”

项羽问:“沛公现在在哪里?”

张良说:“听说大王有意责备他,他脱身独自离开了,已经回到了军中。”

项羽就接受了白玉璧,放到座位上。范增接过玉杯,丢在地上,拔出剑砍碎了它,朝项羽说:“唉!你终究难成大业!夺走项王天下的一定是沛公。我们这些人就要被他俘虏了!”

这就是历史上著名的“鸿门宴”。

鸿门宴不仅标志着秦末农民起义中风云人物项羽的悲剧命运的开端，也记载着秦末历史转折的关键性的一幕。

在“秦失其政”“豪杰蜂起”的年代，刘邦和项羽先后参加并且领导了农民大起义。当刘邦率部西行略地入秦，打算在关中称王的时候，项羽正破釜沉舟，以非凡的勇猛果敢大破秦军，使“诸侯军无不人人惴恐”，诸侯都成为他的臣属。这时候的项羽，已是声威赫赫，天下莫不震服。就在这个时候，他听说刘邦已破咸阳，就决定在破关直入鸿门时，击破刘邦！

然而，正是鸿门宴的这一幕，让项羽的赫赫名声发生了戏剧性的变化。因此，鸿门宴历来被认为是楚汉争霸的真正开始。在那之后，楚汉两集团之间的关系发生了微妙而实质的变化，最终导致汉集团的胜利和楚集团的灭亡。

当然，鸿门宴的故事也说明，一个人要想干出点事，没有一点“豁出去”的精神是肯定不行的。

智斗项羽，占尽上风

鸿门宴后，自认为已经“老子天下第一”的项羽分封诸侯。各路大军在项羽的大将军旗下罢兵，各回各的封地。被封了汉王的刘邦也前往自己在巴蜀的封地，项羽派了三万武装人员“护送”前往，明显是对其不放心。楚国和诸侯国中因为佩服刘邦而愿意跟随的却有几万人。看看人家的人缘，再比一比项羽，就知道什么叫人心所向了。

军队过去以后，刘邦把架在悬崖峭壁上的栈道（行军用的木桥）全部烧掉，以此向项羽表示没有回头的意思，请他放心。

韩信劝刘邦道：“剪灭秦朝，您是首功。项羽算什么东西？就算论功行赏，好地方也该先给您，却偏让您到这地方，分明是流放嘛。现在部队里的官兵大都是东部地区的人，都盼着早点回家呢。如果趁着这种心气极高的时候利用他们，可以建立大功。要是等到天下平定以后人心都安定下来了，就指望不上他们了。不如立即决策，率兵东进，

与项羽一争天下。”

刘邦点了点头。

接着，刘邦便派韩信“明修栈道，暗度陈仓”，打败章邯，平定了陕南地区。然后继续向东扩张，塞王司马欣、翟王董翳、河南王申阳都被迫接受改编。现在刘邦控制的地区已有今陕西、甘肃、山西、河南等地区。至此，著名的楚汉战争正式爆发。

刘邦颁布命令：能拉起一万人队伍的，就让他管这一万人，自己绝不干涉。原先专供义军领导们游玩打猎的园林，刘邦都允许人们去耕种，并大赦天下罪犯。这些措施极大地调动了各个阶层的积极性，团结了一切可以争取的对象，使刘氏集团迅速发展壮大。

前 203 年，项羽亲自领兵攻打彭越，把手下将军曹咎留下来守成皋（位于今河南荥阳县西），临行前再三嘱咐他千万不要跟汉军交战。

而刘邦却是项羽前脚刚走，后脚便向曹咎发起挑战。起初，曹咎说什么也不出来交战。刘邦便叫兵士成天隔着汜水朝着楚营辱骂。一连骂了好多天，曹咎实在沉不住气了，便决定渡过汜水，与汉军决一死战。

楚军兵多船少，只好分批渡河。汉军趁楚兵刚渡过一半时，把楚军的前军打败，后军乱了阵，自相践踏。曹咎觉得没脸见项羽，便在汜水边自杀了。

项羽在东边打了胜仗，却听到成皋失守的消息，于是赶忙前往西边对付刘邦。在广武（位于今河南荥阳县东北），楚汉两军又对峙起来，时间长达几个月之久。

项羽急于和刘邦决战，因为刘邦的粮草供应顺畅，而他的粮草供应却常遭到彭越的袭击。为了尽早结束战斗，同时迫使刘邦投降，项羽就把刘邦的父亲刘太公押到两军阵前，对刘邦说：“你如果再不投降，我就把你父亲宰了。”

刘邦心中愤怒，却表现得不以为然，笑眯眯地对项羽说：“我跟你曾经‘约为兄弟’，所以我的父亲就是你的父亲。如果你一定要煮了我的父亲，那就请便吧。不过，别忘了给我也留一碗肉汤。”

项羽气得七窍生烟，但他又不愿被天下人谩骂和耻笑，只好命人将刘邦的父亲带回去。

以父亲来威胁刘邦不行，于是项羽就想当然地想与刘邦单独决斗。他派使者跟汉王说："现在天下闹得乱纷纷的，无非是你我两个相持不下，你敢不敢出来跟我比个高低上下。"

这时的刘邦十分清楚项羽一向刚愎自用、优柔寡断、浅尝辄止，而自己最善于智取，于是刘邦让使者给项羽带话说："我可以跟你斗智，不跟你比力气。"听完使者的话后，项羽马上就叫刘邦出来在阵前对话。

刘邦当着双方数万士兵的面数落项羽的十大罪状，说他不讲信义，屠杀百姓等。项羽听得发火了，用戟向前一指，后面的弓箭手一齐放起箭来。刘邦赶快回马，但胸口已经中了一箭，受了重伤。在紧要关头他忍住疼，故意弓着腰摸摸脚，骂着说："贼人射中了我的脚趾。"之后，侍卫忙把刘邦扶进了营帐。

当汉军士兵听说刘邦受了伤，都心急火燎，不知伤势轻重。张良恐怕军心动摇，让敌军乘虚而入，于是劝刘邦勉强起来到各军营巡视了一遍，当士兵们看到汉王安恙无事，这才稳定下来。这就是历史上著名的"上胸抹脚"的故事。

项羽听说刘邦没有死，大失所望。不久，韩信在齐地大败楚军，楚军的运粮道又被彭越截断，粮草越来越少。刘邦趁项羽为难之际，派人与项羽讲和，要求把太公、吕后放回来，并且建议楚汉双方以鸿沟（位于今荥阳东南）为界，鸿沟以东归楚，鸿沟以西归汉。

项羽认为这样划定"楚河汉界"还算不错，便同意了，之后放了太公和吕后，接着把自己的人马带回彭城。

实际上，刘邦此次讲和，只不过是个缓兵之计。很快他就纠集人马与项羽展开了决战。

碰到刘邦这样狡猾的对手，项羽要想不败都难。

登上帝王宝座

综观刘邦的一生，毫无疑问，他是一个"识时务"的人。或者换

句话说，他是一个典型的实用主义者。我们从刘邦和另外两个秦末英雄——陈胜、项羽的志向的对比上也能看出这点。

说到三人的志向，从他们曾经说过的三句话中就能看出一二。

陈胜揭竿而起的时候曾说过“王侯将相宁有种乎”，这句话充满了挑战性。而且挑战的对象，已不仅是秦王朝，而是命运，因此有一种不认命、不信邪的精神。至今我们读到这样的句子，内心还很是崇敬。陈胜的失败，主要在于太没文化，因而在突如其来的胜利面前，完全不知所措，以为自己真为命运所垂青，不知真正的、最后的胜利其实来之不易，结果只做了六个月的王，便身首异处、一败涂地了，正所谓“其兴也勃焉，其亡也忽焉”。但他在不公正命运前的奋起一搏，却像流星一样照亮了天空。虽然短暂，却也辉煌。

项羽的话，则充满英雄气概，说得干脆利落。他在看见秦始皇的车辇时，说：“彼可取而代也！”那口气，就像囊中取物一样。在项羽眼里，那位统一了全中国的“始皇帝”也没什么了不起，甚至只配称作“彼”，而且随随便便就可取而代之。这是自信，也是自大。自信使他成功，自大使他失败。不难看出，项羽说这话时，是不动脑筋的，也是不计后果的。那家伙（彼）怎么个就可“取而代也”呢？万一取代不了又怎么办呢？这他可没想过。他想到的只是要去取代和可以取代。这正是项羽的可爱处，也正是他的可悲处。

刘邦的话就没有那么气派了，有的只是一个流氓无赖对大富大贵的垂涎三尺。

前已述及，刘邦有一次在送服役的人去咸阳的路上，碰到秦始皇带领大队人马威风凛凛地出巡时，曾脱口而出：“大丈夫就应该像这样啊（大丈夫当如是也）！”

他的意思当然是说，有本事的人要过就过这样的日子。但不能如此又怎么样呢？大约也只好算了。这当然一点儿也不英雄，然而却也实在。正是因为这份实在，刘邦才由小到大、由弱到强，一步一个脚印地登上了皇帝的宝座。从审美的角度讲，我们当然更欣赏陈胜和项羽，但从现实的角度讲，我们又不能不承认刘邦才是成功者。

的确，刘邦是实用主义者，项羽则是性情中人。

因为实用，刘邦不怕起用小人。因为实用，他不惮于诛杀功臣。因为实用，他也敢于公开承认错误。只要能达到目的，他才不在乎自己的形象。不像项羽，什么事都由着性子来，又死要面子，死不认错。

二人性格的差距在垓下之战中体现得尤为明显。

前202年，刘邦的军队将项羽的军队重重包围在垓下（今安徽灵璧）。为了动摇项羽军心，刘邦命围困项羽的汉军四面哼唱楚歌。熟悉、缠绵的楚歌在军帐四周飘荡，项羽听了大惊失色。他自知大势已去，心情异常沉重，面对美人虞姬和心爱的乌骓（zhuī）马，不禁悲上心头，慷慨高歌：

力拔山兮气盖世，时不利兮骓不逝。
骓不逝兮可奈何，虞兮虞兮奈若何！

虞姬唱道：

汉兵已略地，四放楚歌声。
大王意气尽，贱妾何聊生。

唱罢，虞姬面含泪而自刎，项羽痛哭不已。

安葬虞姬后，项羽跨上战马，部下八百多人骑马跟随，当晚便突出重围。直到天亮时分，汉军才察觉，韩信立即命令骑兵将领灌婴率领骑兵追击项羽。项羽急于突围，结果许多骑兵未能跟上他，当他渡过淮河后，身边只剩下一百多名骑兵。

项羽逃奔到一个叫阴陵（今安徽定远西北）的地方时迷路了，于是向一个农夫问路，老农骗他说："往左拐。"项羽便率部往左走，但没走多远，众人的马匹就陷入了一片低洼地里。眼看汉军就要追上来了，项羽又率部向东走。到了东面的时候，他身边只有二十八个骑兵了，而追击的汉军则有几千人。

项羽估计这回无法逃脱了，便对手下骑兵说："我从起兵打仗到现在已经八年了，经历过七十多次战斗，从没有败过，因此才称霸天下。但是，我今天却被困在这里，我已抱定必死之心，愿为大家痛快地打一仗。我发誓，在强敌包围之中，我也可以斩杀汉将，砍倒帅旗，让各位明白，这是上天要亡我，而不是我不会打仗。"

随后，项羽就把他的随从分为四队，朝着四个方向冲杀。项羽大声呼喝向下直冲，很快就斩杀了汉军一员大将。汉军把军队分成三部分，重新包围上来。项羽又冲出去，斩了汉军的一员大将，并杀死一百多人。

之后，项羽集合他的骑兵，发现只不过损失了两个人，便问他的随从："我打得怎么样？"

骑兵们都佩服地说："主公真是勇猛无敌！"

接着，项羽趁乱杀出重围，一路向南狂奔，来到了乌江口。汉军大部队很快就追了上来。项羽便命令部下下马，拿刀与汉军厮杀。项羽一人就杀死汉军几百人，但他也受了重伤。

此时，项羽已经无力再战了。这时，他突然看到汉军骑兵司马吕马童，便对他说："你不是我的老战友吗？我听说汉王悬赏千两黄金买我的脑袋，我就将此头送与你吧！"说完就自杀了。

其实，项羽原本是可以不死的。

当项羽来到乌江边时，其实有一条船在那里等他。驾船的是一位乌江亭长，他大约是一位项羽的"粉丝"，因此早早等在那里，一心要救项羽过江。他对项羽说，现在整个乌江之上，只有臣这一只小船，请大王立即上船，汉军无论如何追不过江的。江东虽小，地方千里，数十万人，完全可以在那里再成就霸业。然而项羽却谢绝了亭长的好意。他只是请亭长把他心爱的战马带过江去，自己却和随扈亲兵全都下马步行，冲入重围，同前来追杀的汉军短兵相接，直至最后自杀。

不用多说什么了。谁都不难看出，项羽死得壮烈，死得英雄，死得气势磅礴，惊天地，泣鬼神，就连乌江之水也要为之呜咽，为之洪波涌起，浊浪翻腾。显然，项羽的死是高贵的。无论他是为什么死的，他的死，都有无与伦比的人格魅力和审美价值。

李清照有诗云：

> 生当为人杰，死亦为鬼雄。
> 至今思项羽，不肯过江东。

在很多人眼里，项羽无疑是一个忠肝义胆的豪杰。然而，项羽毕竟是一个悲剧式的历史人物。他的悲剧，通常被认为是性格的悲剧。项羽的性格最大的弱点就是不识时务，不懂实用。

面子有什么用？不是“胜败乃兵家常事”么？过了乌江不是可以重整旗鼓么？一切不过就是“雄关漫道真如铁，而今迈步从头越”么！

可惜，项羽不是这样的人，他宁可站着死，绝不跪着生。所以他一刀结果了自己的性命。

天下就这样改姓了刘。

前 202 年农历二月，刘邦正式在汜水（今山东曹县附近）即位称皇帝，定国号为“汉”，史称西汉。刚开始定都洛阳，不久迁至长安。

开辟“强汉”之路

“‘马上’得天下，但不能‘马上’治天下”，这话是刘邦的一位叫陆贾的大臣对刘邦的忠告，意思是说，武力可以夺取政权，但不能单靠武力来维持政权。

刘邦听从了陆贾的忠告，在成为汉王朝的开国皇帝后，虽然他也在不遗余力地屠杀功臣，但也成功地在“马下”治理天下。

刘邦在位八年间，文治政绩斐然。

（一）承袭秦制，建立了一套有效的统治制度。秦始皇统一中国后，费尽心思建立了一系列的统治制度，在当时的历史条件下，虽然它有利于皇权的专制和集中，但是，也有利于维护国家统一，能有效地防止诸侯割据情况的出现，适应了社会发展、人民渴望稳定的要求。

秦朝灭亡、汉朝兴起是中国历史上王朝之间的一次自然更替，虽然是一次翻天覆地的改朝换代，政权转移，但是更换的只是帝王将相而已，秦朝时期秦始皇所开创的适用于当时现实状况的专制主义中央集权制度，也没有理由不被刘邦所承袭。

但是，刘邦并没有一味照搬。他在接承秦朝的中央集权制和郡县制的同时，取消了秦朝的“严刑峻法”做法，废除“连坐法”及“夷三族”等残暴手段，提出了“德主刑辅”的政策，即以教化为主，刑罚为辅，达到宽柔相济，严松相当的统治效果。刘邦还重用叔孙通整理朝纲，叔孙通制定了一套适合当时形势需要的政治礼仪制度，撰写了《汉仪十二篇》《汉礼度》《律令傍章十八篇》等仪法法令方面的专著，为汉朝的建立和巩固起了重要作用，也为后人留下了一笔宝贵的文化遗产。

（二）发展经济，与民休息。刘邦即位之初，由于经历了秦末的残暴统治和长达八年的战乱，整个社会已经是一片残破，甚至出现沃野千里、空无一人的景象。整个国家人口锐减，经济凋敝，许多原来被称为大城市的地方，由于战争的破坏和百姓的流散死亡，人口只剩下原来的十之一二，到处是一片萧条的惨景。仅就粮价来说，战国时期每石米价格大约在三钱左右，秦始皇末年，由于徭役无度，横征暴敛，天下粮食奇缺，每石米的价格已经涨到一千六百钱左右，粮价上涨了五百余倍！其后，楚汉战争又进行了数年，生产进一步遭到破坏，粮食缺乏，米价扶摇直上，即使是在富饶的关中地区，米价也上升到每石万钱，劳动人民无钱买米，甚至发生了人人相食的惨剧。刘邦称帝后，各地的军事战斗陆续减少，社会日益趋向稳定，但生产却不是一朝一夕所能发展起来的，国家仍处于饥荒之中。国家国库空虚，各地百姓流离失所，饿殍遍地，人民生活极度困苦。在这样的情况下，如果不调整统治政策，人民将无法生存，统治阶级也无法继续统治下去。

出身平民阶层的刘邦看到了眼前的这一切，他深知夺取天下的不易与百姓生活的艰难，所以针对建国时的天下形势，他没有提出这样那样富丽堂皇的虚假口号，也没有只顾打击“政敌”“统一思想”而置经济发展于不顾，更没有为一己之私、任凭自己头脑发热而瞎折腾，而是实实在在地采取了诸多措施来恢复生产，安定民生，发展经济。

首先是减轻田租，将税率定为十五分之一。与之前秦王朝的横征暴敛相比，这种措施无疑深得人心。

其次，当时的社会上有许多曾经因为饥饿而卖身为奴婢的人，刘邦下令全部恢复他们的平民身份。这样一来，许多人就从富户的奴婢变成可以自由耕种的平民，这对于恢复生产无疑是有着积极作用的。对于复员回家的军人，中央也给予免除徭役的奖励。

第三，继续推行秦朝按照军功授予田地和房屋的政策。这也是一项安抚人心的措施。

第四，号召在战乱中逃亡隐居的人回家，恢复他们在原居住地的爵位和田宅。这项措施也起到了发展生产和恢复社会正常秩序的作用。

第五，为了使更多的人投入到农业中去，商人的政治地位受到了很大限制，他们不能穿丝衣，不能乘车，需要缴纳更多的赋税。这是由汉初重农轻商的思想决定的，在当时的人看来，商人只会转卖产品，却不能自己动手创造衣食财富，对社会没有什么益处。当然，这也是在国家刚刚建立，物质资料贫乏的情况下才会出现的情况。等到后来生产发展，社会上出现了许多需要交流转运的剩余产品时，汉朝的商业和商人的地位也就重新得到了发展和认可。

刘邦基本奉行的是无为而治的温和政策，在对各种不和谐的因素进行调整之后，国家对经济的恢复和农业生产的发展不进行太多的干预，而是顺其良性的自然发展，这对饱受多年天灾人祸之苦的百姓来说是非常有利的。这样，西汉的经济逐步得到了恢复，民生也有了较大改善。

（三）缓和与匈奴的关系，为汉朝的发展赢得战略机遇期。匈奴是古代中国北方一个强悍的少数民族，屡屡侵扰中原。秦末的战乱给了刘邦机会，同时也给了匈奴人机会。他们借着中原混乱的时机策马南下，占据了黄河以南的河套地区。前 200 年，刘邦亲自率军讨伐匈奴，结果却在白登（今山西省大同市东北）被匈奴的三十万骑兵围困，整整七天七夜不能脱险。幸亏用了谋士陈平之计（陈平带上重礼去见匈奴之妻阏

氏，说刘邦如果再继续被围困下去，就会送汉朝的美女给匈奴单于来寻求谅解。阏氏听了，很担心自己的位置会受到汉朝美女的威胁，就劝说单于撤了兵）刘邦才得以脱身。此后，刘邦明白以汉朝的国力尚不能与匈奴展开武力较量，于是就采取与匈奴和亲的政策，并开放关市贸易以缓和双方关系。汉朝与匈奴之间在汉朝的妥协下维持了相对稳定的形势，这为后世的“文景之治”和汉武帝的反击匈奴并最终打败匈奴，赢得了宝贵的战略机遇期。

到了刘邦末年时，经济已经明显好转，天下新定，人民小安。

前 195 年，刘邦因讨伐英布叛乱，被流矢射中，其后病重不起，不久崩于长乐宫，享年 62 岁，葬于长陵（在今陕西咸阳）。

作为汉王朝的开国皇帝，刘邦充分展现了他作为一名政治家的娴熟和战略家的干练。他草创了西汉王朝的各种政治、经济、军事制度，虽然没有达到尽善尽美的程度，却为汉朝几百年的基业打下了深厚的基础。他开创的汉王朝在他和后世子孙的努力下，成为当时世界上最强大最发达的国家之一，汉唐盛世也成为中华民族发展史上最骄傲的时代。此后，汉人成为中国人的代称，汉语成为中国语言的代称，汉字成为中国文字的代称，汉民族也成为中华民族的主体，这些都与刘邦的贡献密不可分。因此，尽管刘邦一生也有过屠城等斑斑劣迹，但他为中华民族作出的杰出贡献，也必将永垂史册。

第三章

集"天使"与"魔鬼"于一身的雄主：汉武帝刘彻

汉武帝刘彻（前 156 ~前 87 年），16 岁登基，在位 54 年（前 141 ~前 87 年）。他凭借着雄才伟略，将汉代推向一个繁荣鼎盛的高峰，使得中华民族摆脱了分裂的危机，为华夏古国成长为世界性的强大帝国，打下了坚实的基础。但他也好大喜功，穷兵黩武，晚年一度沉迷求仙问药而不能自拔，且滥杀无辜，为人所诟病。

皇位之路走得好艰辛

汉武帝刘彻生于前 156 年，是汉景帝刘启的第十子，母亲是王娡（zhì）。像历史上那些喜欢把自己的出生弄得神秘兮兮的帝王一样，刘彻的降生也颇为不凡，离奇色彩深厚——据说王娡怀胎的时候，曾做了一个太阳钻入怀中的梦，令汉景帝刘启大为惊喜，认为是吉祥之兆，认定王娡将来生的一定是儿子，而且这个儿子还一定大有作为。于是汉景帝很快就将王娡由普通嫔妃擢升为"美人"，而"美人"在当时后宫中的地位仅次于皇后。

说起刘彻生母王美人，也是很有些来历的。她是母亲做丫环时与家

丁的私生子。据说王娡小时候曾遇到相士算命，说她将来会大富大贵，命里注定是王孙之妻。但也由于家境贫困，长大后王娡虽然出落得如花似玉，但只嫁了个姓金的寻常百姓，并生下一女。大约是这位姓金的男子对自己的美貌娇妻并不怎么样的缘故，王娡一气之下回了娘家。恰逢此时尚为太子的刘启在民间选美，王娡的母亲便亲自出面，软硬兼施，让王娡与金家退婚，送王娡前去参加选美，结果入选，当上了刘启的姬妾，而且还得到刘启的宠幸。

这也从侧面说明，那时的社会还是很宽容，并不限制或鄙视人们离婚和再婚，至少当时还是皇太子的刘启对自己的老婆有没有过婚史并不在乎。

到了刘彻 4 岁的时候，汉景帝刘启封自己的长子刘荣为太子，刘彻则被封为胶东王。第二年，刘启废掉了结发妻子小薄氏的皇后称号，大汉王朝的皇后之位空缺。照常理，继任者无疑应该是太子刘荣的生母栗姬。

栗姬的相貌自是没得说，而且一连为景帝生下了三个儿子，是景帝后宫中最得宠的嫔妃，其子刘荣又被封为太子，因此，她本人离皇后宝座是最近的。但栗姬为人心胸狭窄，不能容人，又接连犯下两个无法弥补的错误，最终让人有机可乘，不仅没能保住儿子的太子之位，自己也忧愤而死。

事件的起因与汉景帝同胞长姐馆陶长公主刘嫖有关。馆陶长公主刘嫖可不是一般的人。作为景帝之母窦太后的亲生女儿、景帝的胞姐，刘嫖是汉王朝当时最有影响力的女人之一。

刘嫖有一个女儿叫陈阿娇，她原本打算把自己的宝贝女儿嫁给刘荣做太子妃，这样一来，自己的女儿将来就会成为大汉王朝的“第一夫人”，自己也就有了享不尽的荣华富贵。可是栗姬对刘嫖提亲的要求不但一口回绝，还大逞口舌之快，嘲弄了馆陶长公主一番，刘嫖哪受得了这口气，从此便对栗姬娘儿俩怀恨在心。

不久，刘嫖便将目光转向了平时也很喜欢的刘彻，但刘彻的父亲景帝却不太支持此事。刘嫖便想办法促成了此事：

刘彻6岁时的一天，陈阿娇和刘彻一起玩耍，馆陶长公主抱起刘彻问他："你想不想娶个漂亮的媳妇？"

刘彻说喜欢，馆陶长公主便将皇后宫中所有的美丽宫女一个个地指给刘彻看，刘彻却连连摇头。然而，当馆陶长公主的手最后指向陈阿娇的时候，小小年纪的刘彻却忽然笑着连连拍手，大声说："我要娶阿娇做媳妇，要盖一座金子做的宫殿给她住。"

刘嫖听后大喜，王美人也心花怒放，满口应允。就连汉景帝知道此事后，也啧啧称奇，于是应允了这门婚事。

刘彻与陈阿娇的婚事被确定之后，为了自己的女儿将来能当上皇后，馆陶长公主自然在汉景帝面前少不了说刘彻的好话，说他聪明绝顶，举世无双，若立为太子，必能继承大统等。馆陶长公主也不时赞美刘彻的母亲王娡贤惠宽容，渐渐地汉景帝也有点儿动了心。

有一次，汉景帝故意试探栗姬，要她在自己死后，好好照顾所有的王子。谁知头脑简单、脾气暴躁的栗姬却借此机会大说其他王子的不是，还和汉景帝大吵大闹。鉴于对汉初吕氏专权给刘氏子孙带来的灭族之祸记忆犹新，汉景帝当时的心情一定是冰凉冰凉的。

这时候的王娡还耍了个小小的阴谋，她暗地里唆使大臣，尽快上表请立太子之母栗姬为皇后。结果负责礼仪的官员便真的当众向景帝进言："'子以母贵，母以子贵'，现在太子之母还没有被封，应该立为皇后。"

正在气头上的汉景帝勃然大怒，他认为这一定是栗姬或太子刘荣勾结朝臣干的，于是就将太子刘荣废为临江王，刘彻自然也就顺理成章地做了太子。栗姬从此失宠，被贬入冷宫，后在幽怨中一病而亡。

平心而论，废太子刘荣也是个做皇帝的料。刘荣聪明过人，仁孝宽厚，小时候刘彻最喜欢的便是大哥刘荣。当然，刘彻也没有让人失望。刘彻从小就显示出聪慧早熟的特点。他3岁的时候，汉景帝抱着他，逗着问他："我的儿子想不想做皇帝？"

刘彻像个小大人似的回答："做不做皇帝又不是我决定呀！儿子只知道天天能在父皇身边快快活活地玩儿，也让父皇高兴，这才是做儿子

应该做的事。”他的回答让汉景帝又吃惊又高兴。

4 岁时，汉景帝查问他的学习，刘彻立刻背出学过的书，洋洋几万字居然不错一个字。7 岁时，他就因为过人的理解力和领悟力，被汉景帝亲自赐名“彻”。

前 141 年，在位 15 年的汉景帝驾崩，卒年 48 岁，从此刘彻登上历史舞台成为汉武帝，是年，刘彻 16 岁。

刚一登基的汉武帝血气方刚，立志做出一番轰轰烈烈的事业。他重用主张加强王权的儒士出任将相，任命信奉儒学的窦婴为丞相，安排舅父田蚡（fén）主持兵政为太尉，任命他当太子时的两位儒学老师赵绾（wǎn）为御史大夫、王臧为郎中令。他还采纳文景时期大为失意的贾谊、晁错一派的政治主张，即对内削弱诸侯、加强中央集权，对外则抗御匈奴。

为了加强中央集权，抑制诸侯在中央的政治影响力，刘彻命令当时驻在京城的列侯回到自己的封地；同时命令各地包括各封国、诸侯领地开放城门，不得私设关卡限制往来出入。这是打破地方割据的重要举措。他还下令对贵族子弟横行不法者实施惩戒，削除其贵族属籍。当然，刘彻的这些措施遇到了巨大的阻力。阻力主要来自于他的奶奶窦太后。

窦太后已经做了四十年的太后，家族势力盘根错节，异常深厚和庞大。窦氏的亲属们都不愿意回自己的封国，想继续留在京城。他们互相勾结，经常发生违法乱纪的事。窦太后和汉武帝的治国思想也有根本的分歧。汉武帝刘彻推崇儒术，而窦氏则尊崇汉朝初年主张“无为而治”的黄老派思想。

通过前文对汉高祖刘邦和汉文帝刘恒的描述，我们知道，他们实行“无为而治”的基本国策使国家的经济得到了恢复和发展，促成了“文景之治”盛世景象的出现。

但是，所谓“时移世易”，一个再好的政策也不能包用百年，一成不变，政策总得要与时俱进。窦太后要刘彻废弃儒学而重新采用黄老之道，恢复文景时代的“无为而治”。但是汉武帝认为“无为而治”的方针已不合时宜，因此他拒绝听从，而且对奶奶“垂帘听政”的做法也很是不满，于是就让赵绾上书，建议皇帝对于国事不必报知请示于“东宫”。

刘彻的这一举动让窦太后大怒，她斥责汉武帝，一度还打算废了汉武帝。这也不难理解，从心理学的角度讲，大凡“垂帘听政”者，哪个不是对权力到了痴迷的程度呢？所以，他们比前台的执政者往往手段更残忍、心胸更狭窄，更难以容许别人的反对。因此，窦太后虽然没有废掉汉武帝另起炉灶，但他还是下令逮捕了赵绾、王臧二人，迫使二人于狱中含冤自杀。其后，窦太后又相继罢免了丞相窦婴、太尉田蚡，将“为政不在多言，重在力行”的申公也赶回了老家。

这时的刘彻心里自然窝火得很！堂堂的一国之帝，却连一点发号施令的权力都没有，搁谁心里也不好受。偏偏这个时候已成为皇后的陈阿娇却依然刁蛮凶悍，而馆陶长公主自恃拥立皇帝有功，也每每贪得无厌。于是刘彻便开始疏远阿娇了。

眼看情况越来越不妙，已成为王太后的刘彻之母王娡只得警告他说：“你年纪幼小，新即皇位，那些元老大臣未必心服。现在又因为改制触怒太皇太后，如果再得罪馆陶长公主，身边就没有人维护你了。年轻气盛对你百害而无一利。”

刘彻是何等聪明之人，听闻母亲一劝，便马上转脸笼络馆陶长公主、陈皇后。此后四年间，他假装四处游猎，不再过问国家大事。馆陶长公主一方面由于刘彻回心转意，另一方面她也深知如果刘彻当不上皇帝，她母女以后的结果必定更为不堪，所以继续利用自己在窦太后跟前受宠的优势保护刘彻。由于馆陶长公主的倾力保护以及刘彻的韬光养晦，他的帝位终于得以保全。

可见，一个人要做点事，确实不容易，就算是皇帝也是如此。除了有实力、自己努力外，还得懂点低调做人的道理。汉武帝刘彻就是这么一步步走过来的。

巩固皇权是第一要务

任何一位皇帝即位后，最首要的事情就是巩固皇权，对汉武帝这个嗜权如命的皇帝来说更不例外。

在汉武帝统治时期，经过其父汉景帝刘启对“七国之乱”的平息，各诸侯王国的势力已被大大削弱。但这些高祖的后代们，仍然拥有尊崇无比的地位。他们常常有恃无恐，败坏法纪。特别是各侯王虽然政治权力被削弱，但依然可以在封国内收取“衣食租税”，致使他们有着雄厚的经济力量，而中央的经济力量则显得薄弱。

汉武帝没有一天不想彻底剥夺这些王侯们的势力，但无奈“刘氏为王”是汉高祖刘邦的遗训，如果强行废除，有可能导致汉景帝时代“七国之乱”的覆辙。

怎么办？汉武帝苦苦思索良策。

办法很快就有了。前 127 年，大臣主父偃向汉武帝上书《推恩》之策。他说：“古时候虽然分封诸侯，但封地都很小，只有百里左右，天子容易控制他们。而今天的诸侯国，往往城池数十个，范围几千里，中央对他们宽和，他们就骄奢淫乱；对他们严厉，他们就会联合起来反抗；如果采用强硬手段削藩，诸侯会联合起来反叛。如今，每个诸侯王都有十几个儿子，而只有其中的嫡长子才有继承权，其他子弟虽然也是诸侯王的骨肉，却分不到一尺封地。臣因此建议陛下，诏令全国诸侯王，允许他们把土地分封给所有的子弟，恩泽所有子弟，谓之‘推恩’。这样，诸侯们高兴，所有子孙都得到封地，大家也都高兴。从上到下都会对陛下感恩不尽的。实际上，这是分解各诸侯国势力的一种最好的策略。诸侯王国越分越小，势力就会越来越弱，这样，不用几代，他们就与平民百姓没什么区别了。”

汉武帝觉得主父偃的这一策略非常好，就立即向全国颁布了《推恩令》，命令各诸侯王在各自的封国内分封其子弟为“列侯”，由皇帝给予名号。接到《推恩令》的各诸侯王，可谓几家欢乐几家愁。但反对者又提不出反对的理由，只得按令执行。只有淮南王刘安和衡山王刘赐“嘴服心不服”，暗造兵器，图谋不轨。汉武帝立即下令，逮捕二王。

二王自知无法对抗中央，相继自杀，两诸侯国也被降格为郡，由中央直接管辖。

按照原来的设计，依靠《推恩令》来削弱诸侯力量，需要几代人、几十年的时间才能见效。可汉武帝实在等不及了，他不断地寻找着速成的机会。这时，机会还真是来了，这就是有名的“酎（zhòu）金事件”。

所谓“酎”，是一种在每年正月酿造，到八月饮用的醇酒。按汉朝的制度，皇帝每年八月要到宗庙主持大祭，叫作“饮酎”。饮酎时，所有参加祭祀的诸侯王，都要奉献助祭的黄金，称为“酎金”。酎金的数量按各诸侯王国人口的多少计算。不少诸侯王在每年奉献酎金的时候，总是偷工减料，或以次充好，以少充多。以前的皇帝也都知道诸侯王的这些做法，只不过是“睁一只眼闭只眼”罢了。

前112年农历八月，祭祀时又有不少诸侯王如法炮制。这回汉武帝却要较真了。他抓住这一时机，派人测定每个诸侯王酎金的成色和数量，发现不少诸侯王胆大妄为，欺瞒朝廷。于是发布诏令说，汉代是以“孝治天下”的时代，对祖宗祭祀不诚，是最大的不孝。于是命人立即将一百零六个侯王以“献黄金酎祭宗庙不如法”的罪名，剥夺了他们的爵位。

这是汉武帝政治生涯中果断而成功的一次巩固政权的手段，一次性地解决了一百零六个侯王。从此，各诸侯王国一蹶不振，它们的存在，也仅仅成为一种形式。汉武帝在解决诸侯王“拥土自雄”方面，手段确实比文、景二帝高明不少。

解决了各诸侯王的问题后，接下来汉武帝要做的就是削弱相权。

丞相，是自秦代开始设置的官职，素有“一人之下，万人之上”之称，权倾朝野。当时，所有国家大事，如制定法律、升降处置百官等，丞相都有决定大权，甚至有权斩杀其他官吏。这时的丞相作为皇帝的高级助手，实际上是朝廷中掌握行政实权的总理大臣。

汉武帝对丞相权力过大非常不满，同时因为丞相的主意往往无法完全与自己的心思吻合，因此他需要改变这一状况。

第一个办法就是换丞相如换衣服。汉武帝时频繁更换丞相，在位五十四年间，先后用相十三人，其中有多人被免职或处死。但这一办法并不能从根本上解决问题，于是汉武帝还特意从身份低微的士人中破格选用人才，参与国家政治中枢的主要决策，这样就形成了由皇帝左右的亲信近臣构成的“中朝”，又称“内朝”，在宫廷之内对重要政事先做出决策。而以丞相、御史大夫为首的官僚机构被称为“外朝”。由于中朝已预先对国家政事做出决策，这就将原属丞相的决策权分割给了中朝。由此，中朝拥有决策权，外朝变为执行机构，从而达到了削弱相权、强化君权的作用。

汉武帝在中央打击了丞相的权力后，又改革监察制度，加强对各级官员的监察。秦朝时，每郡设置监察御史一人，以监察地方，西汉初年废除。到了汉武帝时期，随着经济的繁荣和政治的稳定，全国各地出现了一批官僚、豪强、大族，他们肆意侵吞土地，盘剥贫民，互相勾结，横行乡里，使汉王朝的许多政令得不到推行。为了限制地方官吏的权力，监督他们的行为，整顿地方秩序，汉武帝开始加强监察制度。

元封五年（前 106 年），汉王朝正式颁行刺史制度，以加强对地方行政的控制。朝廷将全国划分为十三个州郡，每州设刺史一人，负责监察所属郡国。刺史由朝廷派遣，虽属于低级官员，但是职权很重，有权监察郡守和王国相，稍后甚至可督察诸侯王。刺史受御史大夫所属的御史中丞直接领导，在人事上是独立的，在地方查明官吏的不法事实后，自己不能擅自处理，只能上报御史中丞，请求上级处理。

为了对“京官”实施有效监察，征和四年（前 89 年），汉武帝又设置司隶校尉，监察京师百官和三辅（京兆尹、左冯翊、右扶风）、三河（河东、河内、河南）及弘农七郡的官员。

此外，汉武帝还在中央设置丞相司直。丞相司直是丞相的属官，说起来是协助丞相监察不法官员的，实际上也起着监察丞相的作用。

刺史、司隶校尉、丞相司直是汉武帝时期建立起来的三大监察系统。这三大监察系统互相监督，大大加强了皇帝对中央百官和地方官吏的控制，从而保证了政令的畅通和皇帝的至高无上的地位。

汉武帝为了巩固封建专制统治，维护纲纪，保持官员廉洁性所制定的监察制度，在一定意义上改善了吏治，其中某些制度和规定，体现出中国古代政治家的政治智慧。其作为中华民族文化遗产的组成部分，这一经验值得研究与借鉴。

统一全民思想

秦汉之际，经秦始皇的“焚书坑儒”政策摧残后，儒家在此后一度抬不起头来。自西汉初年任博士（汉时太学的教师称为博士）的叔孙通协助汉高祖刘邦制订礼仪制度后，儒学才有了新的发展，并逐渐适应了统治阶级的需要。

刘彻在刚刚被立为太子的时候，便深受儒学影响。16 岁登基后，他便一开始就醉心于尊崇儒术，但因遭到窦太后的反对而作罢。

窦太后去世后，22 岁的汉武帝拥有了独立处理国家大事的权力，他迅即采纳了董仲舒的“罢黜百家，独尊儒术”的建议。

董仲舒（前 179 ～前 104 年），广川（今河北枣强）人。他从小就对《春秋》很有兴趣，汉景帝的时候被任命为博士。据说他研究学问非常专心，以至他家的后花园都很多年没有去看过。他的日常生活和一举一动都按照礼法的要求去做，所以很多学者都把他当作老师来尊敬。

汉武帝即位后，征召了一百多名学者参加“对策”，纵论时事。其中董仲舒前后三次上书议论朝政，提出了著名的“天人三策”，引起了汉武帝的重视。

董仲舒思想的主要特色，是以儒家学说为基础，引入阴阳五行理论，建成新的思想体系。董仲舒说：“王道之三纲，可求于天”“天不变，道亦不变”。董仲舒宣称：帝王受命于“天”，是秉承“天意”统治天下的，因此称为“天子”。照这一说法，帝王自然就具有绝对的统治权威，这是武帝最需要的精神武器。董仲舒从天人关系出发，又根据“阳尊阴卑”的思想，建立一套“三纲”“五常”的伦理学。他建议统一

学术，统一思想，直截了当地提出了“大一统”的政治思想。

根据董仲舒的提议，前136年，汉武帝设太学，置五经博士。博士以儒家经典“五经”在太学教授弟子。前124年，布衣出身的儒生公孙弘擢居相位。同年，武帝采纳公孙弘的建议，为博士置弟子员五十人，每年一次试考，合格者授予各种官职；又命令各郡国普遍建立学校，讲习儒家经典，选拔其中的优秀者担任地方各级官吏。从此之后，愈来愈多的人开始学习儒学。儒家思想也逐渐发展成为此后统治中国两千多年的正统思想。这就是历史上有名的“罢黜百家，独尊儒术”。

汉武帝为了“罢黜百家，独尊儒术”的需要，运用了政权的强制力量使之得以推行，此项措施虽不像“焚书坑儒”那般残酷，但强行统一思想这一做法，与秦始皇并无二致。只不过是二者的打击对象不同，秦始皇打击的是儒家，汉武帝打击的是儒家之外的诸子百家。

“罢黜百家，独尊儒术”是汉朝文化专制主义的具体表现，在当时，对于巩固封建王朝统治，加强中央集权，起到了一定的积极作用，但对后世影响却颇为深远。最主要的是，他与专制制度合而为一，禁锢了人们的思想。可以说，自从儒家被定为思想意识形态唯一的一极后，生活在这片土地上的人们，就不但被统治者占有了“身体”，还被占有了“灵魂”。从此，人们只能学习儒家，只能相信儒家，只能传播儒家。否则，就是大逆不道，就是乱臣贼子，就可以被讨之、被诛之。

有人说得对，儒家本身并没有什么问题，不但没问题，而且对一个国家的方方面面都是有很大贡献的，只是独尊出了毛病，引发了很多不良的后遗症，流毒无穷。从这个意义上说，刘彻的罪过不可谓不大。这大约也是后世之人对一代明君汉武帝诟病较多的原因之一吧。

奠定后世中国版图的基础

汉武帝之所以被人们称为“雄才大略”的明君，与他在位时期开疆拓土，安抚四夷是分不开的。

我们知道，汉王朝自高祖刘邦始，便一直与北方强悍的匈奴实行

“和亲”政策，这种“和亲”，实际上是一种妥协，不但要把汉朝皇室的女儿嫁给匈奴单于，每年还得送给匈奴许多财物。但是，即使这样做，匈奴人还是经常侵犯中原，杀害百姓，掠夺粮食和牛羊，使北方地区不得安宁。对于志存高远的汉武帝来说，当然不能视之为平常，他一心要想改变这种屈辱的地位。

汉武帝很快就采取了行动。前135年，在将军王恢的建议下，汉武帝派王恢、韩安国、公孙贺、李广等将军带领三十万人马，在马邑袭击匈奴，又派人去引诱匈奴进攻马邑。但计谋被匈奴单于识破，未等汉军合围就撤走了。

汉武帝的诱击战没有成功。但是，从那以后，汉朝和匈奴的和亲关系破裂，接连发生了大规模的战争。在这些战争中，涌现出了两名名垂青史的人物——卫青和霍去病。

卫青（？～前106年），河东平阳（今山西临汾西南）人。他出生卑微，后在平阳公主家做了一名骑奴，每次公主外出时都要伴行。卫青的姐姐卫子夫是平阳公主家的歌女。一次，汉武帝到平阳公主家做客，汉武帝对楚楚动人的卫子夫一见钟情，于是将其纳入宫中，立为妃子。卫青也因此被立为建章宫监，后来又升为太中大夫。

霍去病（前140～前117年），是卫子夫姐姐的儿子，卫青的外甥。霍去病身材魁梧，精于骑射，他在18岁时就成为汉武帝的随从，深受汉武帝喜爱。有一次，汉武帝为他建造了一座宅院，让他去看，他却说：“匈奴未灭，何以家为！”

汉武帝多次派卫青、霍去病率兵征讨匈奴。其中，前127年的漠南战役、前121年的河西战役和前119年的漠北战役，是卫青、霍去病参加过的三次决定性战役。之后匈奴主力被消灭，匈奴北徙漠北，以至出现“匈奴远遁，而漠南无王庭”的局面，使中国北部地区得到开发。

汉武帝取得抗击匈奴的战争的胜利，使国家更加统一，长城内外“马牛放纵，畜积布野”，为经济、文化的发展创造了极为有利的条件。

在派兵出击匈奴的同时，汉武帝为切断匈奴的“右臂”，也为了发展经济文化交流，还一再派张骞出使西域。

西汉时，把阳关和玉门关以西及今新疆乃至更远的地方，称作西域。西汉初年，西域共有 16 国。

汉匈之战中，汉武帝从抓回来的匈奴俘虏口中知道了西域的一些情况。这些俘虏告诉汉武帝说："原先在敦煌以东，祁连山以西的地区有个大月氏国，他们也非常强大，但他们不擅马战，被匈奴打得大败，甚至连他们的国王也被杀死。匈奴人把国王的头颅砍了下来，把皇帝的妃子抢走，大月氏人受到极大的侮辱，被迫逃到了西域去，他们跟匈奴有不共戴天之仇，很想找到合适的人和他们一起攻打匈奴。"

汉武帝听了匈奴俘虏的话后，认为汉朝如果和大月氏人联合起来，就可夹击匈奴。但西域是一个未知之地，去往那里还要经过匈奴的地盘。因此，联络大月氏的任务，既艰巨又危险，无人敢承担，武帝只好悬赏招募自愿承担此任务的使者。

前 138 年，汉中城固（今陕西汉中）人张骞以郎官身份勇敢应募。汉武帝欣赏张骞的胆识，于是任命他为大汉使者，并为他配置了一百多名随从人员，一行人浩浩荡荡地向西域进发了。

不幸的是，张骞第一次出使西域就被匈奴俘获。羁押八年后，他与一个叫甘父的人才好不容易逃出来。之后，二人继续西行。经过长途跋涉，他们终于到达了西域，见到了大月氏国王，然而这时的大月氏人已不再想抗击匈奴了。无奈之下，张骞只好回国。在回国的路途中，他三人又被匈奴人扣留一年。就这样，直到前 126 年，张骞等人才回到长安，见到了汉武帝。

张骞此次出使西域，前后历时 13 年，途中两次被匈奴截获，出发时一百多人的使团，回来时只剩下他和甘父两人。这次出使虽未达到联合大月氏夹攻匈奴的目的，但却详细了解了有关西域地区的风土人情和气候状况。

为了联合西域各国，以便继续打击匈奴，前 119 年汉武帝再次派张骞出使西域。这时，汉朝已设置了河西旧郡，由内地到西域的交通畅通无阻，张骞因此顺利到达了西域。张骞到达西域后，一方面派遣副使到大宛（今乌兹别克安集延一带）、康居（今撒马尔罕）、大月氏、安息

（今伊朗）诸国，以加强汉朝和中亚地区的联系，发展贸易往来；一方面说服乌孙昆莫，争取乌孙东迁故地，乌孙虽不肯东迁，但在元封元年（前110年）以后终究与汉朝结亲通好。从此以后，西域各国同中原地区的政治关系和经济文化联系日益密切，贯通中西的丝绸之路开通了，西域逐渐成为西汉王朝西北边疆的一部分。

在派兵出击匈奴、加强同西域联系的同时，汉武帝对其他地区的少数民族也进行了安抚和平定，使这些地区归附了汉朝。

在东北方，他派楼船将军杨仆、左将军荀彘兵灭卫氏朝鲜（今朝鲜北部），置乐浪、玄菟、临屯、真番四郡；在南方，他派中郎将唐蒙通夜郎、伏波将军路博德和楼船将军杨仆灭南越，使得夜郎、南越地区归附汉朝。灭南越国后，汉武帝在今越南北部地区设立交趾、九真、日南三郡，实施直接的行政管理。交趾郡治交趾县位于今越南河内。此外，汉武帝还在今海南岛置儋耳郡、珠崖郡，管理今天的海南岛与南海诸岛的地区。

汉武帝的开疆拓土，在历史上有着重大的意义：一是扩大了中国的疆域。自此，历代的疆域虽有局部的变化，但大体上是汉武帝时期对外扩张之后的范围，因而奠定了现代中国版图的基础。二是增强了中华民族共同建设祖国的力量。随着疆域的扩大，汉族以外的各族人民，更多地加入了中华大家庭，共同创造着祖国的经济与文化，推动了祖国历史的发展。三是开发了国内外的交通。经过武帝的对外扩张，开辟了今新疆及西南一带的交通以及中国与中亚、南洋、欧洲、日本等地的陆路和海路交通，丰富了中国人民的地理知识，使各国及各族人民之间的往来日益密切，从而大大促进了中外文化和经济的交流，推动了中国、亚洲以至欧洲的社会经济和文化的发展。

改革经济，增强实力

在“文景之治”的铺垫下，到了汉武帝时期，国家已十分富庶。但是，由于汉武帝连年用兵，抗击匈奴，开拓疆土，加上宫廷挥霍，很快

就把几十年来国库的积蓄几乎用光了，再加上一些地方出现旱灾，地方财政收入大部分不上缴中央，更加剧了国家的财政困难。“赋税既竭，不足以奉战士”。为了摆脱这种困境，汉武帝在桑弘羊等人的协助下，采取了一系列的经济改革措施，如统一制币权、盐铁专卖、告缗（mín）等，把地方控制的大部分财政和一些富商豪族攫取的财富又集中到了中央。

西汉前期，市场上货币流通极为混乱，一是制币的权力分散，各诸侯王国和一些私商可以自由铸钱，连汉文帝的男宠邓通也可以铸钱，同一种货币的大小、轻重、规格以及质料也不相同。二是币制很不稳定，经常改变，如刘邦时用荚钱，吕后时又用八铢钱，文帝时用四铢钱，武帝即位之初用三铢钱，后又改用半两钱。如此混乱的货币，对中央垄断财经大权，促进商品交换，带来了很大困难。汉武帝决心在统一货币上采取措施。

汉武帝决定由中央制造发行一种“皮币”，即用宫苑中驯养的白鹿皮制造货币。由于鹿皮数量有限，难以多造，伪造也很困难，因此每张皮币值四十万钱。发行皮币，使得相当一部分流行于市场的各种货币回笼，这也是中央收回制币权的第一步。与此同时，汉武帝还制造了一种银币，面值也很大。这样，皮币、银币不易在平民中流通，而各地诸侯富豪却手中有钱，大都愿意换取这两种货币，这就使得他们手中的相当一部分财富掌握在了中央政府手中。而原先那些三铢、四铢、五铢钱等，由于面值小，照样在民众中流通，并不影响下层民众的经济收入和货币使用。

到了前 120 年，汉武帝下令销毁四铢钱，改用三铢钱。三铢钱流通一年多之后，又下令改用四铢钱，销毁三铢钱。不久，又下令停用四铢钱，统一用五铢钱，这样反反复复不断折腾，使得不少郡县、诸侯、豪强难以适从，只好停止铸币。到了前 113 年，汉武帝又下令禁止郡国和私人铸钱，由官府铸造五铢钱，作为法定货币，通行于全国。以前流行的各种货币全部收回、销毁。汉武帝还下令，今后由统一部门专门审查钱币的成色、轻重、式样，如发现再有私自铸钱者，一律处死。这样，经过精心筹划和谨慎实施，汉武帝终于把制币大权收归中央，使货币统一起来。这样一来，市场稳定了，朝廷的财政收入也增加了，从而达到了巩固政权的目的。

盐和铁，在中国古代是十分重要的生活资料和生产资料。没有盐吃，人就没有力气，不能进行劳动生产；没有铁，就不能制造生产工具和兵器。在科学还不十分发达的古代，盐铁的生产并非易事。因此，谁掌握了盐铁的生产和流通，谁就能获大利、致大富，在很大程度上控制社会生产的发展和财政经济大权。然而汉武帝执政初期，由于主持盐铁官营工作的官员工作不认真、不到位，因此留下了许多后遗症，如：盐铁质量低劣、价格昂贵等，从而给国家和百姓造成巨大损失。汉武帝决心改变这一局面。他任命桑弘羊担任治粟都尉兼大司农后，对盐铁问题进行了大刀阔斧的改革。

桑弘羊（前 152 ～前 80 年），是汉武帝时期著名的理财家。他在汉武帝的大力支持下，规定：煮盐、冶铁及其贩卖，全部收归官府，不允许任何私人经营；盐民由盐官统一管理，不准私置煮盐设备；盐生产出来之后，由官府按国家规定的价格收购，运销全国各地。不产盐的地方，由国家调拨盐，并由所在地的盐官负责贩卖。这实际上是一种由公私联合经营生产，国家统一购销的办法。

冶铁也同样如此。铁的生产，是在郡国出铁处设铁官进行生产，不产出铁处置小铁官负责销售，其生产和销售完全由国家进行控制。因为铁的冶炼不但技术比煮盐要复杂得多，而且成本和规模也要大，所以它主要采取国家经营的方式。根据现在对西汉时的冶铁遗址的发掘情况看，一般都有十几座直径达 1.6 米的冶铁炉，需数百名工人。由于官营冶铁资金比较雄厚，生产设备比较齐全，技术比较先进，而且是按统一设计的规格进行协作生产，所以它比起原来私营的小规模冶铁业，显然有更多的优越性。

盐铁的官营，从增加政府的财政收入，打击地方豪强的势力，以及发挥某些大规模生产协作的优点上来说，是起了一定的积极作用的。但是，盐铁官营对农民也有很多不利之处。如政府为了增加收入，对盐铁

的销价定得太高，一些官吏又常常强制农民购买，因而增加了农民的负担和不便。

和盐铁官营制度同时而来的，是“均输法”“平准法”的实施。二者的实施目的是以国家统制物资的搬运和物价的调节来抑制大商人的利润，并试图增加国家财政收入。

“均输法”的内容并不明确，综合相关文献，大概包括以下内容：政府需要的物资从民间购买，但输送到中央没有质量保证，因此在各地设立均输官专门从事物资的购买和运输。很显然，平常由商人进行运输的利润也消失了，政府开支得以削减。此后，又在这一基础上实行了平准法。“平准法”是朝廷在首都设立一个机构，名为“平准”，它通过国家掌握的由大农诸官和各地输进的货物以及工官制造的产品，在首都市场上贵卖贱买，以稳定首都的市场物价。中央各个机关采购物资，也就可以从平准官那里以平价购到所需的东西。所以“平准法”的创立，不但解决了均输官运到京师的多余货物的出售，也解决了政府一些部门对货物的采购，由于它沟通了政府各部门之间货物的供求，因而就减少了市场物价的波动，打击了投机倒把的商人。无论从维护汉朝政府的利益出发，还是对普通民众来说，平准法的实行都是有利的。

盐铁官营成功后，汉武帝又在桑弘羊的建议下，推出了“算缗”“告缗”制度。

缗就是缗钱，一千钱为一缗。“算缗”就是按缗计算税额的征税法，一算为二十钱。算缗政策的具体规定是：凡是从事商业活动者，按营业额交税，每一缗纳税一算；凡是从事高利贷活动者，按贷款额交税，每二缗纳税一算；凡是从事手工业生产且自产自销者，按出售产品的价格交税，每四缗纳税一算；车、船要征通过税，车辆通常纳税一算，商人则加倍，船身长五丈以上的纳税一算。

所谓“告缗”，就是对不如实呈报财产的人，鼓励大家告发，经调查属实者，除了被告发人的财产被全部没收、戍边一年外，检举揭发之人，奖给没收财产的一半。

汉武帝与桑弘羊所推行的“算缗”与“告缗”，实际上是对汉高祖刘邦“重农抑商”政策在新条件下的运用与发展。在他们看来，那些巨富商贾拥有大量资财，损害了广大农民的利益，也为政府控制经济带来不利。因此，有必要采取措施，从政治、经济等方面打击这些人。这样，既可以保证农业生产的发展，又可以解决国库空虚的困境。当然，他们打击商人的措施并不像刘邦那样，采用赤裸裸的方式，而是采取了依法执法的手段，特别是以重奖的形式动员广大民众参与，这不能不说是汉武帝高明的地方。

总之，汉武帝和桑弘羊制定的经济政策虽然从本质上说是从维护最高统治集团自身的利益出发的，但在当时国家财政因连年战争出现危机的情况下，能做到“民不加赋而国用饶”，制豪强之有余，补贫民之不足，并能在一定程度上减轻人民的负担，这毕竟是好事一桩，具有一定的历史进步意义。

行走在暴君的边缘

前 87 年 3 月 29 日，汉武帝刘彻永远闭上了他的眼睛，结束了七十年的人生岁月。他的一生总共做了五十四年皇帝，是中国历史上在位时间较长的皇帝之一。他当政期间，在强化皇权、改革官制以及改革经济制度和发展对外关系方面都取得了显著的成绩，由此开创了大汉王朝的强盛时代，使西汉逐步发展成为当时世界上最强大的国家。而汉武帝也成为备受后世推崇的一代英主。

然而，汉武帝刘彻绝不是一个超俗绝世的圣者。与“千古一帝”秦始皇类同，有时候，刘彻又显现出与明君作为完全不搭界的一面——甚至，有时他的作为根本就与暴君无异。

汉武帝在生活上是一个穷奢极欲、挥霍无度的人。他不仅封禅泰山，还多次环游全国。每次环游，其随行官员、军队多则十余万骑，沿途百姓供应粮蔬果品，修整道路、宫馆，郡国官员都要负责接送，负担极为沉重，给各地百姓造成了严重的经济灾难。

成年后，武帝后宫嫔妃之多，在历史上实属罕见，据记载诸宫美人

加起来共有七八千之多。《史记》还记载说，他可以三天不吃饭，但不能一天没有女人陪伴。为了满足自己和后宫诸人奢侈腐化的生活，他大兴土木，修建了无数的宫室楼台。光在都城长安城内就建起了建章宫、明光宫、柏梁台，在长安周围还建有长杨宫、五柞宫等六宫。为了便于巡游，他还在全国各地建造了很多行宫。

就连汉武帝对匈奴用兵，解除北方边患的正当措施，后世也时有非议。比如,《汉书》的作者、东汉史学家班固就对此颇有微词。在班固看来，国家的强大，首先应当是民生的安定富庶，而汉武帝虽有雄才大略，却穷兵黩武，不顾民生，终于使得汉朝繁荣经济濒临崩溃。

班固的话不能说完全没有道理。汉军抗击匈奴、保家卫国理所当然。然而，汉武帝每一次对匈奴的用兵，并非完全为了保家卫国，

元景四年（前 112 年）秋，有个敦煌囚徒捕得一匹汗血宝马献给汉武帝。汉武帝欣喜若狂，惊为“天马”。但仅有一匹千里马不能改变国内马的品质，为得到大量“汗血宝马”，前 104 年，汉武帝派百余人的使团，带着一具用纯金制作的马前去产汗血宝马的大宛国，希望以重礼换回大批汗血宝马的种马。大宛国王也许是爱马心切，也许是从军事方面考虑（因为在西域用兵以骑兵为主，而良马是骑兵战斗力的重要组成部分），不肯以大宛马换汉朝的金马，并在汉使归国途中劫持了金马，还将汉使杀害。

大宛国的这一举动让汉武帝大怒，遂命李广利率领骑兵数万人，行军四千余公里，到达大宛边境城市郁城，但初战不利，未能攻下大宛国，只好退回敦煌，回来时人马只剩下十分之一二，无数鲜活的生命就这样为了几匹天马永远长眠他乡了。

像这样的战争就很难说是自卫战争了。反过来说，这样的战争只会是好大喜功、劳民伤财。正是由于连年对匈奴用兵，加上汉武帝本人酷好神仙方术和奢侈享受，大兴宫殿，浪费无度，国家财政很快便濒于崩溃。为了筹措庞大开支，汉朝政府便只能加重徭役，致使农民大量破产流亡。天汉二年（前 99 年），齐、楚、燕、赵和南阳等地都爆发了规模不等的农民起义。

汉武帝还是一个刚愎自用，残暴多疑的人，一生杀人无数。他任用酷吏张汤，最早发明“腹诽罪”。

腹诽，又称“腹非”。即嘴里不说，心里认为不对。这在日常生活中是很正常的现象。但是，在我国古代专制制度之下，不仅有诽谤、妖言等罪名，“腹诽”也是决不允许的。

《史记》记载，有一天，汉武帝正在与张汤兴致勃勃地谈论发行“皮币”的事，有个叫颜异的大臣来奏请公事，汉武帝就问他对造白鹿皮币有何看法。颜异说：“如今王侯朝贺，不过以白玉为礼品，其价值也不过是数千钱，而放置礼品的皮币，价值却要四十万，太不相称了！”汉武帝听后大为不悦。

不久，有人因别的事情告发颜异，汉武帝就让张汤办理此案。在审理中，有人作证时谈到，颜异有一次会客时，客人谈论朝廷政令的不是之处，颜异虽未出声赞同但嘴唇微动。张汤一听，如获至宝，立即上奏：“颜异身为九卿，见法令有不适当之处，不入言而腹诽，应判处死刑！”

汉武帝朱笔一挥：“同意！”颜异便因“腹诽罪”让自己的脑袋搬了家。此后，因此罪丢掉性命甚至“灭三族”的也大有人在。这样的暴行，岂是明君所为？

就连自己身边最亲近的人，汉武帝也同样不放过。晚年的他因迷信巫蛊，怀疑太子也就是自己的儿子刘据有谋反的企图，便将之杀害。对于自己的后妃，他也毫不手软。

前95年，刘彻北巡时，遇见十七八岁的赵钩弋，见其貌美如花，光彩照人，便带回宫中纳为妃子。赵钩弋不久后便怀孕并生下了一个男婴，也就是后来的汉昭帝刘弗陵。这时刘彻已经是五十多岁，老来得子，自然十分欣喜，还将其立为太子。

然而刘彻很快就想到一个问题，那就是刘弗陵年纪太小而钩弋夫人又太过年轻漂亮。“母强子弱”必生祸患。于是在前88年，刘彻随便找了个借口便将赵钩弋杀死。当别人有不同看法时，他还振振有词地说：“自古以来，国家所以大乱，就是因为君王年幼而母亲年轻，子少母壮，

女主专权，为所欲为，谁能制止得了呢？”

将草菅人命说得如此轻描淡写，汉武帝刘彻哪里长的是一颗明君的心，甚至连人心都不是！

后来，刘彻干脆一不做、二不休，在处死继承人刘弗陵生母钩弋夫人的同时，也将自己其他儿女的生母都统统杀掉了——也许是为了不留下任何一个能够充当刘弗陵养母的女人（小皇帝的养母当然也有可能被立为皇太后），所以就连别的儿女们的母亲，刘彻也格杀勿论。

刘彻的行为，只能让我们想起八个字：丧尽天良，禽兽不如！

前几年还曾有新闻报道说，考古专家们经过对汉武帝陵的考察，已经探明其大中型陪葬墓约有一百二十余座。此外，还发现了修陵人的墓地，面积约四万平方米，估计埋葬尸骨在两万具以上。

人们都说，汉武帝刘彻开创了一个盛世，人们不禁要问的是：如果百姓不能享受到盛世的繁荣，反而因盛世而受苦甚至死无葬身之地，这样的盛世与百姓有何关系？这样的盛世值得推崇吗？

实际上，在汉武帝刚刚去世，对他的评价和争论就络绎不绝。誉之者众多，毁之者也不少。班固在《汉书》中对他的评价就是我们今天所熟知的“雄才大略”。但人们往往忽略的是，班固在论述的时候，只讲汉武帝的文治，不提汉武帝的武功，而不提的本身就是一种委婉的批评。

宋朝的司马光在写《资治通鉴》的时候，更是直截了当地评价刘彻说：“穷奢极欲，繁刑重敛。内侈宫室，外事四夷。信惑神怪，巡游无度。”这里基本没有一句好话。

当代史学家翦伯赞对汉武帝也有两句非常有名评价：“用剑犹如用情，用情犹如用兵”。

或许，作为一个君王，人们对汉武帝的评价就如他的人生一样充满矛盾。

他开创了新制度，塑造了新时代，他的业绩和作为也深深地熔铸进了我们这个民族的历史与传统中。然而他又杀人如麻，“用剑犹如用情，用情犹如用兵。”

在中国历史上，不乏英雄、伟人、壮士、志士和圣者。但是，放置在任何人群中，汉武帝刘彻都会同样地引人注目。你不可能不钦佩他，不可能不畏惧他，更有可能诅咒他——他，究竟是个什么样的人、什么样的君王呢？

有人说，天使和魔鬼的差距其实只有一步。这一步的距离有多远？那就听从自己内心的声音吧。毕竟，“腹诽罪”的年代已逐渐远去……

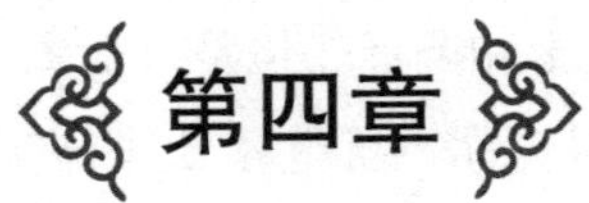

“怕老婆”的好皇帝：隋文帝杨坚

隋文帝杨坚（541 ~ 604 年），隋朝开国皇帝，曾是北周丞相，后于 581 年建立隋朝，在位二十四年。杨坚在位期间，成功地统一严重分裂数百年的中国，开创先进的选官制度，发展文化经济，使得当时的中国成为盛世之国。

“官二代”的皇帝之路

杨坚出生于 541 年，是隋朝的开国皇帝，。

我们知道，中国的专制帝王为了让自己称皇称帝名正言顺，往往会把自己的出生弄得神乎其神，以达到“君权神授”的宣传效果。隋文帝杨坚也“深明此理”。所以，他的出生也“非同凡响”。

据《隋书 · 高祖本纪》记载，杨坚的母亲吕氏在生他的前夜，曾梦见腹内有苍龙盘绕。杨坚出生时，室内紫气充盈，其手上的掌纹有如狮虎之额一般呈一“王”字。杨坚之父杨忠大为惊奇，不知是凶是吉，就去求教于僧人。僧人说此子的将来必会大建功业，但需在庵中长大才不致发生意外。于是吕氏便把杨坚交给一老尼带回庵内，由其抚养。老尼单身一人，一天出门化缘时，将杨坚交给临庵居住的一家妇人照管。邻居的妇人抱着杨坚玩，忽然见他头上生出双角，满身遍起鳞甲，吓得那妇人大呼小叫，丢开杨坚，夺门而出。老尼姑正好此时赶回，抱起摔在地上的小杨坚说："实在惋惜，惊得我儿迟得几年天下。"

除了为自己的出生"涂脂抹粉"，愚弄百姓外，杨坚日后之所以能得天下，与他有个"好爸爸"是分不开的。

杨坚之父杨忠是西魏和北周的大将，颇有军功。作为"官二代"的杨坚在其荫庇下，15 岁就被封为成纪县公，不久又升为大兴郡公，568 年，杨忠去世，杨坚袭爵成为隋国公。不断地升官当然是好事，但与此同时，他也不可避免地陷入了黑暗的政治斗争中。

杨忠去世前，北周的大权实际掌握在权臣宇文护的手中。宇文护是开国皇帝宇文泰的侄子。宇文泰去世时太子宇文觉年幼，于是遗命让宇文护辅佐少主，没想到宇文护却干掉少主另立宇文泰第四子宇文邕为帝，是为周武帝，以便自己独揽大权。不过，周武帝宇文邕虽然是宇文护扶植的，却不甘于傀儡地位，而是不断暗中积蓄力量准备夺回权力，两派之间一时暗潮汹涌。宇文护看中杨氏父子的才能，就极力拉拢他他。但杨氏父子确非常人，他们并没有贸然投入宇文护的怀抱，而是始终在皇帝与权臣间严守中立。

事实证明杨氏父子的政治嗅觉是如此敏锐，杨忠去世后第四年，势力并不强的周武帝铤而走险发动宫廷政变，先暗杀了宇文护，然后将其党羽一网打尽，幸亏当初杨坚没受拉拢，不然一定成了宇文护的陪葬品。

在中国古代，身处官场，学会"站队"比学会"紧跟"要高明得多。

再说周武帝虽然夺回了政权，但由于本身的心腹并不多，也就不得不大力拉拢那些原来的中立派，这就给了杨坚很好的发展机会。政变后的第二年，周武帝为自己的太子宇文赟娶了杨坚的大女儿杨丽华当太子妃。太子是未来的皇帝，杨坚成了未来的国丈，政治地位也就水涨船高。

不过，凡事皆有利弊，政治地位高了，政治风险自然也就大了。一些以"忠臣"自谕的人便开始在皇帝那里说杨坚的坏话。幸好，由于杨

坚一贯小心谨慎，“忠臣”们没抓住什么把柄。但是，他们又怎能死心呢？于是就使出一招“杀手锏”，攻击杨坚面有“反相”。这实在是很毒辣，古人对望气相面什么的有特殊的爱好和迷信，一旦皇帝真相信谁面有反相，那一定是会毫不犹豫地“宁可错杀三千，也不放过一个”。

好在周武帝并不是个昏君，也不是个暴君，他虽然对杨坚始终有疑心，但还是要亲自调查一下。于是找来一个叫来和的著名相面大师，命令他去给杨坚相面。来大师一看，杨坚果然是帝王相，不过来大师也在打自己的小算盘，想乘机卖个人情给杨坚，这样杨坚以后成了大事可以好好照顾自己。于是来大师回去后向皇帝撒谎说杨坚是十足的忠臣相。从此，再有人对皇帝说杨坚面有反相，皇帝不但不听，还很不耐烦地教训那人说，如果杨坚真有天命，那又岂是你们凡人能干涉得了的？在来大师的掩护下，杨坚总算过了这一关。

平心而论，周武帝为人英武果断，是北周极有作为的皇帝，在他当政的时候，杨坚只能老老实实、勤勤恳恳地演好他忠臣的角色，还跟随周武帝参与了消灭北齐的战争，并在这一战中带领部队勇猛进军，俘虏了北齐最后一任皇帝高纬。

就在灭齐后的第二年，周武帝病故，杨坚的女婿周宣帝宇文赟即位，杨坚的女儿被封为皇后。这个周宣帝全无乃父遗风，毫无治国之才。只是周武帝的其他儿子更不济，这才当了继承人。

周武帝对自己儿子的智商当然一清二楚，为了帮自己的儿子保住帝位，周武帝临终前安排了几位忠心耿耿的大臣辅政。这几位辅臣地位都在杨坚之上，本来可以压得住杨坚，不料周宣帝实在是太差劲，一登基就克制不住地胡作非为，宠信几个只会吹牛拍马的家伙，几个辅政大臣出面劝阻，结果被他今天杀一个明天杀一个，不到半年杀了个干净。朝中有能力的老臣被斩尽杀绝，而新贵们又是些没本事的弄臣，作为皇帝岳父的杨坚也就升级成了最有能力、最有声望的大臣，做皇帝的想法也许就是在这时候开始萌生。

周宣帝尽管智商不高，但作为最高统治者，他在政权方面还是很敏感的，很快就感到杨坚对自己构成了威胁，开始对杨坚警惕起来，甚至怀疑皇后是杨坚安排在自己身边的间谍。

这时的杨坚之所以一直没被宣帝清洗掉，全靠他政治手腕圆滑：一方面对皇帝的种种荒谬行为视而不见，绝不进谏，对皇帝的步步进逼逆来顺受，绝不惹皇帝生气；另一方面努力与皇帝的宠臣搞好关系，让他们在皇帝面前多为自己打掩护，至少别说坏话。这个办法或许会为君子所不屑，不过为了活命还是值得的，如果不使点小人行径，杨坚恐怕就连小命都保不住，更遑论做大事。

杨坚的行动多少也让他的皇帝女婿有所察觉，但苦于没有真凭实据，他也没法处罚杨坚，何况他还是自己的岳父大人，一点薄面还是要给的。这时的杨坚又走了一步妙棋：要求到地方上去任职。这样，一来可以避免皇帝的猜疑，二来也为将来有变化时能利用实力争夺皇位。于是，他把这种愿望告诉了自己的朋友、也是皇帝的宠臣内史上大夫郑译。

580 年，机会来了，周宣帝决定出兵南伐。郑译便向皇帝推荐了杨坚，皇帝对郑译一直都很信任，于是任命杨坚为扬州总管。但是，还没有等出征，周宣帝便一病不起，而且很重。在郑译的参与下，杨坚等人拟了一个假诏书，以宣帝遗诏的名义宣布：立 8 岁的宇文阐为静帝，由杨坚总管朝政，辅佐周静帝。

宣帝很快死去，杨坚等人又趁机利用假诏书夺取了军政大权。但是，一切都还只是开始，杨坚面前的敌人还有很多。其中最主要的就是周宣帝外封的五王。

周宣帝在位时，为巩固中央对地方的控制，封了赵、陈、越、代、滕五个大诸侯王，这五王都手握重兵，是宇文氏家庭最可依赖的力量。杨坚掌权后非常担心这五王反抗，但由于自己根基未稳，又不敢立刻下手除掉他们，于是只好采用折中之策，以小皇帝的名义召五王入朝觐见，然后以各种借口把五王留在长安，以期斩断他们与各自部队的联系。这个想法是不错，但终非长久之计，因为五王也不是白痴，他们到了长安后立即发现情况不妙，便积极串联仍忠于周室的大臣们密谋发动政变，杨坚随时都有身遭不测的可能。

但杨坚毕竟是杨坚，其政治素质与周宣帝不是一个等量级的，加之他甫一掌权就革除了周宣帝的种种暴政，因此非宇文家族的大臣们多数都投靠了他，这其中就包括那些后来辅佐杨坚成就帝王之业的关键人物，比如韦孝宽、李穆、李德林、杨素、高颎等人。

有了这些人的效忠，杨坚的地位逐渐稳定下来，他便开始向以尉迟迥为首的老牌权贵集团开刀。

没曾想，五王集团很快就自动送上门来。原来，他们一直认为杨坚只能暂时对他们采取“防守反击”的策略，就准备先发制人。某日，赵王请杨坚到家里吃饭，图谋在宴席上刺杀杨坚。杨坚当然知道这是一场“鸿门宴”，于是以妄图谋杀辅政大臣之罪将赵王处死。傀儡周静帝纵然有一百个不情愿，他又能如何呢？

赵王是五王集团的核心，他一死，周室各王的力量大大削弱，杨坚的内忧得以解决。

在剪灭诸王的同时，杨坚还平定了“三方之乱”。所谓“三方之乱”，是指以尉迟迥、司马消难、王谦为首的三股反对他的地方势力。

尉迟迥是北周开国皇帝宇文泰的外甥，年轻时就已是当世名将，为北周从梁朝手里攻取了四川全境。当杨坚于580年掌权时，尉迟迥手握精兵数十万，原北齐全境都在其势力影响之下。尉迟迥登高一呼，司马消难和王谦也同时起兵。

司马消难是郧州（今湖北安陆）总管，其女儿是北周静帝的皇后。他在尉迟迥起兵不久也起兵反对杨坚。益州（今四川成都）总管王谦，是北周十二大将军之一王雄的儿子。他也随即在益州发兵叛乱。

当时三方起兵，“关天之下，汹汹鼎沸”。势力最大的当属东面的尉迟迥。杨坚征发关中精兵，任命韦孝宽为行军元帅，东讨尉迟迥。最终，关中军攻陷邺城，尉迟迥自杀。在南方战场，杨坚以王谊为行军元帅，率荆襄兵进攻司马消难。司马消难逃奔陈朝。在西方战场，杨坚任命梁睿为行军元帅，出兵二十万，深入蜀境，进逼成都，王谦被杀。

从580年六月尉迟迥起兵到十月王谦失败，三方之乱持续不到四个月的时间。在消灭掉朝内朝外所有敌人后，杨坚终于可以专心为自己的皇位打算了。

同年十二月，他下令将当年宇文泰改的那些鲜卑姓全部恢复成其原来的汉姓，他自己也从普六茹坚正式变回杨坚。这个举动的象征意义十分明显，鲜卑人的政权完了，即将出现在历史舞台上的将是一个汉人的朝廷。随后，杨坚紧锣密鼓地进行禅让的准备。

581 年初，杨坚派人为周静帝写退位诏书，内容极力称赞杨坚功德，希望杨坚按照舜代尧、曹丕代汉献帝的典故，接受皇帝称号，代周自立。杨坚少不了又要假意推辞一番，然而经过朝廷百官的再三恳求，杨坚才假意同意接受。仪式结束后，杨坚穿戴上皇帝的龙袍，在百官簇拥下登上皇帝的宝座。然后改国号为隋，改年号为开皇，以长安为首都。

这一年，杨坚 39 岁。中国历史由此进入了隋朝。

杨坚夺取天下的过程并不是一帆风顺的，经历了许多艰难和险阻。从杨坚的称帝之路我们可以看到，他除了有个好爸爸（其父是隋国公），是个“官二代”外，他在与北周宗族斗智斗勇中，善于谨慎从事是非常重要的。

俗话说“小心驶得万年船”，有勇无谋是莽汉，有谋无勇是懦夫，有勇有谋才是英雄。但是光有谋和勇还不够，像杨坚那样谨慎行事也是非常重要的，没有谨慎，一切都可能前功尽弃。

安“内”必先攘“外”

一个国家要发展，没有稳定的周边环境是不可能的。但是，要想周边环境稳定，面对别人的骚扰、侵犯，除了说些“严重不满”“严重抗议”之类必不可少的话外，坚决予以打击才是更有效的手段。一代雄主隋文帝杨坚是这么认为的，也是这么做的。

隋朝刚刚建立的时候，周边的一些少数民族如突厥、吐谷浑等总是骚扰隋朝的边疆，严重地威胁着隋朝的经济生活和政治统一，无奈之下，隋文帝采取了武装防御的措施，以使边疆得到安定的发展。

突厥原是活动于中亚一带的游牧民族，后来东迁，活跃在蒙古草原。在北齐、北周时，突厥经常向内地侵扰。杨坚在北周为臣时，采取和亲政策，曾以赵王宇文招之女千金公主嫁给突厥沙钵略大可汗。杨坚代周称帝后，沙钵略大可汗与营州刺史高宝宁合谋，进扰边地，攻占临榆镇。千金公主又极力劝说沙钵略替她娘家北周报仇，于是突厥大举进犯。

隋文帝面对突厥的侵犯，毫不示弱，坚决还击。他派河间王杨弘、上柱国（大将军）窦荣定、左仆射高颖、右仆射虞庆则共同为行军元帅，分道迎击突厥，打败了沙钵略的进攻。此后，隋文帝一面加强防御工事，兴筑长城和沿边的城堡，一面采取“远交而近攻，离强而合弱”的计谋，利用突厥首领沙钵略大可汗和达头可汗、阿波可汗等人之间的矛盾，进行离间。使他们互相攻击，促使突厥的内争越来越激烈。

后来，阿波可汗投归葱岭以西的达头可汗，再后来，达头可汗也正式从沙钵略大可汗的统辖之下分裂出去，成为一股独立的势力，突厥由此分为东、西两部分。东突厥的首领沙钵略在西突厥和契丹东西两面威胁之下，只好在开皇四年上表称臣，说：“自天以下，地以上，日月所照，唯有圣人可汗。今是大日，愿圣人可汗千岁万岁常如今日也。”意指隋文帝即为隋朝皇帝兼突厥名义上的君主，这是为中华天子兼异族国君的首例。

隋文帝的北击突厥，打击了外来势力的嚣张气焰，同时稳定了东亚局势，为隋朝的发展乃至后世中国的稳定发展奠定了牢固基础。

除了突厥的威胁，土谷浑的威胁也不容小觑。吐谷浑原是羌族，居于现在的青海和新疆南部。在隋文帝刚建立隋朝时，吐谷浑统治者吕夸乘机骚扰隋朝的边境，给隋朝造成了不小的威胁。

为了给吐谷浑以必要的“教训”，隋文帝命令上柱国元谐率步骑数万出击，吕夸战败逃走，但是过了没多长时间又来侵犯。汶州总管梁远接到命令，奋起抵抗，于开皇三年（583 年）大败吐谷浑。

隋统一南北后，国力也达到了非常强盛的程度，吕夸见此情势再也没胆量来骚扰了。吕夸去世后，他的后代也一直与隋通好。

此外，东北的契丹等各少数民族，有的归附了隋朝，有的派遣使者来献贡，隋文帝也都高兴地接纳了，并跟他们结下了很友好的民族情谊。

总之，隋文帝对当时尚未从属于中国的周边各少数民族，采取了军事上的防御和政治上的招抚政策，稳妥地处理了民族矛盾，赢得了一个“二十年间，天下无事，区宇之内晏如也”的安定环境，为隋朝统一南北、发展经济，提供了有利条件。

在稳定周边环境后，隋文帝即开始加快统一中国的步伐。首先是消灭后梁。对于长期依附北周的后梁，杨坚一开始时采取笼络政策。当经济和军事实力有较大发展后，杨坚就不能容忍在自己的疆域内再存在独立王国。587 年八月，杨坚邀请后梁帝萧琮到长安，借机派兵灭掉了梁国。灭梁之后，588 年秋，杨坚共发兵五十多万，东起海滨，西至四川，沿整个长江沿线水陆并进，向南方的陈国发动大举进攻。这时，陈国总兵力有数十万之多，然而君臣整天生活在花天酒地之中，面对隋军的全面进攻不甚重视。最终，陈后主陈叔宝及文武百官全部做了俘虏。589 年，隋灭陈，包括琉球群岛在内的陈国故土归入隋的版图。

至此，南北朝时期持续近三百年的分裂局面归于结束，全国再次统一。

开启政治改革新局面

“每一个社会时代都需要有自己的伟大的人物，如果没有这样的人物，它就要创造出这样的人物来。”这是 18 世纪法国伟大的哲学家爱尔修斯的一句名言。隋文帝的出现也正应了这句名言。他顺时应势，取北周而立，统一华夏；他任贤用能，大刀阔斧改革弊政，创立了适应时代需要的新型制度。因此，隋文帝不仅是一位对中华民族统一事业的发展有着巨大贡献的历史人物，而且，他还是一位千古流芳的伟大的改革家。

隋文帝在政治体制方面的改革是大刀阔斧的。

鉴于北周时期军政大权集于丞相一人，以致后来的宇文护权倾朝野的弊端，杨坚称帝后，在中央机构方面，废除了北周的官制，恢复了汉魏时期的体制，在中央设立三师、三公、三省。掌握政权的是三省，三师是荣誉称号没有实际权力。三公虽然也有臣属，也参与国家政务，但仅仅是顾问性的职务，没有实权。

三省是内史省、门下省和尚书省。其中内史省是中央的决策机构，负责起草和颁布皇帝的诏令，长官称内史令；门下省是中央的审议机构，负责审察政令，驳正违失，长官称纳言；尚书省是中央执行机构，负责执行全国的政令，长官称尚书令。三省互相独立，又互相牵制，共同担负丞相的职责，以避免丞相权力过大而危及皇权。三省制度的确立使丞相的权力大大削弱，而皇帝的权力得到加强。尚书省下设六部，即吏部、户部、礼部、兵部、刑部、工部，分别负责官吏任免考核、户口赋税、礼仪、军政、刑法、工程营建等方面的事务。六部长官皆称尚书，他们分掌全国政务。

明末清初思想家王夫之充分肯定了隋文帝的官制改革，特别是三省制度和宰相制度。他指出:“郡县之天下，建国命官，隋其独得乎”。隋文帝改革官制，确立三省制度，其意义之重大，由此可见。

在地方组织方面，隋文帝采纳度支尚书杨尚希提出的“存要去闲、并大去小”的建议，将原来比较混乱的地方官制从州、郡、县精简为州、县两级，撤销境内五百多郡。同时，裁汰了大量的冗官，将一些郡县合并。这一改革大大节省了政府的开支，提高了行政效率，也减轻了人民的负担。

在州县属吏的任用方面，杨坚废除了地方官就地自聘臣属的制度。隋朝规定，凡九品以上的地方官吏，一律由中央的吏部直接任免。州县官员要三年一换，不得连任。所用之人，必须是外州县人，本地人一律不得任用。这样，中央就把地方官用人之权全部牢牢控制，州县属官回避本州县，又防止了地方政权被当地豪强所把持。这就进一步加强了中央对地方的控制。

杨坚极为重视吏治，奖励良臣，严惩冗吏。为了使州县官吏能够廉洁，杨坚采取了类似“高薪养廉”的措施，即用“给田养廉”的办法奖励臣下，以使他们不去搜刮民脂民膏，堕入贪官污吏之列。同时，杨坚还严刑治官。他经常派人侦察京城内外百官的施政情况，发现罪状便加以严惩。时不时的，也采取一些“钓鱼”执法行为，即秘密让人给官吏送去贿赂，一旦有官吏受贿，立即处死。虽然这些手段显得有点“黑”，不那么厚道，但在开国之初，确实使得良臣不断涌现，全国各地社会秩序井然。

杨坚自身也起到了一个很好的带头作用。他仅要求各级官吏要清正廉明，不得奢侈腐化，自己也带头节俭。他曾教训太子杨勇说：“从古以来，帝王没有喜好奢侈而能长久的，你当太子，应该首先崇尚节俭。”太子杨勇、三子杨俊还因生活奢侈，被罢免官职。宫廷内人们所用衣物，大多是破了再补，直到不能用为止。

史书记载，开皇十四年（594年），关中地区闹饥慌，杨坚派人察看灾情。见百姓所食都是豆粉粗糠，他拿着食品给群臣观看，泪流满面地责备自己无德，命令撤销常膳，不吃酒肉。他率领饥民到洛阳就食，令卫士不得驱迫饥民。遇见扶老携幼的群众，自己引马避路，好言抚慰。道路难走处，令左右扶助挑担的人。可见，作为一个专制社会中的最高领导人，隋文帝杨坚还算是一个怜民爱民的人。

杨坚在政治改革中的另一大创举是设立了科举制度。

隋朝之前，选拔官吏采取九品中正制度，做官要凭门第，仕途完全为门阀大族所把持。普通人要做官，那真是比登天还难。

587年，杨坚下令废除九品中正制度，把选举用人之权，从世家大族手里夺了回来，收归到中央。598年，杨坚又下令，凡是京官五品以上、地方官总管刺史，要以有德、有才二科举人。把德和才结合起来，通过考试的办法来选拔人才担任官吏。到了隋炀帝时，开始设立十科举人，其中有“文才秀美”一科，即进士科。进士科的设置，标志着科举制度的正式建立。

以科举制度代替九品中正制，这是选拔官吏制度的重大变革。科举制度把读书、应考和做官三者联系起来，这就使得无论是官宦子弟，还

是贫寒子弟，都可以通过读书、考试，获得做官的机会。由此便打破了门阀世族垄断做官的局面，扩大了专制政权的社会基础。同时，也使得大批下层平民为了将来能获取官职而安心读书，这对于维护社会安定和巩固中央集权的统治都很有益处。

颁布新的刑律也是隋文帝政治改革的一项重要内容。578 年，北周宣帝颁布了《刑经圣制》后，用法更加残苛，以致人人恐惧，朝不保夕。581 年，杨坚建隋后，随即废除了北周酷刑，他命令杨素、裴政等十多人修订刑律。裴政以“以轻代重，化死为生”为指导原则，制定了《开皇律》。律文中废除了前代枭首、车裂、鞭刑等酷法，除了犯谋反罪，一律不用灭族之刑。律文仅五百条，极为简要。

隋文帝还是中国历史上第一位确立死刑“三复奏”与“三复核”制度的皇帝，也是世界历史上第一位规定死刑的复核要由国家最高权力部门来履行的皇帝。

隋文帝在位期间，出现了死刑复奏制度——“三复奏”。就是在处决犯人之前，仍须将复核之后的结果再次报与皇帝最终决定，刑前要三次奏请皇帝，以便考虑更加周详，在皇帝勾决之前，不能对犯人进行处决。《隋书 · 刑法志》记载，“开皇十五制：死罪者，三奏而后决。”就是说通过三次奏请才能决定是否最终处以死刑。之前的开皇十二年（592 年），杨坚曾下令：“诏诸州死罪不得便决，悉移大理案覆，事尽然后上省奏裁。”即诸州判决的死刑案件，不能立即执行，须由大理寺复审；大理寺审结的死罪案件，还须经尚书省复核。正式将死刑的复核纳入法制轨道，为死刑的文明化奠定了基础。较之后世有时将死刑复审权授于地方法院执行的制度来说，更符合司法的本意，也更有利于保障底层百姓的人生权利。其巍巍之德无不昭彰皇天！

隋文帝杨坚还是中国皇帝中首创百姓可直接上殿告御状的第一人。隋文帝即位初年即下诏：“申敕四方，敦理辞讼。有枉屈县不理者，令以次经郡及州，至省仍不理，乃诣阙申诉。有所未惬，听挝登闻鼓，有司录状奏之”，这就是说，他鼓励百姓可以直接到京城上访揭发贪官污吏罪状，而政府有关部门不得以“维稳”或其他名目“截访”，否则治以重罪严惩不贷。这一措施让民情能够直接上达皇帝，使贪赃枉法的官员个个胆战心惊无处藏身，有力地维护了国家的稳定和百姓的权利。

从杨坚对司法制度的改革来看，他称得上是个非常清明的开国君王。他采取的是“官严民宽”的政策手段，对各级官吏往往小罪重罚，而对民众犯罪，用心却是平恕。杨坚认为，官吏本负有治国安民之责，拿着国家俸禄，自当知礼知法。如果渎职犯罪，必须严处。而平民百姓一年四季，耕作劳苦，自食血汗，犯罪自当可以从宽。

杨坚的做法让北宋的司马光在《资治通鉴》中也不得不连声歌颂道：“开皇仁寿间，高祖文皇帝内修制度，外抚四夷。求劳日昃，经营四方，大崇惠政，法令清简，躬履节俭，天下悦之。乘兹机运，逐迁周鼎，职方所载，并入疆理，禹贡所图，咸受正朔。四夷降服者两百七十万人。开皇十年，是岁天下断狱，死罪者四人，号称太平”。

隋文帝时，曾经一年之内全国因死刑而被处死的人只有四人！这样的社会真是和谐得让人羡慕。

经济改革与政治改革相辅相成

在政治上锐意革新的同时，隋文帝并没有忽视进行经济上的变革和整顿。他积极依靠富有改革思想的高颎等人，在经济上采取了一系列的变革创新措施。

杨坚即位后，在经济方面的措施首先是继续推行均田令。农民受田，仍按北齐的方法，每丁受露田八十亩，桑田或麻田二十亩，妇女受露田四十亩。露田在人死后交还国家，桑田或麻田可传给子孙。丁牛一头受田六十亩，一家限牛四头。

杨坚派遣使官到各地推行均田法，在一些地少人多的地方，富豪们想方设法抵制均田，甚至有人发动叛乱。杨坚乘机发兵镇压，然后没收其田地，分给无地的贫民。或者是鼓励农民向地广人稀的地方迁移，大量垦荒。结果从 598 到 605 年，全国的耕地面积大为增加。

与均田相联系的是租赋的调整，杨坚数次下诏减免徭役和租税。租

赋一般以床为单位，丁男一床，纳租粟三石，桑田调绢一匹，绵三两，麻田纳布一端，麻三斤。单丁及奴婢纳一半租税。在徭役方面，每丁男每年服役一个月。不久又下令减轻租赋徭役，成丁年龄由18岁提到21岁，年长了三年。每年服役时间由一月减为20天，调绢由一匹减为两丈。后来又允许50岁以上的人可以输庸代役，即交纳布帛代替力役，这些措施提高了农民的生产积极性，大大促进了农业生产的发展。

为了增加国家的财政收入，杨坚采用了两项措施，即“大索貌阅”和“输籍定样”。“大索貌阅”是根据相貌来检查户口，是不是隐瞒了，或者报了虚假年龄。“输籍定样”则是在前者基础上确定户口数，编制“定簿”，以此为依据来收取赋税。这样，既增加了收入，也防止地方豪强和官僚勾结，营私舞弊。同时，从豪强手里将原来依附的人口解放出来，增加了国家的劳动力，并且调动了这些人的生产积极性，政府的财政收入也在急剧增长。

经过几年时间，隋朝的粮食生产有了极大的发展。隋朝政府在各地都修建了许多粮仓储存粮食，其中著名的有兴洛仓、回洛仓、常平仓、黎阳仓、广通仓等。存储粮食皆在百万石以上。直到唐太宗贞观十一年，监察御史马周对唐太宗李世民说：“隋家储洛口，而李密因之；西京府库，亦为国家之用，至今未尽。”那时隋朝已灭亡了二十年，隋文帝已经死了三十三年，可当时的粮食布帛还未用完。1969年在洛阳发现了一座隋朝粮仓——含嘉仓遗址。面积达四十五万多平方米，考古发现共有二百五十九个粮窖。其中还有一个粮窖留有已经炭化的谷子五十万斤。由此可见隋文帝时期的富裕与强盛。

统一货币和度量衡也是隋初在经济方面的一项重要改革。由于隋朝前的中国长期处于分裂割据状态，各地区所使用的货币十分混乱。隋朝建立后，杨坚决心改变这种混乱状态。他命令更铸金钱，名“五铢钱”。585年，新五铢钱通行全国，为全国范围内的物资交流和经济发展，提供了必要的条件。为了防止再有私铸钱币流入市场，破坏钱币统一，杨坚严令，如有敢私铸钱币者立即诛杀。在隋文帝的三令五申之下，“自是钱货始一，所在流币，百姓便之”。同时隋文帝又下令统一度量衡，在市肆放置官定的铜斗铁尺，方便百姓。这样有了统一的货币和度量衡，便推动了商业的发展，反过来又促进了国家的统一和经济的发展。

隋文帝在经济上所进行的调整和变革，是同他的政治改革互为补充而相辅相成的。正是隋文帝全方位的、持久的改革，不仅荡涤了长期分裂割据在社会上所沉淀下来的污泥浊水，也扫除了影响社会向前发展的各种障碍，为专制社会国家经济的发展注入了富有活力的血液。

难得一见的“怕老婆”皇帝

古代中国是一个男权社会，按照古圣先贤的设计，女人只有“三从”的份儿：从父、从夫、从子。但不知什么原因，从古至今，怕老婆的男人也大有人在。而且，就算是在拥有后宫佳丽无数的至尊皇帝中，也有怕老婆的——隋文帝杨坚就是其中“杰出”的代表之一。

隋文帝叱咤风云，平定南北，统一天下，是一个难得的贤君，不过，在后世对他的评价中，他也因为怕老婆而名列榜单，成为人们茶余饭后的谈资。俗话说：普天之下，莫非王土，率土之滨，莫非王臣。自古以来，皇帝是天下人的主子，掌握着天下人的生杀大权，无数佳丽们磕破脑袋也想赢得他的宠信，按说皇帝是没有理由“惧内”的，不过，万事无绝对，在野史传说中，隋文帝就被当作皇帝中怕老婆的一个典范。那么，他为什么会怕老婆呢？

这得先从杨坚的皇后独孤氏说起。据史书记载，隋文帝的老婆独孤皇后是北周时的大司马、上柱国独孤信的七女儿。14 岁时，由其父做主，嫁给了“风骨，似世代间人”的北周骠骑大将军杨坚。当时的独孤家族是名门望族，独孤皇后的大姐是“周明敬后”，四姐为“元贞皇后”。这位出身名门的独孤皇后，其相貌又当如何呢？在史书中并没有相关的确切文字记述。但从其父独孤信言其“美容仪”的史书记载中，可以推见应当也是仪容端庄之人。自身相貌不俗，夫君杨坚“奇美”，可以说，两人无论家庭出身还是相貌都堪称门当户对。

而且，独孤皇后本人也确实有两把“刷子”。史书记载，她对长辈

十分尊重，不论是自己的叔叔婶婶还是官员的父亲母亲，她都待之以长辈之礼。仅此一点，她就为杨坚赚取了不少大臣的忠心和爱戴。

更为重要的是，独孤氏天资聪颖，拥有很强的政治手腕和头脑，为丈夫纵横政坛立下了不少功劳。

史书记载，有一天，幽州总管阴寿向皇帝报告了这样一个事情：在与突厥的互市中，发现一箧价值八百万的明珠，劝独孤皇后买下。但是独孤皇后却拒绝说："这个我不需要。当今戎狄屡屡骚扰国家，将士功劳很大，我宁可把这些钱赏给有功者。"

当时还有大臣上奏："按照《周礼》规定，百官妻子爵位品级的封赏，应该由皇后发布。请求依照古制行事。"独孤皇后说："妇人干预政事，或许从此就会逐渐盛行，我不能开这个头。"

从这两件事上可以看出她的见识确非一般的女子能比。

此外，每当上朝时，独孤皇后与隋文帝同乘御辇，她在议政大殿的门厅等候，并派一名宦官去观察，以便向她报告上朝的情况。当她认为隋文帝决策不当时，她就提出匡正意见，对杨坚施政"多所弘益"；但她从未擅权干政，总是让杨坚知其错而改之，自己只是暗藏幕后帮忙而已。听政完毕，两人才一起回宫。当时这样的景况，已经成了宫中的一个极为常见的现象，人们对此也没有任何异议，毕竟独孤皇后的才能已经无人再质疑了。

独孤皇后不仅有着很高的政治才能和远见，而且为了维护国家的法律权威，还反复要求亲人们要遵纪守法。

有一次，她的一个母系亲戚崔长仁获死罪时，杨坚想替她宽恕这个人，但皇后却说："国家大事，怎么能徇私呢？"于是崔长仁被论罪处死。

不仅这样，独孤皇后还以"仁爱"著称，每次有犯人被处死的时候，独孤皇后听说了就暗自流泪。

正因为如此，独孤皇后还但赢得了臣民的爱戴，也让隋文帝杨坚宠爱不已，甚至于有些怕她。

据说，独孤皇后死后，隋文帝经常思念她，患病时曾悲痛地说：

“要是皇后在就好了，我的才能是永远赶不上她了。”杨坚夫妻感情如此深厚在中国历代帝后中很可能是独一无二的。

因此，从某种意义上来说，杨坚也不是害怕独孤氏，而是对于她的政治头脑给予肯定与尊重。在他心目中，独孤氏的地位是没有任何一个女子可以替代的，他们的恩爱程度确实也成为当时社会的一段佳话。

当然，隋文帝杨坚的故事也说明，怕老婆并不是什么大不了的事，皇帝尚且如此，遑论平头百姓么？说不定还会像杨坚一样，越怕越有福。

悲惨的结局

仁寿四年（604 年）七月，隋文帝杨坚病逝于仁寿宫。

综观杨坚的一生，他代周建隋，统一中国，在政治、经济等领域进行了一系列成功的改革，堪称一个大有作为的皇帝。

但是，杨坚也并非完人，他也有其平庸乃至“肮脏”的一面。比如猜疑、苛察、喜怒无常、迷信佛道、不学无术等。

杨坚代周自立，利用的是北周主弱臣强的现实，他即位后即对北周宗室宇文氏斩尽杀绝。而且他还推己及人，生怕他人也走自己的路子，颠覆杨家天下，于是，许多功勋卓著的文武大臣因受他猜忌而遭杀戮。

梁睿本是北周旧臣，在征讨王谦时有大功，出任益州总管。只因他在益州颇得人心，杨坚便怀疑他有发展地方割据之意。梁睿也深知杨坚怀疑自己，便主动辞去益州总管的职务，到长安去做京官，接受杨坚的直接监督。但最终还是招致非议，被免官。

王世积也是北周官僚，在平尉迟迥和灭陈时，数有大功，晋位上柱国。王世积亲眼看到许多功臣被杀，从此嗜酒如命，不参与任何政事。王世积的一个亲信皇甫孝谐犯罪，投奔王世积，王世积没有接受。皇甫孝谐被捕，判以发配，他为报复王的不“仗义”便诬陷其谋反，杨坚明知并无任何根据，仍下令处死王世积。

虞庆则也是北周旧官，在安抚突厥和灭齐中曾立大功，颇受杨坚赏

识。有一次，虞庆则在行军途中指着一个地方说："若在这里有一个合适的人驻守，只要有足够的粮食，便难以攻破。"杨坚便借此以谋反罪杀死了虞庆则。

高颎是协助杨坚治国的第一号人物，许多政治、经济改革的重大决策都出自高颎之手。但后来，当有人告发高颎有谋反迹象时，杨坚没做任何核实，就信以为真，只是他不愿落个杀戮功臣的名声，才没有杀死高颎，而是剥夺了他的全部官职，将其贬为平民。

为树立自己的权威，杨坚在宫廷中长期放着杖棒，稍不如意，则当场施以杖刑，有时一天就要打好几个人。杨坚还常嫌持杖者下手过轻，一旦怀疑他们手下留情，便要推出杀头，故宫廷中常有人死于杖下。

杨坚还十分相信当时民间流行的各种迷信，包括山神、土地、河海龙王等，甚至对于各种妖怪之说也不怀疑。一次，独孤皇后得了病，医生认为这是有人故意利用猫妖作怪。杨坚对此专门下了诏书：凡有意饲养、培训并利用猫妖等怪物而害人者，一律流放边境。

杨坚被后世讥为不学无术，他自己也承认，并且看不起那些咬文嚼字的读书人，由此认为不需要建立学校。601 年，杨坚下令全国只保留供王公子弟读书的国子监，废除了天下郡县的所有学校。

大兴土木也是杨坚的"爱好"之一。杨坚做皇帝的第二年，便嫌旧长安规模太小，且宫中又常闹鬼，下令在旧城西北修筑新都城，同年年底完工。因杨坚最早的封爵是大兴郡公，新城便被命名为大兴城，皇宫称大兴宫，主要宫殿称大兴殿。

593 年，杨坚对大兴城又失去了兴趣，便以杨素为总管，宇文恺为主要设计者，在岐州（今陕西省麟游县境内）营造仁寿宫。通过开山填谷，建成了楼台亭阁转连的豪华的宫殿。为讨好杨坚，杨素对民夫督促非常紧，死者数万人，杨素便随地把他们埋进了宫殿的地基里。用了整整两年的时间，仁寿宫和大兴城之间修筑了行宫十二座，在往返途中也有可以娱乐的地方。

猜疑和严刑使隋文帝失去了大批可以利用的臣僚，崇尚迷信又招来许多专事献媚的小人，大兴土木开奢侈之风则苦了老百姓。隋文帝的晚年虽是隋朝盛世，但潜在的社会危机已露出端倪。

但不管怎么说，杨坚结束了自东汉以来长达数百年的分裂动荡局面，实现了全国统一。他称帝后，轻徭薄赋，勤于政事，整顿吏治，杜绝腐化，使豪强官吏不敢过分作恶，贪污行为大为减少，有利于与民休养生息，使隋初的社会经济呈现繁荣景象。他废除九品中正制，开科取士，采用以荐举与考试相结合的选官办法，奠定了中国科举制度的基础。他对行政机构进行大刀阔斧地改革，创造出一套适合时代要求，有利于加强中央集权的政治制度。他创建的三省六部制和进行的一系列精简机构、裁汰冗官的改革，为以后历代遵循。他继承了汉代以后的儒法兼用的统治手法，又掺进了不少佛家、道家的因素。这就使得他的文化政策和思想统治并非"一元"，更多包容兼蓄，为专制社会增添了一些清新的气息，这是难能可贵的。

他建立的王朝虽然短暂，但是他所进行的伟大改革活动，他统一全国的历史功勋，他开创的各种法规制度，他留下的治国经验和教训，长期影响着此后的中国社会，也给后人以无穷的启示和反思。

总体来说，杨坚的皇帝生涯是成功的，是中国历史上的好皇帝之一。然而他的结局却并不那么好，而且还较为悲惨。

隋文帝去世后，后世大多认为他是被自己的儿子杨广即隋炀帝所杀。

隋文帝共有五个儿子，长子杨勇被册立为太子，次子杨广封为晋王。杨勇待人宽厚，博学多才，颇得父母喜爱，故杨坚在做隋王时，杨勇便被立为世子，后来又立其为太子。隋朝开国之初，杨坚为提高儿子的地位，凡有军国大事，都要杨勇参与处理。但随着年龄的增长，杨勇越来越迷恋女色，东宫嫔妃多被宠幸。杨勇之母独孤氏最讨厌除妻子外和别的女人生孩子的男人，当然对杨勇的行为也不满意。加之杨勇的第一个儿子是与尚未选入东宫的云氏在外边生的，是私生子。杨坚对此也大为不满，指责杨勇。但杨勇不服，依然我行我素，从此逐渐失宠。

晋王杨广为了取代哥哥的地位，就极力伪装，把自己打扮成一位节俭、不近女色之人。当隋文帝与独孤皇后要来晋王府时，杨广就让姬妾们全部躲起来，自己和王妃萧氏亲自去门口迎接圣驾。皇帝、皇后入府

后，杨广让一些身穿旧衣、姿色平常的妇人来侍奉。文帝夫妇由此对杨广非常满意。

史书记载，一天，杨广到野外打猎，遇上大雨天气。侍从怕他受凉，劝他穿上油衣（雨衣）。杨广却说："跟我出城的士兵都被雨水所淋，我一个人披上油衣，像什么样子！"他坚持不穿油衣，愿和士兵同甘共苦。隋文帝听说了这件事，认为杨广仁爱，可以交给他重要任务。

杨广对独孤皇后很有礼数。如果皇后派人来见他，他不管人家地位高低，总是和妻子萧氏陪人家吃饭。他还努力结交大臣，笼络人心，结果大臣们都对皇后说晋王厚道。皇后听了这话，对杨广更加宠信了。

后来，杨广被封为扬州总管，去南方上任。杨广临走时，故意装出一副可怜兮兮的样子，对独孤皇后说："不知出于什么缘故，太子对我非常仇恨。也许他会在我的饮食里下毒，把我害死。"从此，独孤皇后开始怨恨太子杨勇。

杨广又用珠宝收买越国公杨素，使他支持自己。左仆射高颎是太子的靠山，杨广就制造谣言，说高颎有谋反之心。隋文帝听信谣言，将高颎罢官。

杨广见废掉太子的时机已经成熟，就收买太子亲信姬威，让他诬陷太子造反。姬威写了一封检举信，说："太子常常命卜者算卦，预测以后发生的事情。有一天，他听完卜者的话后格外高兴，说开皇十八年（598年）皇帝一定归天，眼看就要到了。"

隋文帝看完检举信，泪流满面地说："杨勇的心肠居然这样狠毒！"于是命人把太子抓起来，严加审讯。600年，隋文帝废太子杨勇为庶人，予以软禁，改立晋王杨广为太子。

602年8月，独孤皇后逝世。此后，隋文帝把国家大事交给太子杨广管理，自己则沉湎女色，安享帝王富贵。

关于隋文帝之死，野史记载如下：604年，隋文帝终因纵欲过度，在仁寿宫一病不起。当时，越国公杨素、兵部尚书柳述、黄门侍郎元岩都在宫中侍奉。7月，太子杨广也从长安赶到仁寿宫，他见父亲的神志时而清醒，时而恍惚，就写信给杨素，向他请教君王逝世后的善后事宜。

杨素将自己的意见写在信中，然后对下人说："把信送到仁寿宫殿下那里。"下人不曾想到仁寿宫还有个"殿下"杨广，竟把信送到隋文帝那里。

隋文帝打开书信观看，察觉杨广盼望自己早死。这时杨广又耐不住寂寞，调戏宣华夫人。杨坚极为恼火，将柳述、元岩叫到身边，叫他们草诏，召已废太子杨勇入宫。而杨广已在杨素的授意下带兵入宫，将柳述、元岩抓了起来。

此时，东宫右庶子张衡奉太子之命进入隋文帝寝宫。他命令宫女们全部出去，宣华夫人、容华夫人怕隋文帝有事，不肯离去。张衡大怒，命卫士将二位夫人拖走，然后在太子的授意下杀死隋文帝。

过了一会儿，张衡从屋里出来，对众人说道："皇上早已驾崩，你们为什么不向太子禀报？"众人进屋，发现隋文帝已经逝世。杨广回转长安后，毒死杨勇，登上皇帝宝座，是为隋炀帝。

但是，这种说法并不为后世史家认可。因为《隋书》记载："乙丑，诏赏赐支度，事无巨细，并付皇太子。夏，四月，乙卯，帝不豫。六月，庚申，赦天下。秋，七月，甲辰，上疾甚，卧与百僚辞诀，并握手歔欷，命太子赦章仇太翼。丁未，崩于大宝殿。"北宋司马光所著的《资治通鉴》对此的记载也大致相同。从这些史料来看，隋文帝早就病入膏肓，所以和众人交代后事，几天后就驾崩了。隋文帝的死是病死，而非遭人毒手。杨广之前虽然和兄弟用尽阴谋手段竞争，但是他的继位仍是隋文帝的本意，仍属正常即位。

此外，对于隋文帝之死还有其他一些不同的说法。但无论如何，有一点是可以确定的，那就是：英明一世的杨坚，在对后代的教育上是失败的。

长子杨勇废为庶人后，在杨广即位之后被缢死，杨勇的十个儿子均被杨广贬于岭南，后被杖击而死。

次子杨广即隋炀帝的残暴自不必说，他后来被手下亲信宇文化及勒死，他的子孙也被诛杀殆尽。

三子杨俊早年生性仁恕慈爱，崇敬佛道。后因生活奢侈和姬妾相残被文帝幽禁忧愤而死。杨俊长子杨浩和次子杨湛均被宇文化及杀害。

四子杨秀曾拜柱国、益州刺史，总管24州诸军事。后因替被废太子杨勇鸣不平遭到杨广诬陷，被贬为庶人并遭幽禁。后来与其子皆死于宇文化及之手。

五子杨谅是杨坚最喜爱的一个儿子，杨坚死后他因造反被杨广所败，最后被幽禁饿死。杨谅只有一子杨颢，后被宇文化所害。

看看子孙后代的悲惨结局，不知九泉之下的隋文帝杨坚该作何感想。

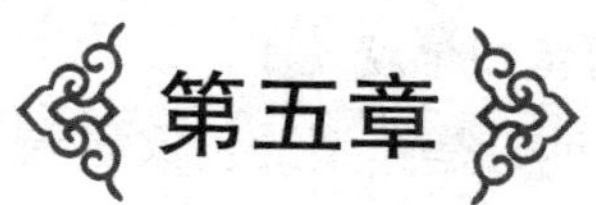

第五章

济世安民的“千古一帝”：唐太宗李世民

小 档 案

唐太宗李世民（599～649年），中国历史上首屈一指的明君，被誉为“千古一帝”。他也是中国历史上伟大的军事家，卓越的政治家兼理论家、书法家和诗人。其共在位二十三年，在位期间国泰民安，社会安定，经济发展繁荣，军事力量强大，史书上有“贞观之治”之誉。

崭露过人的才华

唐太宗李世民于隋朝开皇十八年（599年）十二月二十二日出生于武功（今陕西省武功县）一个胡汉混血的贵族门阀世家。父亲李渊和隋文帝杨坚是姻亲，李渊一向得到杨坚的信任，在杨坚建立隋朝后，镇守北方边疆地区。

李渊妻子姓窦，是北方少数民族世家的女儿，夫妻二人共育有四个儿子，长子李建成，二子李世民，三子李元霸，四子李元吉。

李建成相貌和性格都比较温和，眼睛细长，皮肤白皙，说话柔和，看起来温文尔雅，只是缺少一些容人的气量，心胸较为狭窄。

李世民是典型的北方男子长相，英气勃勃，浓眉大眼，矫健敏捷。

老三李元霸是四兄弟中武艺最好的一个，可惜很早就死了。

老四李元吉脾气暴烈，骄横野蛮，花天酒地，是典型的世家纨绔子弟。

李世民还有一个姐姐，即平阳公主，嫁给了关中的富豪柴绍。她足智多谋，是女中豪杰，还经常带领军队帮助李世民征战四方。

李世民的出生跟历朝皇帝愚弄百姓的手段毫无区别。据说他出生时，有人看见有两条龙在府第外飞来飞去，前后足足飞了三天，等李世民出生了才离开，而李世民出生时就大瞪着双眼，炯炯有神，没有像全天下小孩子一样大哭，所以从小就有很多人说他是个神童。

民间还传说，李世民 4 岁时，有一天，父亲李渊上街，被一个善看面相的人拦住了去路，此人前前后后不停地打量李渊，忽然还给他跪下了。这可把李渊吓了一大跳，忙问他是怎么回事。这个人恭恭敬敬地说："您是贵人啊，而且有个贵不可言的儿子。"

李渊大为高兴，立刻把他请到了自己府里，让他给自己的四个儿子看看。当这个人看到老大、老三、老四几个时，都只是笑笑，没说什么，等到见到 4 岁的李世民，立刻瞪大双眼，仔细地打量他，还摸了摸他的头，最后慢慢道："这个孩子的相貌是天底下最有贵气的，称得上是龙凤之姿、天日之貌，20 岁以后，必定可以济世安民。"

一向谨慎持重的李渊又惊又喜，但这种话在当时非同小可，是大逆不道的，被人听到等于有谋反的意思，是有可能被诛九族的。当李渊正想着该不该派人把这个看相的干掉时，这个人忽然就神秘消失了，从此以后也没有再出现过。而李渊也就用这个人所说的"济世安民"中的两个字，给李世民取了正式的名字。李世民后来也确实成为一个"济世安民"的有为明君。

李世民确实非同凡响，从小就显示出与众不同的品质。他博览群书，但是对历史和兵书情有独钟，还练得一手好字。作为武将出身的贵族子弟，他从小就学习骑马射箭，驰骋沙场，冲锋陷阵。他身强力壮，在所有帝王中，称得上是功夫过硬的皇帝；他喜欢射箭，而且所使用的弓要比普通人大一倍，箭术纯熟精湛，可以射穿百步之外的大门。因此李渊很宠爱他，南征北讨都把他带在身边，一直到14岁才在京师长安安定下来。

在这段不安定的岁月中，他饱览名山大川和军事要塞，亲身接触民事民情。这一切更使他和普通的贵族少年截然区别开来：他见多识广，心思细腻，遇事果断，深谋远虑，为人坚韧，言行举止间很有领袖的气度。一句话，从小他就是一块做好皇帝的料。

随着李家四兄弟的逐渐长大，隋王朝也发生了剧烈动荡。隋炀帝登基后，荒淫无道，横征暴敛，不是四处挑起战乱，就是到处搜罗美女，内政外交一塌糊涂，弄得民不聊生，农民起义此起彼伏。隋王朝掌握重兵的武将们也对他的倒行逆施很不满意，于是相继树起反隋大旗，隋王朝已处于风雨飘摇中。

此时的李渊也在暗中积聚力量，准备公开反隋自立。

616年，李渊被任命为晋阳（今太原）留守去镇压农民起义。这时全国各地的起义军发展已呈如火如荼之势，隋炀帝也在第三次出游时被困在了江都。

看到隋朝即将败亡，李世民和李渊的手下裴寂、刘文静等纷纷建议起兵以举大事。李渊也觉得时机已经成熟，乃于617年在晋阳杀死副留守王威和高君雅，正式宣布起事。晋阳起兵后，下一个军事部署就是乘虚而入，直取关中长安。关中长安是隋朝都城所在，而且有不少李氏家族的亲戚和朋友可以作为内应。占领关中地区既有利于扩充军事实力，又可以扩大政治影响。

617年，李渊命李元吉留守晋阳，自带兵三万南下。此时，有传闻突厥与刘武周乘虚进攻晋阳，李渊准备回兵救晋阳，但李世民、李建成哥俩都不同意。李渊思前想后，还是促令班师回朝先救大本营。

半夜李世民在李渊帐外大哭，说："这是千载难逢的机会。如果退回，再也不会有机会出兵了。以后就再也不是朝廷将领，反倒成了叛徒盗贼；而且退兵后很可能腹背受敌，一败涂地。"就当时的形势来说，李世民的看法确属高瞻远瞩。由此也可看出他的政治敏锐性。

李渊闻听儿子此言，也深觉甚为有理，于是当夜把军队追了回来，

决定按照原来的计划继续向关中长安进军。途经霍邑（今山西霍州市西南）时，霍邑太守宋老生根本没把李渊放在眼里，李渊利用他骄傲自大的弱点，把他引到了城外，使其陷入唐军的埋伏。但是唐军人少，战斗十分惨烈。李世民亲自率一支二百人的骑兵上阵，连着砍断了两把刀，衣袖沾满了血，终于带着士兵们把隋军一分为二。宋老生想退回城里，却在半路中被一个小兵杀了。霍邑遂被攻破，北方附近的郡县也纷纷投降。

接着，李渊兵分两路，自己率主力入关，阻止隋军，李世民率另一路大军包围长安。李世民的妹妹平阳公主也起兵响应并与他会合，两军合一，声势更壮，一路进展神速，几乎没有遇到抵抗就直抵长安。当时围攻长安的二十万大军中，有十九万是李世民率领的。不过不知为何，李建成的部队却率先攻进长安城。

进入长安后，李渊并没有立即称帝，而是把隋炀帝的孙子推上宝座，自己任唐王。

618 年，隋炀帝被宇文化及杀死。李渊看时机已成熟，遂在长安称帝，改国号为唐。李世民被封为秦王，大哥李建成被立为太子，弟弟李元吉被封为齐王。

运筹帷幄，决胜千里

大唐建立后，关中虽然稳定下来，但唐的势力仍然只是各地割据势力中的一支，而且还不是最强大的。各地割据势力为了拓展自己的利益相互争战，人民还遭受着战争的纷扰。为了救民于水火，统一战争在所难免。

唐朝建立以后，为统一全国，先后进行了六次大的战役。这六个战役，李世民就指挥了四个，全部取得了胜利，为唐王朝立下了赫赫战功。

第一次是对陇西薛举父子集团的战役。薛举拥兵十多万，声势浩大，自称西秦霸王，继而称帝，立子薛仁杲为太子。薛仁杲善骑射，绰号“万人敌”，勇猛无比。

武德元年（618 年）六月，薛举进攻泾州，李渊派李世民率八总管兵，出长安对敌。军队到达豳（bīn）岐（今陕西彬县、旬邑县西南一带），李世民患了疟疾。他叫刘文静和殷开山代理其职，并嘱咐他们，不要随便出战。

刘文静、殷开山比较轻敌，战前忘记了李世民的嘱咐，竟然在高墌（今陕西长武北）向薛举显耀唐军的威风，中了薛仁杲埋伏，被打得大败。

李世民只好领兵回长安，刘文静等因此被撤职。过了两个月，薛举派薛仁杲围宁州，被宁州刺史胡演打退。不久，薛举病死，其子薛仁杲继位。唐之秦州总管窦轨奉命征薛仁杲，失败而归。薛仁杲进军围攻泾州，骠骑将军刘威出城中了埋伏，被敌所擒，战死城下；长平王李叔良率兵前往支援，入城困守，仅得自全。

李渊听到边境奏报，又授李世民为西讨元帅，出击薛仁杲。

李世民率兵到达高墌，薛仁杲令猛将宗罗睺（hóu）率兵抵抗，宗罗睺自以为勇悍，直到李世民营前，耀武扬威，指名要和李世民单挑。

李世民假装没听见，发出命令：坚壁自守，不得妄动，违令者斩。

宗罗睺每天都来挑战，让士兵齐声辱骂，惹得唐军忍耐不住，个个摩拳擦掌，要与之决一死战。但李世民发布号令说："我军新败，士气低落，敌军因胜而骄，轻视我军，我军固此阵地，养足锐气。彼骄我奋，才可以战胜敌人，大家不得违令。"

众将虽半信半疑，但也只能耐着性子等待。

一直到了十一月，敌军粮尽，军心动摇。李世民看到敌军气衰，正是进攻的好机会，便派行军总管梁实移兵浅水源，诱敌来攻。

宗罗睺终于看到唐军出动，大喜，急忙用最精锐的部队攻击梁实的营地，梁实据险不出。营中缺水，人马几天没有水喝，宗罗睺则围攻很急。

李世民命令："今日可出战！"

武侯大将军庞玉愿领兵前往，李世民对他说："你可出兵浅水源南，如果敌兵合力来攻，应与之奋战，不能退却，我当引兵支援。"

庞玉率军到浅水源南，选择适当的地方布阵。布阵刚完，宗罗睺印率兵来攻，仗着人多马壮，包围了庞玉军，并从四面进攻。

庞玉精神抖擞，督军酣战，无奈敌人太多，不管如何勇敢，就是打不退敌人的进攻，眼看部分官兵伤亡。

紧急关头，庞玉心生一计，大呼："元帅料敌如神，定有精兵来援，大家不要退缩，一定要拼死杀敌，我也愿战死疆场了。"

官兵闻言，拼死向前，血肉相搏，喊杀声惊天动地。忽见宗罗睺阵中，纷纷逃窜，原来是李世民手持长矛，当先冲出，后面跟着健将数人。军士看到元帅李世民深入敌阵，非常兴奋，和外面的唐军两下夹攻。宗罗睺军队本已疲惫不堪，哪里经得起这支生力军的打击，更兼前后受敌，抵挡不住，四散奔逃。

李世民挥军追击，斩首数千，又亲自率领大军穷追不舍，直至薛仁杲驻地高墌城。唐军将高墌城团团围住。到了半夜，高墌城守将多从城上用绳子吊下来投降，薛仁杲计穷力竭，只好投降了李世民。

这一战体现了李世民善于根据对手和形势的不同而采取不同的战略战术的思想。

第二次是征讨刘武周。刘武周祖籍河间景城，在隋末群雄竞起的纷乱形势中，率先起兵。后农民起义军首领宋金刚投奔他，二人依附突厥，图谋帝业，进而率军南向以争天下，占据了有充足食粮和库绢的晋阳，攻陷河东大部地区，威逼关中。

形势对唐王朝十分险恶，李世民主动请缨，李渊于是任命李世民为统帅，尽发关中之兵征讨刘武周。

武德二年（619年）十一月，唐军到达龙门。此时正是隆冬季节，河里结着厚厚的冰。

李世民指挥唐军，很快渡过了黄河，到了柏壁（今山西新绛西南），与宋金刚遭遇。李世民选择险要的地方驻军，坚壁不战。一面下令休整军队，喂养马匹，一面又派小股部队骚扰敌军，敌军出来就走，敌军退了又进，后来的游击战争的战略战术与此非常相似。

宋金刚是个急性子，一时性起，率大军进攻。李世民仍旧按兵不动，只用强弓硬弩接连射击，宋金刚损兵折将，只好退去。李世民的手下便请出兵攻敌，与之决战。而李世民却说："宋金刚孤军深入，兵精将猛，利在速战；我闭营养锐，尽挫寇锋，待他粮尽，自己遁去，那时就可以追击了。"

两军又继续相持不战。经过五个月的对垒，敌军因供给不足，士气逐渐衰落。

武德三年（620年）二月，宋金刚只好撤军北回，李世民率领大军猛追，一昼夜行军二百多里，到达高壁岭（山西灵石南），才追上敌军。两军交锋共八次，宋金刚军全被李世民击败，俘虏和斩首数万人，宋金刚落荒而逃。

李世民率军三天不解甲，两天不进食，直杀到宋金刚的逃亡地介州（今陕西宜川县）。

此时，宋金刚已进入介州城，城中还有两万军队，开门出战，背城列阵。李世民令前军应敌，自己率后军绕出敌后，夹击宋金刚。宋金刚大败，骑马逃走，李世民追击数十里，斩首三千。宋金刚的手下尉迟敬德、寻相还在介州死战，李世民派人招抚，二人来降。

刘武周听说宋金刚兵败，预料唐军将要进攻并州（今山西太原），于是逃往突厥，李世民进入并州城，不杀一人，再进军晋阳，守将相伏急忙打开城门投降。

宋金刚后来也和刘武周一样逃往突厥，不久，二人均被突厥人杀死。

经此大战，李世民收复了晋汾故地，为唐王朝进军中原建立了巩固的根据地。

从战争的进程来看，李世民在把握战机方面确实高人一筹。

第三次是对王世充和窦建德的战役。王世充原是隋东都洛阳守将，隋炀帝死后，他在唐朝武德二年（619年）四月称帝，国号郑，并利用唐军在河东作战无暇顾及东部的机会，夺取了唐朝在河南的部分土地。

唐武德四年（621年）二月，秦王李世民奉命讨伐割据势力王世充。李渊同时派遣使者与窦建德言和修好，使他保持中立。

王世充从各州镇挑选勇士聚集洛阳，命令他的三个侄子分别镇守襄

阳（今属湖北省）、虎牢、怀州（今河南沁阳）等重要地点，同时命令他的兄长、儿子防守洛阳，他亲自率步骑三万迎击唐军。

李世民率军包围了洛阳城，但城中守卫严密，唐军从四面进攻，昼夜不停，攻了十多天还没有攻下。

李世民意识到硬攻不行，于是决定先扫清外围然后攻城。经过八个月的作战，唐军攻克虎牢，河南五十余州相继归降。李世民率军进逼洛阳，经过一番激战，将其合围。王世充困守孤城，缺乏粮草，军心动荡，几次派使者向窦建德求救。窦建德得知洛阳危急，怕唐灭郑后危及自己，决定先联合郑国攻击唐朝，然后找时机灭郑，再夺取天下。于是率兵十余万号称三十万西进，连续攻克管城（今河南省省会郑州）、荥阳（今属河南）、阳翟（今河南禹县）等地，进到虎牢的东面。

强敌来援，李世民与部下商议对策，部将大多主张避其锋芒。但李世民力排众议，决定分兵围困洛阳，占据虎牢要地，阻止窦军向西进军，一举两得。由于虎牢地形险阻，窦军不能前进，驻扎了一个多月，多次作战不利，士气低落，将卒思乡。李世民得知，便引诱对方出战。窦军果然全部出动，李世民下令骑兵直冲入窦军。窦建德正和群臣议事，唐军突至，前后夹击，阵势大乱。唐军追击三十里，俘获五万多人，窦建德亦受伤被俘。

之后，李世民回军洛阳，王世充走投无路下，只好投降了。此战过后，唐在中原地区已无对手。

第四次是平定刘黑闼的战役。刘黑闼原为窦建德的部下，他打着为窦建德复仇的旗号，在河北起兵反唐。李世民指挥了平定其第一次起兵的战役。这次战役很简单，李世民率军仅仅两个月就取得了胜利。

这几次战役鲜明地体现了李世民卓越的军事指挥才能。在战斗中，他注重战前侦察，善于把握战机。当敌强我弱时，他放低姿态，先稳住自己的阵脚，等对手主动来攻，以小的代价消耗对手，然后伺机出动，给对手致命的打击。他运筹帷幄，决胜千里，明于知将，选拔良才，取得了多次战争的胜利，为大唐王朝的建立和发展做出了巨大贡献。

李世民自此威望日隆，武德四年冬（621 年）十月，被封为天策上将、领司徒、陕东道大行台尚书令，食邑增至两万户。唐高祖李渊还下诏特许天策府自置官属，俨然形成一个小政府机构。

坐上染血的皇位

李世民原本是当不了皇帝的，因为按照皇位由嫡长子继承的传统，唐高祖李渊之后的帝位应是太子李建成的。李世民要做皇帝，唯一的办法就是“抢”，于是便发生了历史上著名的“玄武门之变”。

“玄武门之变”发生于唐武德九年（626 年）。当时天下已定，太子李建成、齐王李元吉妒忌秦王李世民的军功，与他之间的嫌隙越来越深。他们与后宫的嫔妃一起，日夜在高祖李渊面前说李世民坏话，李元吉还劝李渊杀掉李世民。

一时，秦王府中人人自危。李建成和李元吉更是想尽种种办法，或是治罪关押，或是任职外派，或是诬陷驱逐，把李世民身边的人弄走，削弱他的力量。

此时，正好突厥入侵，李建成便推荐李元吉，让他代替李世民督率各军北伐。李元吉又请求派李世民手下大将尉迟敬德、程咬金等一起前往，还挑选秦王军中的精锐士兵，充实自己的军队，使得李世民的亲信所剩寥寥无几。

李建成见李元吉已得到李世民的将兵，便让他趁李世民为他饯行的时候，埋伏武士刺杀李世民。李世民得知后，便与长孙无忌、尉迟敬德、房玄龄、杜如晦等人商议，决定发动事变，先下手为强，诛杀李建成和李元吉。

他们把事变的地点选在了玄武门。玄武门即长安宫城北门，地位重要，是唐朝中央禁卫部队屯守之所。负责门卫的将领是常何，此人是李建成的旧属，后被李世民所收买，这就为李世民的举事提供了极大便利。此外，守卫玄武门的其他一些将领如敬君弘、吕世衡等，也被李世民收买。应当说，在京师处于劣势的李世民，在玄武门将领处打主意，

是很有远见的一招。

为师出有名，李世民便寻机找借口。六月初三，李世民向父皇李渊呈上密奏，称李建成和李元吉与后宫嫔妃淫乱，还说："我没有丝毫对不起哥哥与弟弟的地方，但现在他们却想杀我，像是要为王世充和窦建德报仇。如果我含冤而死，永远离开君亲，魂魄回到地下，实在耻于见那些被我诛杀的贼人！"

李渊看了奏章，惊愕不已，但也不敢轻信，便说："明天就调查这件事，你尽早入朝参见。"

第二天一早，李世民带着尉迟敬德、长孙无忌等人埋伏在玄武门附近。然而就在此时，后宫张婕妤探得了李世民的动机，立刻向李建成报告。李建成找李元吉商量，李元吉认为应暂避一下风头，托病不去上朝，观察一下形势再作打算。李建成认为只要布置好兵力，玄武门的守将又是自己人，还有嫔妃作内应，难道还怕他李世民胡来不成？不妨进宫看看动静再说。

两人骑马进入玄武门，叫亲信侍卫在宫外等候。二人刚走到临湖殿，发现情况异常，李元吉对李建成说："今天气氛怎么这样肃杀，连一个侍卫都不见，我们还是回去吧！"于是，两人拨马便往回走。

李世民带领亲信将领早已进宫，见二人正要溜走，便从隐蔽处走了出来，喊道："殿下，别走！"

李建成、李元吉料想不到李世民会在此时现身，而且全副武装，知道事情不妙，走得更快了。不一会儿便来到玄武门前，大喊："常何，快开门！"然而任凭他俩叫破嗓子，也无人搭理。

李元吉大骂："我们上当了，常何投靠了李世民。"说着，他弯弓搭箭射过城门，落在城外的草地上，在那里等候的亲随接到警报后，立即驰马去太子的东宫报信。

这边李建成也动起手来，他不问情由，一连向李世民连发三箭，因为心慌意乱，失去准头，皆未射中。李世民却早有准备，只一箭就把李建成射中落马而气绝身亡。

李元吉急忙逃去，忽然一阵乱箭射来，他趁势滚下马鞍，想钻进附近的树林里躲藏，谁知李世民此时已绕过来堵住了他的退路。两人立即扭在一起。李元吉拼尽全身力气，压在世民身上，要用双手去扼他的脖子。恰在这时尉迟敬德赶到，李元吉放开了李世民，撒腿就跑，被尉迟敬德一箭射死。

此时玄武门外已聚集了不少兵马。原来，太子的东宫接到警报后，大将冯翊、冯立和齐王府的薛万彻带领两千多名卫士在攻打大门，常何急命人抵住大门，玄武门守将敬君弘、吕世衡出城作战，不幸战死。东宫、齐王府的人马又要分兵去攻打秦王府，一场更大的战乱眼看就要酿成。

正在此时，尉迟敬德走上城楼，扔下两颗带血的人头，大声喊道："太子和齐王联合谋反，我奉皇上之命讨伐二贼，你们看，这就是他们的下场，你们要为谁卖命！"

东宫和齐王府的人一看，既然太子李建成和齐王李元吉已经被杀，除了作鸟兽散，他们还能为谁卖命，于是局势旋即平定下来。事后李世民对他们不予追究，并把他们争取过来为秦王府效力。所以这次兄弟相残之事并没引起更大的战事。

当三兄弟打得你死我活时，李渊正带着几个大臣和妃嫔们在宫中乘船游玩，却见尉迟敬德穿着铠甲，手握长矛来到身边，说："陛下，太子、齐王叛乱，已被秦王杀死，特派微臣前来为陛下保驾！"

李渊听到这个消息十分难过，便问在侧的大臣裴寂："此事该如何收场？"裴寂推托说："这是陛下的家事。"

一旁的萧瑀、陈叔达却趁机进言说："建成与元吉本来就没有参与反隋的义举，对天下也没有功劳，还嫉妒秦王功高望重，一起策划阴谋。现在秦王已经声讨诛杀了他们，秦王功盖寰宇，天下归心。如果陛下能够立他为太子，委托国家大事，就不会再有什么事情了。"

李渊见大势已定，便顺势说："好！这也正是我的心愿啊。"

玄武门之变就这样以李世民的成功而告结束。

六月初七，李渊立李世民为皇太子，并下诏说："从今往后，军队和国家的事务，不论大小，全都交给太子处置决断，然后再奏报给我。"

八月初八，李渊颁下诏书，将皇位传给太子李世民。李世民再三推辞，李渊坚持如此。第二天，李世民在东宫显德殿即位，是为唐太宗。李渊成为太上皇。

李世民以手足相残的方式做了皇帝，虽为人不齿，但也说明一个道理：凡做大事，不能总是犹豫不决，坐失举事良机；又不可草率行事，不计后果。一旦决定就要当机立断、付诸行动，这样才能使自己的重大决策取得更多的获胜把握。

“贞观之治”美名扬

李世民在位二十三年，在他统治时期，唐朝经济发展，社会安定，政治清明，人民富裕安康，出现了空前的繁荣景象。由于他在位时年号为贞观，所以人们把他统治的这一段时期称为“贞观之治”。“贞观之治”是我国历史上最为璀璨夺目的时期。“贞观之治”的首要内容，就是“民为邦本”“静为农本”。

据《贞观政要》记载，贞观三年，李世民对大臣们说：“凡事皆须务本。国以人为本，人以衣食为本，凡营衣食，以不失时为本。”《贞观政要》的这段话简要地揭示了李世民的“民为邦本”与“静为农本”思想。他鉴于隋亡于虐民的教训，认为封建王朝的长治久安是取决于天下百姓能否生存，而百姓的存亡又取决于君主自身能否克己寡欲。他把国治、民存、君贤三者有机地联系起来，反复强调民存取决于君贤。这就是说，王朝的兴亡取决于百姓的生活状况。

从“民为邦本”的政治思想出发，自然就会引申出农本论的经济思想。因为人离不开衣食，因此就要搞好农业。隋末统治者践踏了农本思想，而唐太宗则维护了农本思想。他清醒地知道，要想在政治上“大治”，就必须在经济上不夺农时，如果不留意农业这个根本问题，新王朝就有得而复失的危险。

综观唐太宗执政后的所作所为，他“唯思稼穑之艰，不以珠玑为宝”、重视农业生产的施政思想是一以贯之的。

唐太宗不仅规定了以“静”——也就是休养生息为特征的施政方针，而且采取措施加以落实。唐初，在政治上、经济上努力创造各种条件，以便恢复与发展农业生产，为封建国家提供富裕的财力。重农政策的具体举措主要是：

——推行均田，奖励垦荒。要使百姓“安静”，社会稳定，首先要让农民有田可种。唐太宗实行“计口授田”的土地分配法，在一定程度上限制了士族、豪强对土地的垄断。贞观十一年所颁布的《唐律》规定，移民垦荒可以得到减免租税的优待。

——实行府兵制。唐太宗时实行兵农合一的府兵制。府兵制以均田制为基础，达到了比较完善的地步。政府将农民按贫富分为九等，六等以上的农民，每三丁选一丁为府兵，免其赋税，但兵器、粮食衣装等均须自备。当兵者20岁开始服役，60岁免役。府兵除出征与轮流卫戍外，其余时间均居家种田；农隙时，由朝廷派人统率教习攻战之术。遇有战事，府兵由中央任命将领率领出征，战事结束，便兵散于府，将归于朝。府兵制的实行，既为朝廷解决了兵员不足的矛盾，又为农业生产提供了足够的劳动力，可谓一举两得。

——防止滥征民力。“贞观之治”的主要内容，不仅是减免农民因天灾人祸的赋税，更重要的还在于防止滥征民力，反对劳役无度。李世民亲眼目睹了隋王朝因奢侈腐败而导致败亡的全过程。因此特别注意限制役使民工。唐太宗还运用《唐律》，从刑法上加以约束。如《唐律疏议》卷十六规定：修城郭、筑堤防、必须上报尚书省审核批准，方能施工。《唐律》对违令者予以刑事处分，严禁滥用人力。

——设置义仓，以备不时之需。贞观二年春，唐太宗建议，每年秋收时，根据田亩的多少，抽取一定数量的粮食，设立义仓。“若年谷不登，百姓饥馑，当所州县，随便取得。”唐太宗认为，此议是利人之事，就交由户部制定条例。同年四月，“初诏天下州县，并置义仓。”由地方政府建立的义仓，取之于民，用之于民，目的在于救灾度荒。由于贞观年间水灾旱灾频繁，自然灾害严重，朝廷几乎每年都有“赈恤”任务。因此，设置义仓，每遇饥馑，则开仓赈济，对稳定天下起

到了极大的作用。

——大力增殖人口。由于隋末年间的战乱，人口锐减，而要发展生产则必须要有足够的劳动力。为此，唐太宗采取诸多措施。首先，赎回外流人口。隋末动乱，边民多为戎狄所掠。唐太宗下诏，派出使者，用粮钱赎回外流人口近二百万人，这对于解决中原地区劳动力缺乏，起了一定的作用。第二，奖励婚嫁，生育人口。为此唐太宗曾先后两次释放宫女六千多人。让宫女返回民间，任从婚娶，以便建立家庭，生男育女。此外，他还把婚数与户口的增减作为考核官员、决定升降的重要依据。经过努力，到贞观二十三年时，全国户数接近三百八十万户，较唐高祖武德年间净增一百八十万户。

——大力兴修水利。水利是发展农业的根本。唐太宗既然以农为本，那就必须要重视水利工程建设。特别是贞观年间，水旱灾害连年不绝，治水更成为一项紧迫的任务。例如，贞观十一年七月，洛水暴涨、淹没六百余家。唐太宗下诏自责说："暴雨成灾、大水泛滥，静思厥咎，朕甚惧焉。"同年九月，黄河泛滥，毁坏很多地方，唐太宗亲自到黄河边巡视，足见他对水利设施的关注。

为了有效地治水，唐初对治水的专门机构加以整顿，并定出水利与水运的专门立法，即《水部式》，以刑律的方式保护河水与堤防的合理使用。唐太宗执法较严，凡是违反《水部式》规定的失职官员，务必严惩。在唐太宗的关怀与督导下，在贞观期间，全国共修建大型水利工程二十六处。有效地防御了水涝旱灾，加固了堤防，疏通了河道，扩大了水田灌溉面积，仅扬州一地就扩大稻田灌溉面积八百余顷。农民欢欣鼓舞，拍手称快。

唐太宗从多方面推行重农政策，其结果是显而易见的。随着国家政治局面的日益安定，社会经济也得到恢复与发展。正如唐太宗所说："贞观以来，手不释卷，知风化之本，见理政之源。行之数年，天下大治，风移俗变。"

"太平盛世"的出现，固然有着深刻的社会根源。比如，由于连年的战争，使人心思定。一旦天下安定，民心自然转到生产、生活上来。

广大百姓以自己的辛勤劳动，直接推动了社会经济的发展，创造了巨大的物质财富。

除此之外，我们也必须看到，李世民作为一代明君所发挥的历史性作用。正是由于唐太宗及其臣僚们看到了民众力量如同洪水般可以覆没统治之“舟”，看到了隋朝覆灭的前车之鉴，因而带着畏惧覆舟的心情，把恢复与发展农村经济提到“固本”的高度，制定了“抚民以静”的方针，有效地促进了农业生产的复苏。正如他在《金镜》这篇诏文中所说的：“多营池观，远求异宝，民不得耕耘，女不得蚕织，田荒业废，兆庶凋残，见其饥寒不为之哀，睹其劳苦不为之感，苦民之君也，非治民主也。”正是因为他决心不做隋炀帝之类的“苦民之君”，而要做“治民之主”。因此才能切实地推行重农政策，终于取得了“贞观之治”的伟大成就。

事业成败在用人

所谓“贞观之治”，从某种意义上说，也就是任贤政治。有人评价说：“唐多能臣，前有汉，后有宋，皆所不逮。”这句话高度评价了贞观时期人才济济的盛况。贞观能臣为“贞观之治”贡献了自己的聪明才智，其中唐太宗的卓越人才观与用人政策起到了重大作用。

由于唐太宗懂得人无完人的道理，故能充分发挥各人所长，出现了贞观一代“茂绩殊勋，冠冕列辟”的盛况。各种各样的人才，从政治、文化、军事等各个方面效力唐室，这正是唐太宗“用人如器”“舍短取长”的方针收到实效的生动体现。因此，可以说，唐初拨乱反正的实现，是君臣们共同努力的结果。

综观唐太宗的用人，有很多方面确实有“帝王气度”。比如“用人不疑、疑人不用”，这句话许多人天天挂在嘴边，却不一定能真正实行，而唐太宗却“知道”更能“做到”。

唐太宗时的大将尉迟敬德原是刘武周手下的一员偏将。武德二年（619 年），刘武周命尉迟敬德与寻相率军南侵以扩大地盘，两人攻陷了

晋州、浍州。

武德三年二月，李世民指挥大军将尉迟敬德部围困于介休城。尉迟敬德内无粮草，外无救兵，陷于窘境，无奈之下只好与寻相率全城八千士兵来降，李世民非常高兴，设宴款待，仍然让尉迟敬德统领降军，而且降军与唐军营相隔很近。

李世民手下有个叫屈突通的人担心尉迟敬德会突然发动兵变，那将一发不可收拾，急请李世民采取防范措施。

李世民却说："我既然用了尉迟敬德，就说明我相信他，如果我不相信他，何必给他兵权呢？也许他本没有叛我之心，我们却对他怀疑不信，这样反而让他反了。"

不久，寻相与原刘武周部下的降将都叛变而去，众将怀疑尉迟敬德也会叛变，就将他囚禁在军营中。

屈突通劝李世民说："尉迟敬德刚刚归顺，尚不稳定。此人极其勇猛，我们拘禁他很久了，他既被猜疑，一定会生怨恨之心。留着他恐怕是养虎为患，不如尽早把他杀了吧。"

李世民说："尉迟敬德若怀有背叛之心，难道会在寻相之后吗？"说罢，立即将尉迟敬德释放，命人把他领到自己的卧室内，赐给他金银珠宝。然后又对尉迟敬德说："大丈夫期望的是相互间讲义气，不要猜疑，对小的怀疑不要介意。我终究不会听信谗言而残害忠良，你应该体察到这一点。如果你一定要离我而去，这些东西就当作赠送给你的路费吧。"

当天，李世民还让尉迟敬德跟从自己去打猎，恰巧遇到王世充带领数万步兵骑兵来战。王世充部下的勇将单雄信直取李世民，尉迟敬德大吼一声，拍马上前刺单雄信于马下。敌军纷纷退却，尉迟敬德保护李世民冲出重围，又率军回来与王世充军交战，将王世充军击溃，并且生擒了王世充的部将陈智略，俘获敌军六千余人。

此后，尉迟敬德更加忠心于李世民。

可见，李世民真不愧为一代明君，力排众议，对尉迟敬德用而不疑，使他对自己忠心耿耿。这正是他的高明之处。

不但用人不疑，李世民还特别善于组合人才，以让他们发挥最佳威力。

有人说，用人如工匠架屋，大才有大用，小才有小用，一幢屋不可能只由栋梁构成，还需要各种各样的小构件。对人才的搭配就像画师作画一样，同样的色调，高明的画师能搭配出一幅姹紫嫣红的图画，而低水平者却只会信手涂鸦、暴殄天物。李世民就是一个高明的画师。

在用人问题上，他不仅注重人才的智力和才能，做到量才授职，各取所长，而且善于将人才合理地搭配，最具典型的要算他对房玄龄和杜如晦二人的使用。

李世民即位不久，许多规章法典和治国之策需要推倒重来，重新制订。他在与房玄龄和杜如晦研究安邦治国的策略时，发现房玄龄能够提出许多鞭辟入里的见解和具体的办法来。但是，房却不善于决断，以至于对自己的许多精辟见解难以取舍。而杜如晦虽不善谋，却善于对别人提出的意见做周密的分析，精于决断，什么事情经他一审视，很快就能变成一项决策、律令提交到唐太宗面前。据说唐太宗曾跟房玄龄谋划事宜，没有最后议定，两个人就说："必须杜如晦来，才能最后裁定。"一会儿杜如晦来到，作出决断，最终还是与房玄龄意见相同。李世民于是笑曰："汝二人就好像写文章，一个人草拟初稿，另一个加工润色，使朝廷决策终无遗憾之处。"

贞观四年（630 年），唐太宗拜房玄龄为尚书左仆射，改封魏国公，监修国史，又任命杜如晦为右仆射，并兼任吏部尚书，与房玄龄共执朝政。尚书省是最高行政机关，仆射又实为尚书省的最高长官，与中书令、侍中同为宰相，总揽朝廷各部事务。唐太宗通过这次人事任命，把他们二人搭配起来，利用房玄龄的善谋和杜如晦的善断，使两者紧密合作，形成合力，辅佐自己，从而出现了历史上著名的"房谋杜断"的人才结构和传奇用人佳话。

正是由于唐太宗善于合理搭配和使用人才，使得满朝文武，各尽其才，各显其能，为开创贞观盛世提供了智力支持，为大唐三百年基业奠定了坚实的基础。

唐太宗晚年在总结自己的成功经验时，曾说他的才能不及古人，但之所以能取得超过前人的成就，关键在于他能合理地搭配和使用人才。

当然，“巧妇难为无米之炊”，无论是用人不疑还是善于搭配人才，前提都是要有人才。

唐太宗坚持才德兼备的选人标准。他即位不久，很快就把求贤一事提上议事日程，认为“致安之本，唯在得人”。为了不拘一格选拔人才，唐太宗还继承并健全了科举制度，增加了庶族地主参政做官的机会，这是贞观时期用人政策的重要变革

科举制健全之后，不仅扩大了庶族地主当官的途径，而且他们还有机会担任尚书、宰相之类的要职。像李义府那样的寒士通过科举入仕，位居宰辅者，如果说唐太宗年代还不算多的话，那么贞观以后则比比皆是了。据旧、新《唐书》记载：终唐一代，庶族地主拜相者共有一百四十二人。可见，由唐太宗肇始，终唐之世，庶族地主入仕宰辅，位极人臣者，已占优势，从而结束了魏晋以来士族地主垄断仕途、独揽枢机局面。这说明唐太宗健全的科举制，为庶族地主参政掌权扫清了道路。

唐太宗不仅不拘一格选拔八才，而且兼听纳下，君臣共商国是，谏诤蔚然成风，这是我国专制社会政治史上的特异光彩。当时犯颜直谏、面折廷争的事例屡见不鲜。其中最杰出的当推魏征。李世民即位初，经常召他到殿室内，征求意见。短短几年间，魏征所谏多达二百多事，深得唐太宗的赞赏。

但魏征敢于直谏，据理力争，有时不留情面，把皇帝弄得很尴尬。贞观六年（633年）三月，一次罢朝后，唐太宗大骂道：“我要杀这乡巴佬！”

皇后长孙氏忙问：“对谁发怒？”

太宗说：“魏征居然敢在大庭广众之下侮辱我。”

长孙皇后说：“妾闻主明臣直，今魏征直，由陛下明之故也。妾敢不贺！”这几句话相当策略，既肯定了魏征的刚直，更颂扬了太宗的英

明。李世民一听便由怒而喜。

贞观十七年（644 年）正月，魏征因病逝世，终年 64 岁。唐太宗悲痛地说："以铜为镜，可以正衣冠；以史为镜，可以知兴替；以人为镜，可以明得失。朕尝此三镜，用防己过。今魏征逝，朕亡一镜矣！"他颁布诏令，号召臣僚们以魏征为榜样，做到直言无隐。

唐太宗为什么如此热心地求谏、纳谏呢？究其根源，行动受思想的支配。唐太宗的开明政见，首先是跟他在认识上的一些真知灼见紧密相连的。贞观二年正月，唐太宗提出一个发人深省的问题：什么叫作明君、暗君？魏征回答说："兼听则明，偏信则暗"。唐太宗听了说"臣言甚善"，完全赞同。

总之，李世民登基之后，励精图治，使唐朝很快出现了经济繁荣、政局稳定的升平景象。这种景象的出现，固然有多方面的原因，而他实行一整套比较开明的人才政策则是其中的一个重要原因。

开创中国历史发展的新纪元

唐代是中国历史上一个最意气风发的时代，在这个气势磅礴的朝代中，人们创造了无数让后世望尘莫及的辉煌成就。

史书记载，贞观年间："官吏多自清谨。制驭王公、妃主之家，大姓豪猾之伍，皆畏威屏迹，无敢侵欺细人。商旅野次，无复盗贼，囹圄常空，马牛布野，外户不闭。又频致丰稔，米斗三四钱，行旅自京师至于岭表，自山东至于沧海，皆不粮，取给于路。入山东村落，行客经过者，必厚加供待，或发时有赠遗。此皆古昔未有也"。

这就是史家所描绘的"贞观之治"。从这些描述中，我们可以看出，贞观时期似乎真是朗朗乾坤、清平世界，人民真是过着安居乐业、富足美好的生活。这是一幅多么美好和谐的动人图景啊！

确实，唐之盛，后世多有不及。尤其是唐太宗贞观年间，大唐帝国四面出击，金戈铁马，气吞万里如虎。

贞观年间是唐朝拓边最猛烈的时期，也是获胜最多的时期。唐初，

西北地区的少数民族不断举兵侵扰边境和进犯中原。唐太宗李世民在逐步稳定了国内的社会秩序和恢复发展了农业生产之后，随即举兵平定了东突厥、吐谷浑、高昌等地的叛乱，统一了西北边疆；又妥善地处理了民族关系，缓和了民族矛盾，使统一的多民族的国家有了进一步的发展。

在和解民族关系方面，其中影响最为深远的当推唐蕃和亲的举措。贞观八年（634 年），吐蕃赞普（藏族首领）松赞干布遣使来唐要求通婚，贞观十五年，唐太宗以宗女文成公主嫁于松赞干布。汉族的封建文化由此输入吐蕃；吐蕃也遣贵族子弟来长安留学，并请汉儒到西藏传授文化。从此，吐蕃的社会经济和文化飞跃地发展起来。

在平定国内少数民族地区叛乱之后，唐帝国又扩大了对外的交流和扩张。当时世界上文化最发达的两大帝国——唐帝国与大食（阿拉伯）帝国直接接触，对东西文化的交流起了极其重要的作用。中国的造纸和炼铁术先后传到大食和西欧。这对于阿拉伯世界和西欧的文化发展给予了极大的帮助。印度与中国在历史上有着长期的文化和商业上的交流，中印文化相互影响，丰富了两国人民精神的和物质的生活。贞观二年玄奘赴天竺求经，为中印文化交流史上一大盛事。贞观十五年，印度又遣使来唐。自此常有使臣往返，两国维持着长期的和平友好关系。

此外，越南、高棉、缅甸、日本等国也与唐帝国发生通商关系。唐太宗对外交往和对外用兵的胜利，被称为“四夷君长”，被尊为“天可汗”。

唐太宗对外扩张的结果，使中国的疆土大大扩展，超过了西汉帝国极盛时代。唐帝国在当时是世界上最大的统一帝国，也是经济、文化最昌盛的国家。由于国际海陆交通的发展，中国高度发展的封建经济和文化——工艺、科学、文学、艺术、文字的影响，远及于四周各国以至欧洲，尤以日本、朝鲜半岛和东南亚各国所受的影响最深。经过长期发展而逐渐形成的中国封建社会政治、哲学的思想体系和政治、法律诸制度，也为东亚各国所接受和吸取。

另一方面，外国物产和文化特别是西域和印度文化的输入，不仅在科学、文学、艺术、宗教思想各方面影响着唐代及其以后的中国文化，而且国际贸易的繁荣也刺激了中国工商业的急剧发展。因此，唐帝国初期的对外扩张，对当时社会经济文化的发展起着巨大的积极作用。

总之，以民为本的思想；广开言路，虚怀纳谏的胸襟；重用人才，唯才是任的准则；铁面无私，依法办事的气度，构成了贞观之治的基本特色，成为封建治世最好的榜样。唐朝在当时与西方国家相比，无论在政治、经济还是文化上，都走在世界的最前列。

而开创这一切的唐太宗李世民，无疑是中国历史上最杰出的帝王之一。这无可辩驳。

然而，俗话说得好，凡事都有另一面。接下来让我们看看李世民的另一面。

“玄武门事变”的兄弟相残是李世民的一大罪过，或许有人认为这是李世民“人在江湖，身不由己”，他不杀兄弑弟就可能被人杀，况且不下此狠手，又怎来“贞观之治”的盛举呢？如果以此“理由”认为他的哥哥弟弟该死的话，那么，李世民杀了两个兄弟后，又包围了他们的王府，把他两个兄弟的儿女，也就是李世民的亲侄子亲侄女，杀了个干干净净，这又算怎么回事呢？如果你认为这还算不了什么，我们再接着往下看。619 年，河东郡夏县（今山西夏县）百姓吕崇茂聚众自称魏王，屡败唐兵。620 年，吕崇茂被刘武周部将尉迟敬德所杀，其余党继续占据夏县。同年李世民占领夏县，将全城百姓全部屠杀，一个不剩。李世民时年 21 岁。一个 21 岁的青年居然就能下令屠城，这样的人是个什么样的人？

贞观二十年，有人举报刑部尚书张亮意图谋反，虽然证据不足，李世民仍将其杀死、抄家。有人提出不同看法，李世民居然振振有词地说：“张亮收养的义子就有五百人，收养这么多义子干什么？不就是用来谋反吗？”后世秦桧以“莫须有”的把戏杀了岳飞，其实李世民早几百年前就玩过了。

李世民提倡节俭，也身体力行地执行，然而并非始终如一。贞观十六年的时候，他曾下诏说，太子所用之物其他机关不得限制，结果造成太子的严重浪费现象。唐太宗自己也开始修造宫殿，贞观十一年在东都洛阳修飞山宫，贞观二十一年又修翠微宫。三个月之后，又指责宫室小气，辱没了大唐威仪，便重修了玉华宫，耗费白银数以亿计。位于东都的“洛阳宫”本是隋炀帝吃喝玩乐的地方，李世民接管过来后，“营造不已，公私劳费，殆不能堪”，连同飞山宫在内的庞大建筑群，豪华气派，极尽奢靡。整座工程，都是用黄金白银乃至能工巧匠的生命堆起来的。

前文曾述及，李世民在用人上有一套，能够“有人不疑、疑人不用”，然而，猜忌大臣之心也始终在他身上存在着。李世绩，后称李勣(jì)，本姓徐，字懋功，唐朝名将。649年时，任太子詹事、同中书门下三品。李世民临死前对太子李治说：“李世绩有本事、有谋略，然而你对他没有恩情，恐怕他不会服你。我现在罢他的官，如果他无条件服从，等我死后，你提拔他，亲任他；如果他徘徊观望，就杀掉他。”于是罢李世绩为叠州（今甘肃迭部县）都督。幸好，李世绩够聪明，接到命令后家也不回就离京上任，从而留下了一条命。可见李世民对他的猜忌之心有多重。

同历朝历代的统治者一样，唐太宗李世民对美色同样贪得无厌。终其一生，他从来就没有中断过搜罗美人，充塞内庭。为满足欲望，李世民连弟妹都不放过，弟弟李元吉死后，弟妹杨氏迅速成为李世民的枕边人。肆无忌惮地享受美色，掏空了皇帝的身体，加剧了他健康状况的恶化。

贞观二十三年（649年）五月，李世民因醉心于“延年之药”，结果因药物中毒而死，享年不过52岁。在盛唐的钟声里，一个时代悄然谢幕。

李世民28岁登基，在位23年，文治武功，千古罕有；然而，他又与历朝历代的专制帝王一样，劣迹斑斑。或许人性就是这样，一人多面。或许这是制度的罪恶，不受制约的权力，破坏力也是无穷的，哪怕是千古明君也逃不脱这个规律。

当然，这些并不妨碍李世民的贤明、德政，也不会抹杀他的历史贡献。

无论如何，唐太宗李世民仍是中国历史上的一位伟大的政治家、军事家，是一位深刻影响中国乃至世界历史进程的杰出人物。他为古代中国做出了巨大贡献，理应受到人们永远的崇敬。

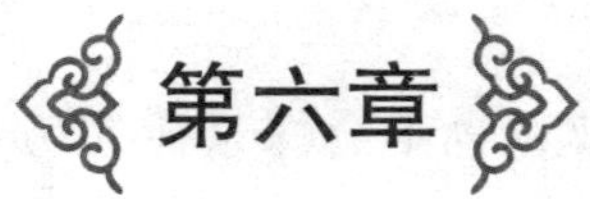

第六章

一个王朝婉约的背影：女皇武则天

小档案

武则天（624 ~ 705 年），姓武名曌（曌也就是照，是武则天自己发明的字，只作她的名字用）。14 岁进宫，33 岁立后，66 岁称帝，82 岁逝世。她拥有盖世的美丽、绝顶的聪明、超凡的理性、彻底的无情和刻骨的恶毒，再加上强烈的政治欲望，和无与伦比的好运，使她成为中国历史上唯一一个正统的女皇帝。她，就是一个王朝婉约的背影。

有一颗不安于现状的心

武则天，并州文水（今山西文水县）人，其父武士彟（huò）是一个贩运木材的商人（一说是唐朝开国功臣）。母亲杨氏是武士彟的第二任妻子，嫁与武士彟时已年过四十，但她还是为杨家生下了一代女皇武则天。可见，高龄产妇们不必恐慌，更不必自卑——因为，“龙种”“凤种”与产妇的年龄毫无干系。

武士彟虽然只是一个什么都不是的农民生意人，然而具有超人的野心以及倔强的性格，这些都全部遗传给了武则天。

武士彟由于生意上的往来结识了曾任职河东（古时指山西西南部）

和太原的唐高祖李渊，因此，在贞观元年（627 年）十二月，当上了利州（今四川广元）的都督。于是，武则天和兄弟姐妹们便跟着父母来到了利州，那时候她只有 3 岁多一点。

就在武则天刚满 12 岁的时候，父亲武士彟便撒手西去。父亲一死，武则天的幸福生活也随之完结了。武则天姐妹三人和母亲杨氏一起受到了同族叔伯兄弟的虐待，这让她们过了一段很不顺心的生活。

然而，生活的不如意并没有阻碍武则天的顺利发育，到了贞观十一年（637 年），14 岁的武则天已经变成了一个十分美丽的少女：身段纤细高挑，肌肤白得像凝脂一般，胸部丰满隆起，巧嘴像樱桃一样红润，鼻梁圆而巧，更勾人魂魄的是她那对细长的丹凤眼里不时露出的醉人的妩媚与柔情。

不知通过什么渠道，当时的皇帝唐太宗李世民很快就听说了武则天这个人。在一个国家的最高统治者眼里，这样的可人儿怎能为凡夫俗子所有，这不是暴殄天物吗？于是唐太宗将武则天纳入宫中，封为五品才人，赐号“武媚”，后世讹称武媚娘。

据说，杨氏接到圣旨后，身为母亲的她很是害怕和不安。她很了解宫里的情况。她明白，进入“三千后宫”的行列，一辈子能不能得到皇帝的宠幸也不知道，有多少宫女都将自己的青春埋葬在了后宫的深墙里，却至死也没有看见过真正的皇帝长有几个鼻子几个眼睛。

然而圣旨难违，杨氏只能搂着心爱的女儿，哀哀地落泪。武则天却神情如常地对母亲说：“母亲为什么如此伤心呢？如果可以见到皇帝，难道不是非常幸运的事吗？这也许正是女儿的福分。”

一个 14 岁的少女能说出此话，由此可见武则天从小即气度过人，见识非凡，这样的女子在宫中注定会与众不同，有所作为。

武则天正值豆蔻年华，才貌双全，又聪明机智，入宫后曾一度受到唐太宗的宠爱，几乎夜夜侍寝。这让武则天欣慰不已，也促使她向更高的目标前进。然而，她还不知道，得宠与失宠往往在一瞬间改变。

有一次，西域蕃国赠送给唐太宗一匹名号“狮子骢”的烈马，唐太宗喜欢它的威武雄健，却又苦于此马生性狂野，无人能将它驯服，便

召了几位文武大臣去御厩，问大家："如此良骏徒闲厩中，诸卿谁能驾驭？"

大家面面相觑，无人敢应，这时在旁侧的武则天说道："妾能驭之，而且只需三物：一铁鞭、二铁锤、三匕首。铁鞭击之不服，则以铁锤锤其首；又不服，则以匕首断其喉。马供人骑，若不能驯服要它何用。"

"铁鞭击""锤其首""断其喉"，这些足见武则天的野性，这也正是她日后能够驭政的主要因素。唐太宗则惊讶于武则天有胆略，有气魄，不过自这件事情以后，他对武则天冷淡了很多，还将武则天调入御书房侍候文墨。

究其原因，恐怕与唐太宗是通过"玄武门之变"登上帝位有关，他不免担心：武则天既有以铁鞭驯马的严酷，就会有以铁鞭处世的冷峻。倘若这种野性的女人要在宫中有一番作为，那将是怎样的情景呢？

当然，还有一个原因恐怕是，从心理学上讲，像唐太宗这样成功的"钢铁男人"，大多欣赏柔情似水的女人，武则天如此之"剽悍"，自然难以再入圣上法眼。

在御书房，武则天每天做着侍候文墨的小差事，尝到了失宠的滋味。但武则天这个女人智力非凡，而且野心无限。以她那样雄心万丈，却大才难展，百事拂意，她是不会认命的。不过她头脑冷静非常，抑郁不达之情，决不形诸声色。她把满腹的心事深藏起来，平时还是一如既往地尽职尽责，小心侍奉着皇上。

借此机会，她对朝廷的各种礼节已掌握得相当熟练，决不会出错。每年宫里的各种祭祀活动，她也了如指掌。而她更大的兴趣还是"听政"，这种对处理朝政的间接关注，已经成为她的一种癖好。在"听政"当中，武则天虽不能身体力行，但她同样得到了磨炼。渐渐地，她对朝政已懂得了许多。

武则天是个精明之人，她深知自己要想再得到唐太宗的宠幸已很难，加之唐太宗已日渐衰老，驾崩之后，妃嫔们命运往往不佳，她不愿意充当悲剧的角色，她很想倚靠一个重量级人物改变自己的命运，而当朝皇太子李治无疑就是这样一个合适的人选。于是，她将含情脉脉的目光转向了李治。

李治这时因唐太宗生病，常常陪伴在其父身边。

太子李治身材魁梧似太宗，却面相苍白，忠厚可掬，毫无太宗那种威风凛凛的帝王气象。他生性软弱，在太宗面前忠诚恭顺，服服帖帖，像一头恭顺可怜的羔羊。但是太子李治又是一个耐不住寂寞的人。在他的太子宫里，有萧淑妃等一群女人陪着他。现在整日陪侍父皇之侧，不免紧张寂寞。

这时候，他在父亲书房的侍女群中发现了一个与众不同的女人，只见她发髻高挽，两鬓宽展，前额宽而透亮，下颌微微前展，既高贵美丽而又沉着机敏。再看体态，亭亭玉立，毫无纤弱之态，浑身洋溢着一种青春的朝气——这个女人当然就是武则天。

从此，无论是在走廊之下，在前堂之中，在花园之内，武则天遥远的一瞥，会心的一笑，都足以让太子心旌摇动，夜不能寐。

那么，太子李治与武则天之间是否有私情呢？

史书对此并无明确记载，但李治自己倒是对此有一番解释。

李治后来在一份诏书中说，自己当太子时，因为父皇宠爱，“常得侍从”。但对父皇的嫔妃，却“未尝迕目（目光相遇）”。先帝知道后，非常赞叹欣赏，“遂以武氏赐朕”。

细品李治此话，却是半真半假。“常得侍从”是真的，“未尝迕目”则是鬼话。他和那位武才人之间，岂止是眉目传情，只怕早就几番云雨了。“遂以武氏赐朕”更是他编造出来的谎言。既然已经赏给他了，为什么太宗死后，武则天并没有“出口转内销”，顺理成章地去做李治的小老婆，而是和太宗其他没有生育的嫔妃一样，去当了尼姑？

当然，无论二人之间有无私情，都不重要了。因为二人很快就有了人所皆知的“公情”——武则天就要真正成为李治的“合法”女人了。

649 年，唐太宗驾崩，李治登基，是为高宗。按照唐朝的惯例，皇上死后，没有生育过的嫔妃们要出家做尼姑，就这样，26 岁的武则天离开了深宫，被送入长安城外的感业寺，削发为尼。

然而，武则天并不想在青灯古佛前了此一生。她想当的是皇后，而

不是什么尼姑。何况她已经在这个年轻皇帝身上下了本钱，不能颗粒无收。不过，骆驼进帐篷，先得伸进去一张嘴。武则天要做的第一件事，是要尽快回到后宫去。

这时，一个蠢女人帮了她的忙，把她迎进了宫中。这个女人就是王皇后。

妃嫔成群的后宫历来是争宠的场所，王皇后身为女主，为什么要迎武则天回宫呢？原来王皇后有她的算计，后宫中萧淑妃在与她的争宠中已逐步占了上风，她对萧淑妃恨之入骨，想拉拢武则天共同对付这个情敌。

因此，在度过了两年多清冷孤寂的寺庙生活后，武则天二次进宫，摇身一变成了高宗的后嫔，晋封为“昭仪”。

聪敏过人的武则天早已知道了王皇后与萧淑妃的微妙关系，她也猜得出王皇后迎自己回宫的原因。因此，重返后宫后，她对王皇后卑躬屈节，极力奉承，殷勤得不亚于服侍在左右的宫娥，并联合王皇后在高宗面前煽风点火，向萧淑妃进行无情的攻击与诋毁。

王皇后被感动了，她把武则天当成最好的同盟，视武则天如同亲密的手足，便很安心地让武则天和高宗在一起，还经常对高宗夸奖武则天天姿神韵，谦卑可人，力图把萧淑妃的气势压下去。

高宗很快地就冷漠了萧淑妃，王皇后终于如愿以偿了，她感激武昭仪的帮助，庆幸自己手段的高明。但她没想到的是，自己的良苦用心却是在自掘坟墓。

搞倒萧淑妃后，武则天愈益受高宗的宠幸，然而，她并不满足于此。她的目光投向了更高远的目标——她要做后宫之主！

可是，皇后只设一人，只有现任皇后被废或死亡，才能确立新的皇后。而此时的王皇后既没有生病也没有犯错误，怎么办呢？武则天不会坐以待毙，在她看来机会不仅可以等待，更可以创造。

机会终于来了。

武则天在永徽五年（654 年）春生下了一个长相与她非常像似的公主，极是让人喜爱，特别是唐高宗每次一下朝，总是要来看上几眼。

从无生育过的王皇后也非常地喜欢孩子，一日大早，王皇后专门来武则天的宫里看望小婴儿。

没想到武则天不在，于是王皇后看了一会儿还在熟睡中的孩子可爱的面容后，便独自离去了。

过了许久，皇帝来看小公主了，武则天和平时一样准备抱起孩子迎接皇帝。然后，当她掀开小公主的被子后，却猛地一声尖叫，昏倒在地。唐高宗也大惊，慌忙上前，只见小公主已经断了气息。皇帝又气又急地问周围都有哪些人曾经来过这里，有人小心地回答说："就皇后一人先前来过。"

唐高宗大怒，恼恨到了极点，高声大叫道："一定是皇后干的。"武则天见状又抽泣着把王皇后的其他不是之处添油加醋地说了一遍，从而让高宗有了废后之心。

民间和野史一直有一种说法是，小公主是武则天自己将之掐死来诬陷王皇后的。笔者对此说法难辨真伪，因为史书并无明确记载。不过武则天确实抓住这个机会鼓动起了高宗的废后之心，因此，小公主之死的最大受益人是武则天，这是确凿无疑的。

人们常说"吉人自有天相"，武则天或许真的就是个"吉人"吧，更大的机会又很快降临到了她的头上。这次，她终于得偿所愿了。

永徽六年（655年）初，不甘心受武则天打压的王皇后听从其母柳氏的劝说，用巫术来诅咒高宗和武则天。这一蠢招非但没起到一丁点的作用，反而加速了王皇后的倒台。事情败露后，唐高宗于永徽六年十月十三日，颁诏废王皇后、萧淑妃为庶人，亲族全部流放岭南。十九日，又颁布了立后的诏书，32岁的武昭仪终于凭借着自己过人的魅力和善抓机会的能力如愿以偿当上了皇后。

戴上血染的皇冠

当了皇后，成了"第一夫人"，对一般女性来说，应是人生追求的最高目标了，然而，武则天并不满足，她的心中还有更高远的"梦"。

为了这个“梦”，她必须要使出自己所有的能量。

“朝中有人好办事”，武则天首先得在朝廷中培植自己的力量。凭着自己皇后的地位，她很快就将卫尉卿许敬宗、中书侍郎李义府、御史中丞袁公瑜等人招至麾下。受到关陇集团排挤的以李勣为首的其他政治势力也拥护武则天。

在此基础上，武则天开始打击把持朝政大权的关陇集团。永徽六年九月，当时最激烈反对立武则天为皇后的褚遂良，被贬为潭州都督，不久又迁桂州都督，显庆二年又以谋反罪名将他贬至爱州（今越南清化），次年他忧郁而死。中书令来济、侍中韩瑗等反武人士也次第被贬。在反武阵营的大臣中，现在就只剩长孙无忌这个孤家寡人了。

显庆四年（659 年），有人控告太子洗马（太子宫中掌管图书的官员）韦季方等与朝廷权贵结党营私。高宗命许敬宗等审理此案。韦季方是长孙无忌的门生故旧，许敬宗便借机用酷刑逼韦季方招供与长孙无忌结党谋反。韦季方虽以自杀相抗争。但在许敬宗的精心炮制下，长孙无忌仍以谋反罪被削去太尉衔和赵国公爵位，流放至黔州，接着被迫自缢而死。至此，武则天终于铲除了自己的最大政敌。

永徽五年起，唐高宗的身体日益虚弱，时常头晕，并伴有关节炎、背痛，显庆二年又出现双臂麻木症状，坐朝时精神不能专注，便将国事大多交与武后裁决。显庆五年六月，高宗头疼加剧，双目晕眩不能视，百司奏事更委武后直接办理。数月后，高宗病情更加恶化，武则天便代高宗上朝，坐在珠帘之后，处理政务。她表现出的智慧和干练，受到朝中大臣们的称赞。至此，天下臣民称他们为“二圣”。

唐高宗弘道元年（683）十二月，李治病逝，太子李显继位为唐中宗。武则天成了皇太后。

李治死后不久，武则天发现李显不太“听话”，便将其废黜，改立第四子豫王李旦为皇帝，是为睿宗。她自己则继续临轩问政，执掌朝纲，威慑群臣，成为唐王朝实际上的最高统治者。

然而，武则天觉得这些还不够。她还要成为名副其实的最高统治者，即自己做皇帝。

早在光宅元年（684年）九月，武则天图谋帝业的野心已显露出来。被提拔为春官尚书的武则天之侄武承嗣提请太后追封其父武士彟为王，并立武氏七庙（此乃天子之礼），这遭到裴炎等人的反对。武则天不听，还是按诸侯之礼在并州文水设武氏五代祠堂，追尊武士彟为王，并升其侄武三思等五人为官，武氏族人在朝堂中已形成了一股很强的外戚势力。同时，武则天开始打击李唐宗室势力。

垂拱三年（688年）二月，武则天下令拆除乾元殿，改建为举行祭祀庆赏大典的明堂，让她的男宠、颇精通建筑绘画雕刻艺术的白马寺和尚薛怀义督造。明堂是一幢寓意为与上天沟通、宣传皇权天授的象征性建筑，但它只在周朝时有过，后世并没有兴建明堂。武则天此举是在为她当皇帝是“天意所授”做舆论准备。

这年四月，武承嗣指使人向武太后献上一块刻有“圣母临人，永昌帝业”的石头，说是从洛水中打捞出来的瑞石。武则天便又利用这块石头大造舆论，将它命名为“宝图”，并给自己加上了“圣母神皇”的尊号。既是圣母，又称神皇，这是武则天要称帝的信号。五月，武则天下诏亲拜洛水，以授“宝图”，并御临明堂庆祝，命诸州都督、刺史及宗室、外戚在拜洛水大典举行之前十天齐集神都洛阳。

可就在她庆祝“宝图”出现之时，李唐宗室中却沸沸扬扬流传着一个可怕谣言，使早已不满和愤怒的宗室诸王家族更躁动不安起来。谣言说：“太后正密谋改朝换代，要清除李唐宗室。在洛水授图之日，太后将借庆祝之名将李姓宗室一网打尽。”于是，韩王李元嘉、越王李贞、博州刺史李冲等商定，假冒睿宗名义，制作“玺书”：“神皇欲移李氏社稷以授武氏”，向诸王散发。随后，李冲一面招兵买马，一面向韩王李元嘉、霍王李元轨、鲁王李灵夔（kuí）、纪王李慎、越王李贞约定共同发兵攻打神都洛阳。但是，此时的李冲等人早已丧失了祖先的胆略，他们因宗亲而封王，既贵且富，高高在上，鱼肉百姓，一个个都已变得脑满肠肥。他们在民众中毫无号召力。李冲仅招募到五千多人，攻打本州所属的武水（今山东聊城西）县城即受阻，部下迅速作鸟兽散。李冲仅率数十骑回博州城，在城门下被反戈一击的守城者打死。这时，越王

李贞统领的七千多人，在豫州（今河南上蔡）城外，也被朝廷大军打得大败，李贞被部下逼迫饮鸩自杀。诸王起兵，前后不到十天就彻底失败了。平定叛乱后，李唐宗室受牵累致死者不计其数，甚至武则天的女儿太平公主之夫薛绍也因与李冲有密信往来而被投入大牢，受折磨而死。

永昌元年（689 年），武则天对唐朝宗室诸王再次举起屠刀，以谋逆罪名，诛杀了汝南王李炜、纪王李慎等人。这次牵连达数百家，李唐宗室人员或被杀，或遭流放。至此，唐宗室已被清除殆尽。

经过一系列大清洗，武则天认为唐室再无人敢反对她了。于是，在永昌元年（689 年）十一月下诏，改用“周历”，宣称周是武氏的远祖，以示武姓为王的源远流长。

武则天还进一步做舆论准备工作。当时，道教是李姓尊崇的宗教，无法借用来做文章。而儒家经典里充斥着对武则天这个女人不利的东西，这使武则天自然想到当时已很盛行的佛教。一些僧人便从佛教经典中找寻出了女子当国王的经文，用佛理把武则天打扮成一个转世圣王。于是“太后乃弥勒佛转世”的理论依据——《大云经》及其新注释被呈上了朝堂。武则天如获至宝，将《大云经》颁行天下，并敕各州都要建寺珍藏《大云经》，由高僧登高座讲解，进行全国的洗脑教育，并宣布佛教在道教之上。

舆论造好后，便是劝进。载初元年（689 年）九月，由侍御史傅游艺组织的请愿队伍，上书朝廷请皇太后即皇帝位，改国号为周。几天后，劝进的人越来越多，包括文武百官、普通百姓、少数民族酋长使臣以及沙门道士等计六万余人。睿宗也表示让位，请求赐姓武。

经过三次装模作样的推让辞谢以后，载初元年亦即天授元年（690 年）九月九日，中国历史上最大的女野心家，终于如愿以偿，戴上了那顶血染的皇冠，成为中国历史上唯一的女皇帝。这一年，武则天 67 岁。中国历史进入了“周”朝。

玩弄权力于股掌间

学过管理学的人都知道，在领导用权的过程中始终存在着这样的矛盾：一方面，领导者不能全权独揽、事必躬亲，他必须下放权力，依靠他人的协助来实现有效的领导；另一方面，作为领导者又不能授权过度，造成大权旁落。于是，如何进行权力的分配以及形成权力的制衡关系，也就成了每一个领导者值得深思的难题。

武则天作为权谋大家，深谙平衡之术。武周时最大的两股力量，一是武派，一是李派。武派是武氏家族成员以及与之联盟的武则天的私臣，李派则是李唐王室和拥戴李唐的大臣。武则天时而扶这派，时而压那派，在平衡中以求得对权力的稳固控制。

此外，从其对酷吏的处置就可看出武则天的手法。

在称帝之前和称帝之初，为了皇权的稳固，武则天重用酷吏，打击异己，威赫天下。然而，权力稳固，需要安抚人心的时候，她又毫不手软地“收拾”酷吏。

天授二年（691 年），御史中丞李嗣真因酷吏滥杀，向武则天进言，现在的酷吏不按律法，随意断案定罪，也就是以“打黑”的名义“黑打”，这是“权由臣下”。同时，他以老子的话“国之利器不可以示人”进一步阐述，认为现在把权力交给酷吏，不可不慎。酷吏破坏司法是武则天授意这么干的，因此，她不以为然，但“权由臣下”却一下击中她的软肋。于是，她将铡刀指向了那些由她一手提拔的老酷吏。其实，对酷吏她也不是专信一派，而是多树旗帜，分其权势。现在她正好可以用一派去处理另一派，即让酷吏来俊臣审讯另一酷吏周兴。

史书记载，有一天来俊臣请周兴吃饭，席间佯装向其请教：有囚犯不认罪，如何是好？周兴也真是“高人”，说取个大瓮，用火在周围烤，让囚犯进瓮里，还有不认罪的吗？来俊臣依样布置好后，便对周兴说，那就请君入瓮吧。周兴一下子就连自己小时候曾经偷看过女厕所的事都招了。这就是成语“请君入瓮”典故的来历。

除了对酷吏，武则天对李派的牵制也是如法炮制的。

李昭德曾是武则天身边红极一时的人物，他是拥戴武则天的功臣之后，强干有魄力。被武承嗣指使而到武则天面前请求废李立武的王庆之，就是被李昭德率领朝臣群殴而死的。武则天对李昭德很信任，甚至武承嗣去说他坏话时，反而被武则天讥笑说：自打我用了李昭德后，就一直高枕无忧，是他在代替我受劳苦。但是武则天又岂肯将大权旁落于一人之手呢？因此当另一个受武则天重用的李派大臣丘愔提醒武则天"臣闻百王之失，皆由权归于下"时，一下就打动了武则天的心。然后他弹劾李昭德，说："李昭德在外朝专权，臣观其胆，乃大于身；鼻息所冲，上拂云汉！"于是，武则天很快就罢免了李昭德的相位，让丘愔代替他。

当然搞平衡并不只是罢免一两个人就万事大吉了，还必须得在敌对的两派之间搞牵制，不让任何一方完全得势。武则天在晚年推行的"李武并贵"的策略，就是两派并存、相互牵制的高超之法。

酷吏集团和武承嗣联盟后，武派的力量得到极大的加强，为了独掌权势，屡次对李派痛下杀手。但武则天对他们始终不放手交权。当来俊臣把狄仁杰、魏元忠等李派朝臣的基干力量都罗织进"七大臣谋反案"时，武则天没有把审讯狄仁杰等人的权力下放给来俊臣，并最终在最后关头保住了这批人的性命。为了能一举消灭李派势力，"武来联盟"（武承嗣集团和来俊臣集团）把太子李旦也诬为谋反，但在最后关头，武则天还是留下了李旦，这使得武来联盟的如意算盘全盘落空。

长寿元年（692年）后，李派开始对武派进行反扑，武则天却又反过来保护武派。侍御史周矩提醒武则天说，现在满朝都是陛下的仇人，陛下处于极端孤立的地位！周矩给武氏摆出了一个这样的问题：你究竟依靠谁？是依靠酷吏，落个众叛亲离的下场，还是把权力从酷吏手中收回，依靠文武臣僚治理天下？武则天心动了，她决定逐步停止恐怖政策。但她还不想一下除去酷吏这支队伍。要杀来俊臣，罪名俯拾即是，但她舍不得杀，留下也许还有用处。果然，万岁通天元年（696年），来俊臣东山再起，他帮武氏再次对李唐派残余势力进行了打击。

来俊臣起来后不久，李昭德就被授予监察御史的职务，他和来俊臣之间的斗争，在中断了一个时期后，又于697年开始了。最后两人一同下狱。多少年来，武氏一直将李昭德与来俊臣作为两个相互平衡的砝码。当来俊臣下贬时，李昭德也下贬；来俊臣起来时，李昭德也起来。两个势如水火的仇敌，有着极为相似的荣辱起伏遭遇。这当然不是命运的决定，而是巧妙的人事安排。所以，现在来俊臣行将处决，则李昭德也是非死不可了。六月的一天，两人同日被斩。

直到武则天晚年仍还坚持“李武并贵”的政策，她把李显召回立为太子，却又让李氏兄弟和武三思等人明誓共相容，还把拥李的宰相魏元忠、丘愔外贬。甚至当她病情恶化的时候，还坚持既不让李显、李旦，也不让武三思、武攸暨之流，甚至也不让她唯一的女儿太平公主入宫侍疾，以显示她不想表现出对武、李中任何一方的偏向。

不能不说，武则天确实是一个玩弄权术的高手。她的聪明之处，体现在她对朝中官员驾轻就熟。他既任用忠心耿耿的大臣，也任用奸诈的小人，不但能在二者之间找到平衡点，而且还能根据形势的不同各有侧重。作为一个国家的最高统治者，她驾驭群臣的本事确实到了出神入化的地步。看来，武则天还真是一个做皇帝的料。

明察善断，英贤竟为所用

武则天是一个明君，明君之“明”很大程度上就体现在用人上。刘邦、唐太宗等是这样，武则天也是这样。

为了夺取政权，维护统治，武则天除了任用酷吏和武氏宗族来打击反对派外，还任用了很多贤臣来治理天下。因此，《资治通鉴》中评价武则天为“政由己出，明察善断，故当时英贤亦竟为之用”。

武则天用人不看门第，不问你是“官二代”还是出身农家，而是看你是否有政治才能，因此她特别注重从科举出身者中间选拔高级官吏。为此，武则天进一步推行科举制度，通过考试，录用人才。其中大量的人才出身庶族。

关于武则天知人善任的故事，不可胜数。

狄仁杰（630 ~ 700 年），字怀英，唐代并州太原（今山西省太原南郊区）人，唐（武周）时杰出的政治家。他是在天授二年（691 年）开始他短暂的第一次宰相生涯的。武则天召见他时，对他说："过去你在汝南做豫州刺史时，甚有善政，想知道是谁说了你的坏话吧？"

狄仁杰听了后，却淡淡地说："陛下觉得我有过失，我当改之；认为我并无过错，那是臣的大幸。臣不知道是谁说了坏话，也不想知道。"

武则天对他坦荡豁达的胸怀深为叹服，所以对他更加重用。

圣历初年（698 年），突厥进犯边界，尽杀所掠赵州、定州等地男女万余人，武则天任命狄仁杰为河北道元帅。狄仁杰一到，亲自率兵打退了突厥贵族的军队。接着，武则天又任命狄仁杰为河北道安抚大使。当时，河北道百姓由于受突厥的胁迫，很多人都曾给突厥服过役，突厥退去后，他们害怕朝廷问罪，所以四处逃亡。

狄仁杰为迅速使河北安定、百姓能安居乐业，向武则天上了一道奏疏："听说朝廷的一些大臣怪罪被突厥、契丹所胁迫的人们，打算统统杀掉，这样做是很不得民心的。东汉末年董卓作乱被杀后，部属都未能赦免，竟至酿成大乱，京师化为废墟。臣每读此书，无不掩卷叹息。现在负罪之人，必然不在家中，或露宿草丛，或潜窜山泽。如能宽大处理，定会走出归顺；如不宽大，必然激成祸乱。人主恢宏大度，不必拘泥常法，愿陛下赦免河北诸州臣民，不再追问，准其回乡生产。"

武则天听从了狄仁杰的建议，河北遂安定下来。

狄仁杰不仅自己深获武则天的信任和重用，还以知贤能举著称。他所举荐的人如张柬之、姚崇等数十人，后来都成为一代名臣。以致有人对他说："天下桃李，悉在公门矣。"而狄仁杰却说："荐举为国，非为私也。"

武则天也很尊重狄仁杰的意见。圣历三年（700 年），武则天在三阳宫避暑，有外国僧侣邀皇上观葬舍利。武则天已准许并走到半路上，这时狄仁杰赶过来跪奏马前，说："佛为外族之神，不足以屈天下之主，这些和尚诡诈多端，不过想让陛下降临，为其扬名罢了，况且山路险隘，侍卫难近，皇上怎么好去呢？"

武则天说：“好吧！我就回去，以成就我的直臣之气概。”

还有一次，武则天想建造大佛像，预计费用几百万钱，因政府财力不足，准备让僧尼每人每天出一个铜钱，帮助建造。狄仁杰上疏进谏说：“臣听说，治理国家之要，应先办好百姓的事。现在的佛寺，建筑华美，费用巨大，有的竟超过宫室。财物可不是天上掉下来的，不损害百姓，钱从哪里来呢？近来边境不安定，水旱灾频。大兴土木，既要耗费官库，又要浪费人力，一旦国家有难，将用什么来救急呢？”

武则天听了，连忙说：“公教朕为善，朕怎能违背呢？”于是下令免去这项兴建。

对于狄仁杰的劝谏，武则天无不屈从，而且愈加尊重他，尊称他为“国老”。狄仁杰每次入见武则天，武则天总不让他下拜，说：“每次见公拜时，朕就心痛。”

为了照顾狄仁杰，武则天特别免除了他在宰相府值班的规定，并嘱咐他的同僚，如非大事，不要去劳烦他。

久视元年（700年），狄仁杰病故，朝野凄恸，武则天哭泣着说：“朝堂空也。”以后，每遇朝廷大事不能决断时，她总是叹息着说：“老天爷啊！为什么这么早就夺走我的国老啊！”

武则天与狄仁杰之间的君臣际遇始终为千古流传的佳话。

除此而外，终武则天一朝，被她重用、信任的人还有许多。她总是尽量使臣下人尽其才，可谓用人用得恰到好处。

魏元忠，一个能文能武的著名政治家。由于性情桀骜不驯，一直得不到重用。武则天临朝称制后，魏元忠升为殿中侍御史。在平定徐敬业之乱后，武则天让他担任李孝逸军中的监军。武则天看得很准，魏元忠确有军事天赋，在平乱中立下汗马功劳，被擢升为洛阳县令。永昌元年（689年），他被酷吏周兴诬陷下狱，将被处决之时，武则天将其赦免，流放岭南，一年多后又召回来任御史中丞，不过却再次被酷吏来俊臣诬陷，在狱中，他大骂酷吏不止。武则天爱惜他这个人才，还是没有杀他，而是将他流放费州。酷吏被除后，女皇知他冤枉，复起任他为御史中丞。

魏元忠历经多次死刑和流放而不屈服，使武则天更为看重，成为狄仁杰之后武则天倚为栋梁的人物。圣历二年（699 年），魏元忠被拜为宰相，又兼左肃政台御史大夫，多次为大总管带兵抵御突厥和吐蕃的侵犯。李显被复立为太子后，武则天任命魏元忠以宰相检校太子左庶子，委以辅佐太子以保证安全接班的重任。后因请逐武则天的男宠张氏兄弟而获罪，再次下狱。但武则天仍免其一死，贬为端州高要县尉。

魏元忠临行前来向武则天辞行说："臣已老了，今到岭南，恐怕回不来了。"

武则天一听，当即从龙椅上站起来，踉跄了几步，似乎心有不忍想要为他送行，嘴里喃喃地说着："元忠去矣！元忠去矣！"

尽管由于专制政治体制权力斗争的影响，魏元忠在武则天晚年再被贬逐，但综观其在武则天时代的经历，基本还是受到信任和重用的。

武则天为政数十年，文武大臣攘外安内，各尽所能。根据后人研究，在后来帮助唐玄宗开创"开元盛世"的名臣二十六人，其中十四人（如姚崇、宋璟、张说、张喜贞等）都是受到武则天的器重提拔而成长起来的，这些都说明了武则天对后世的影响。

知人与纳谏是相互关联的两个方面。自古知人善任的帝王大都能够兼听博采，广开言路，充分发挥贤良之士的作用。武则天虽然独断专行，但她并不是一个听不进谏言的皇帝，当朝的大臣例如刘仁轨、陈子昂、王方庆、杜景俭、李昭德、朱敬则、狄仁杰、魏元忠、李峤等都曾大胆揭发武则天的过失。

若是劝谏的事情涉及她崇尚奢侈华丽的毛病，她多能虚心接受，即使她不苟同，也不至于发太大脾气，顶多是将他们贬官或是流放到外地，却不曾听说有任何大臣因为劝谏而招来杀身大祸。

若是劝谏她的私生活，或是令她难堪的事，她也不会滥杀无辜，朱敬则的劝谏就是最好的证明。当时武则天为男宠张易之及其弟张昌宗设立的奉宸府是红极一时的机关，府内美少俊男如云，自然引人遐思。许多人也大胆地向奉宸府自我推销他们的"阳道雄伟"，希望借此入侍女皇。而右补阙朱敬则听说这件事后，便匆匆向武则天劝谏，疾言厉色地主张此风不可长，以维护朝廷清誉。武则天听了，不但没有责怪他，反而对他非常感激，下令赏他数百匹的绸缎。这种纳谏的胸怀，从古至今又有多少君王能够做到？

武则天纳谏，不以官阶为凭，她重视重臣元老的谏言，也虚心听取低层官吏乃至普通百姓的意见。

长安元年（701 年），武则天接见了一个远道而来的纳谏者。此人叫苏安恒，他是以普通百姓的身份徒步千里前来洛阳的。苏安恒的上疏主要是关于请武则天传位太子，降梁王武三思、定王武攸暨、河内王武懿宗、建王武攸宁为县公，及请武则天封二十余孙为王，以夹辅周室，藩屏皇家。之后，武则天不但没有怪罪他的“多管闲事”和“以下犯上”，反而很赞赏他的精诚敢言，在宫中赐给宴席，然后才让他回去。

过了一年，苏安恒再次上疏：“现在太子的年岁和威望都很高，陛下贪恋皇位而忘了母子间的深恩，不知陛下将来以什么颜面去见唐家宗庙，去谒先帝之陵墓？我认为无论是天意还是人事，天下终究还是李家的。陛下直到现在还不肯离开皇位，殊不知物极必反，器满则倾。陛下何故要日夜积忧，不知道自己已经衰老了呢？”尽管这一建议是要武则天恢复唐室，肯定令嗜权如命的女皇内心极度不爽，然而她也没有加罪于苏安恒，足见其度量之大。

清人赵翼曾说：武则天“纳谏知人，自有不可及者”。这是公允的评价。一代女皇在用人和纳谏问题上确实堪称一个开明的君主。

一代女皇政绩斐然

武则天当上皇帝的初期，当时国家的经济形势是比较严峻的。水灾、旱灾、蝗灾和疾疫流行，致使物价飞涨，百姓死亡很多，出现了“两京间死者相枕于路，人相食”的局面。这是武则天执政以后所面临的一个严峻考验。

历史证明，武则天确实具有治国安邦与发展经济的才能。她懂得“建国之本，必在安农”“家给人足，则国自安”的道理。在发展农业生

产方面，采取了一系列有效措施。

此外，武则天还非常注意兴修水利工程。因为水利事业的发展，既有利于农田灌溉，又有利于排涝和漕运。据统计，在她当政的二十一年间，共兴修了十九项水利工程。其中较大的水利工程有以下几项：

垂拱四年（688 年），在泗州涟水（今江苏涟水）开凿了新漕渠，南连淮水，沟通了海州（今江苏连云港西南）、沂州（今山东临沂）、密州（今山东诸城）之间的联系。

圣历元年（698 年），在湖州安吉，引天目水入邸阁池、石鼓堰，可以灌溉农田甚多。

在彭州九陇县（今四川彭州西北）开凿水渠，引沱江水灌溉九陇、唐昌农田，当地百姓大受其益。

冀州也修了两项水利工程，一项是载初元年（689 年）在衡水（今河北衡水西）修羊令渠，另一项是延载元年（694 年）在南宫县（今河北南宫县西北）修通利渠，这两项工程均造福当地百姓。

长安年间（701 ~ 704 年），在青州故营丘城（今山东潍坊西南）东北开水渠，引白浪河水灌溉农田，长三十里，号窦公渠。

引人注目的是，2006 年元月，研究人员在宁夏发现了一块武则天时期的治水石碑。石碑长 90 厘米，宽 62.5 厘米，厚 8 厘米，上面雕刻有图案。专家鉴定后认为，图案上的水宫及虾兵蟹将应与治水有关。这也从侧面反映出武则天时期对兴修水利的重视。

唐初，关中地区是隋唐两代都城所在之地，人口密集。唐初虽然也实行均田制，但由于人多地少，普遍受田不足。644 年，唐太宗在雍州灵口地区考察均田制的落实情况时，到附近村落询问村民受田情况，得知每丁只有三十亩，与规定中的每丁受田百亩相差甚远。由于人丁受田过少，却要接受中央政府制定的按田百亩来承担其租庸，这显然是地方政府在变相搜括民脂民膏。于是唐太宗在严惩贪官的同时，下诏免除雍州受田少的农民的徭役，同时还计划将这些农民迁之于人烟稀少的地区。但后来不知为何，这一移民诏令未能被贯彻实行。

到了武则天执政初期，这一情况仍未能得到改变。她鉴于关中地区人口过于密集，而河南道人口较稀少的情况，决定有计划、有组织地将关中民户部分迁入河南道，以缓解关中人口过分密集而出现的各种困难。691年8月9日，武则天特意颁发了《置鸿、宜、鼎、稷等州制》，制文说："京兆之地，旧号秦中，乃眷编氓，最为繁殖……其雍州旧管及同、太等州，土狭人稠，营种辛苦。有情愿向神都编贯者，宜听，仍给复三年。百姓无田业者，任其所欲。即各差清强官押领，并许将家口自随……其官人百姓有情愿于洛、怀等七州附贯者，亦听。应须交割及发遣受领。"

从这篇制文可以看出，这次由关中向河南道迁移民户的原则有两个：其一是百姓自愿，不准强迫。这在专制社会是难能可贵的。与后世那种打着各种各样冠冕堂皇的旗号，连哄带骗地强迫移民的做法要人性化得多。其二是对迁移到河南道的民户给予优惠政策，"给复三年"，即移民三年不服徭役，这为新定居的百姓营建房舍、开地种田保证了足够的人力和时间。最为重要的是，这些优惠政策都得到了落实，让移民的百姓得到了实实在在的好处。因此，翻遍史书，未见武则天一朝有因移民问题而上访的记载。就这点来说，武则天比后世某些统治者也更以民为本得多。

像这样有计划、有组织地大规模移民，不仅大大缓解了关中人口密集、受田不足的压力，而且也为洛阳以东地广人稀的地区补充了大量的劳动力，对于开发这一地区的农业，发展经济无疑是起到了积极的作用。

此外，不得不提武则天对"逃户"的处理。之所以出现逃户，多是由于政府大力搜括民脂民膏，或租税繁重，导致农民纷纷逃亡。逃户问题是专制社会的必然现象，亘古不变。早在唐高宗时，就出现了较多的逃户。武则天临朝称制乃至改朝称帝后，逃户仍是居高不下，它已成为当时最严重的社会问题之一。

我们知道，一个国家的租税和徭役，一般都是来自政府所控制下的编户齐民（也就是户口本所记载的人数）。农民的逃亡，既影响了社会的安定，又影响了国家的徭役与财政收入，因此，历代君主都比较注意

解决逃户这一社会问题。但在武则天之前和她之后的专制政府，虽然也会采取一些安抚政策来稳定农民，但更多的是采取高压措施，即对逃户予以“严打”，这也是专制社会的显著特征。

同为专制社会的统治者，武则天采取的办法却宽容得多，而且能根据不同的情况给予不同的处理方法。

首先来看关辅地区。关辅地区由于人口密集，致使唐初推行均田制时许多人受田不足，而要缴纳的租税却一个子儿都不能少，再加上高宗末年以来，自然灾害连续不断，农业连年歉收，这就使本来土地较少的关辅地区的农民雪上加霜。这些地区的农民为了生计，就不得不迁往他乡。但当时的政府又禁止农民随意迁移户口，于是便出现了“逃户”问题。针对这一情况，武则天在有计划、有组织地将关中数十万户农民迁到河南道外，对因其他各种原因流亡到东都的关中农民也进行了适当地安置，并在制书中明确规定：“其有诸州人，或先缘饥岁，流宕亡归；或父兄去官，因循寄住，为籍贯属，恐陷刑名，荏苒多时，未经首出。卫士、杂色等人，并限百日内首尽，任于神都及畿内、怀、郑、汴、许、汝等州附贯，给复一年。”

制书中所说的“杂色人”还包括经商者在内。据此可知，在 691 年以前，关辅各州的卫士、百姓、官僚子弟和工商业者，或是由于饥荒，或是其他原因逃亡或寄住的人，如在指定日期内“首尽”，也就是告知官府或办个暂住证之类的，就可任意将户口迁往神都等七州，就地安置，并免其一年的劳役。这是除移民之外安置关中逃户的一个新举措。这一举措对后世那些在异地他乡打工的人来说，恐怕会羡慕得吐血。

其次是河北地区。造成这一地区农民出逃的原因主要是由于同北方某些少数民族的矛盾冲突。

唐朝初年，由于突厥的不断进犯，再加上繁重的徭役、兵役，致使河北不少民户家产被劫，人口流亡，便出现了较为严重的逃户问题。

为了妥善解决河北的逃户问题，698 年，武则天命狄仁杰专程处理此事。狄仁杰到了河北地区，他针对当时河北人民因为受突厥所驱逼而做了一些错事，担心受法律制裁，因而“往往亡匿”这一情况，上疏朝廷，请求不要处理这些人。武则天不但准许，而且要求给这些逃户们粮食，使他们的生活得到保障，还禁止官兵侵犯百姓。由此，便妥善地解决了河北多年的逃户问题。

最后是蜀汉地区的逃户问题。蜀汉地区逃户，是由于唐政府为了防御吐蕃，需要大规模征调粮食，从而给蜀汉地区的百姓增加了沉重的负担，民户负担过重。另一个原因就是蜀汉地方官的贪腐，使得民不聊生，因此纷纷逃亡，以致“逃者过半”。这些逃户背井离乡，少者三年，多者十余载。

针对这种情况，武则天下达诏令：“天下逃人归复旧业者，免当年租庸……部内有逃他境，能相率归者，免一岁及征徭，若茕嫠贫窭不能自济者，当别议优之”。在既往不咎、免徭役劳役和救济困难户政策的感召下，蜀汉地区流亡在外的逃户基本返回故里，从事稼穑。

正是由于武则天注意兴修水利，加强边境的屯田，采取了正确的移民措施，并优待性地解决逃户问题，调整了生产关系，缓和了阶级矛盾，从而有利于农业生产的发展。

农业生产的发展，首先是表现在粮食有了储备。704 年 1 月，武则天准备到西凉地区考察，洛阳县尉杨齐哲在其上表中说：“神都帑藏储粟，积年充实；淮海漕运，日久流衍。”其中所说的“积年充实”，说明了洛阳仓是多年储备充足的。久视元年（700 年），任右补阙的张说在《陈则天幸三阳宫表》中也说：“太仓武库，并在都邑；积粟利器，蕴若丘山。”从当时朝臣的上表都说明洛阳仓储十分丰足，由此可见农业生产发展的情况。

此外，武则天执政时期，手工业和商业也都有了长足的发展。

人口的增加也从另一个侧面反映了当时经济发展的情况。据历史文献记载，唐高祖李渊在位的武德年间，户为二百万；到了唐太宗在位的贞观年间，户有三百八十万左右，可是，至武则天退位的神龙元年，天下竟达到六百三十五万多户，较贞观年间增长了两百五十多万。显然，人口的增长速度超过了唐太宗时期。

经济的发展带来了社会的繁荣。长安三年（703 年），凤阁舍人崔

融在给武则天的上疏中描述说："天下诸津，舟航所聚，旁通巴、汉，前指闽、越，七泽十薮，三江五湖，控引河洛，兼包淮海。弘炯巨舰，千轴万艘，交贸往还，昧旦永日。"这段话明确地告诉了我们武则天时期的繁盛景象，也让我们知道了武则天治理天下的能耐。

除了经济建设，武则天在其他方面也颇有建树。

武则天主政时期，边疆并不太平。西方西突厥攻占了安西四镇，吐蕃也不断在青海一带对唐展开进攻。北边一度臣服的东突厥和东北的契丹一直打到河北中部。在此严峻形势下，武则天积极组织反攻，取得了完全的胜利，恢复了安西四镇，打退了突厥、契丹的进攻，同时在边地设立军镇，常驻军队，并把高宗末年在青海屯田的做法推广到现甘肃张掖、武威、内蒙古五原和新疆吉木萨尔一带。从而解除了突厥在唐朝西境的威胁，恢复了唐朝在西域的统治地位，对巩固西部边联，维护国家统一，发展中原和西域各民族的经济文化交流，发展商业流通，起到了重大作用。

总之，在武则天的主政下，唐王朝国富民强，文化复兴，故有"贞观遗风"的美誉，也为其孙唐玄宗的开元之治打下了坚实的基础。

难言的"无字碑"

生老病死是人之常情，强悍如武则天也逃不脱自然规律的安排。在风烛残年之际，除了思考怎样治理这个广袤的国家外，她考虑更多的，是对自己"接班人"的安排。把帝位传给儿子吧，那不等于把武周的天下又还给了李家，从此天下又姓"李"不姓"周"了；把帝位传给自己武家的侄子，跟自己倒是一个姓了，可是姑侄和母子孰亲孰疏，武则天心里岂能不知道；传给女儿吧，那更不行了，这江山将来只怕就会姓了女婿的姓，自己一生的打拼不就"打水漂"了吗？

就在武则天还在为此事焦头烂额的时候，很快就有人帮她解决了这个难题。

神龙元年（705 年）正月二十四日，一班掌握着政权又已掌握着军权的朝臣趁她病重卧床之际，借口其男宠张易之、张昌宗谋反，率羽林军包围武则天所居之迎仙宫，不由分说地砍下那两个男宠美如莲花般的脑袋，提着人头逼她交出大权。他们的领头人，就是被狄仁杰称为“文可领袖群臣，武可统帅三军”的宰相张柬之。张柬之的身后，则哆哆嗦嗦地站着她的宝贝儿子李显。

也就在这一年的十一月二十六日，一个凄冷的冬日，武则天在豪华而寂寞的软禁中孤独地死去，享年 82 岁，高寿。临终前她留下遗言，赦免王皇后、萧淑妃等人。

武则天还留下遗诏：“去帝号，称则天大圣皇后。”第二年，武则天与高宗合葬于乾陵，宣告自己回到丈夫高宗的身边。半个多世纪以前，守着青灯古佛的她曾在感业寺给迷恋自己的李治写过一首情诗：

看朱成碧思纷纷，憔悴支离为忆君。
不信比来长下泪，开箱验取石榴裙。

以后那半个多世纪，不知有多少人拜倒或败倒在她这石榴裙下。直到她脱下这石榴裙，换上帝王的衮冕，也仍然魅力无穷，让人敬畏，让人臣服，让人痴迷。

现在，她又要换上这石榴裙了。她无法对抗自然规律。这个一生要强的女人，不得不脱下男装，换上女装，离开男人的世界，回到女人的天地。

让人奇绝的是，武则天的陵前立的是一块无字碑。碑身由一块完整的巨石雕成，通高 7.35 米，宽 2.1 米，厚 1.49 米，重 9.8 吨。碑上刻着螭（一种蛟龙类神物）和龙，却没有字。也许，武则天的一生，连她自己也说不清。也许，她有意在身后留下一片空白，“知我罪我，其唯春秋”，任由世人评说……

怎么评说呢？或许不同的人站在不同的角度，会有不同的见解。

武则天的一生，如果用今天的话来说，毫无疑问，是伟大的一生。然而，她的一生又充满着无数的争议。我们暂且抛开她代唐立周的是非

不论，她的一生也同样充满着血腥和荒淫。

据林语堂先生《武则天正传》载，武则天一生共谋杀了九十三人（不包括其受到株连的亲属）。其中她自己的亲人为二十三人，唐宗室三十四人，朝廷大臣三十六人（不包括其余党）。这里面有多少是冤案？有多少确为武则天所害？又有多少是别人对武则天的诬陷。这笔账，只好留给历史学家慢慢去算了。但是，无论如何，一个人或政权不管是为了打击政敌还是巩固统治而滥杀无辜，都是应该永远遭到谴责的。

此外，她崇佛教、建寺院、筑明堂、造天枢、铸九鼎，浪费了大量的人力物力，也自然加重了人民的负担。

当然，最为人诟病的，恐怕还是她拥有“男宠一事”。武则天的“男宠”中，留下记载的主要有四人：薛怀义、沈南璆、张易之与张昌宗。薛怀义侍奉武则天有十年的时间，武则天为了方便交往，将薛怀义剃度为僧，命他以僧人的身份出入宫掖。其间，武则天曾命薛怀义率兵出征，督建天枢等重大工程。后来，薛怀义因为武则天宠幸御医沈南璆而醋意大发，屡屡犯罪，武则天最终将其处死，而此后沈南璆也突然消失了。张易之、张昌宗兄弟是太平公主进奉给武则天的，他们陪伴武则天度过了人生的最后几年。神龙元年推翻武周政权的政变，大臣们就是打着除“二张”的旗号，兄弟二人均在政变中丧命。

其实，出于生理与心理需要的武则天，在宫廷中养起了自己的“男宠”，其实他们就是男皇帝的“妃妾”的性质，只是没有给他们“男妃”“男妾”的名位。平心而论，如果武则天是个男人，纳再多的女妃、女妾，都不会受到如此的非议。只是，在男尊女卑的社会里，武则天的行为背离了当时的社会价值观，即使在开放程度很高的唐朝，她的做法依然不能被社会接受。

不过，应当看到的是，武则天虽然宠爱这几位美男子，但她并没有允许他们干预朝政，甚至在男宠们与朝臣发生纠纷时，她也坚决地站在朝臣一边。如有一次，宰相苏良嗣在朝堂上遇到薛怀义，薛怀义没有以礼相待，苏良嗣大怒，命手下人将薛怀义痛打了一顿。薛怀义不服气，跑到武则天面前诉苦，武则天安慰他说：“你不应该走南门，南门是宰相走的，你应该走北门，以后不要再犯这样的错误了。”这丝毫没有表现出对苏良嗣的不满。张易之兄弟与大臣宋璟也曾有过言语冲突，之后到武则天面前告状，武则天也只是劝告他们不要去招惹大臣，没有给予宋璟任何惩罚。至于说“二张”谋反，只是政变者的一种政治宣传与借口而已，史料中未曾有丝毫记载。武则天的这种“荒淫”生活，在传统的中国社会里，是必定受到人们的批判的。但若从皇权至上和男女平等的角度去分析，似乎也算不上是那么的无耻吧。

但有一点必须指出，武则天一朝最应当受到谴责和唾弃的就是她重用酷吏周兴、来俊臣等，大兴告密之风。

告密肯定是人类社会中最卑鄙下流的行为之一。无论武则天是出于何种动机奖励告密，无论这些动机如何被说得冠冕堂皇或是迫不得已，也无论武则天登基后做了多少贡献，为她奖励告密而作的任何辩解都是最无耻的谰言。我们可以不苛求武则天这个人，但不能不谴责告密。

告密和举报是截然不同的两种行为。举报出于公愤，告密出于私欲；举报出于正义，告密出于邪恶。告密的动机无非两种：或是陷害他人，以泄私愤；或是邀功请赏，讨好卖乖。反正不是为了损人，就是为了利己。而且，告密往往意味着出卖。因为只有告发最隐秘之事才是告密，而若非关系极为亲密者，这些事情又何以知晓？可见告密不仅是报告秘密，也是告发亲密，或者说是出卖。历史上那些告密者，不是卖主求荣，便是卖友求荣；不是出卖亲人，就是出卖同志。所以，告密之风一开，社会风气就会迅速污染，人类那些美好的情感，如亲情、爱情、友情，便都荡然无存了。

和告密制度相生的，便是武则天豢养了一些酷吏集团。其中，索元礼、周兴、来俊臣最为臭名昭著。这些人大都出身无赖，性情残忍，专以告密陷害为事。来俊臣和万国俊等还专门编写了一部告密专著《罗织经》，作为培养新酷吏的教材。

在这些人的严密监视下，整个国家几乎就成了一所巨大的监狱。就算没有人告密，他们无风也兴三尺浪，现在既然有人告密，岂有不炼成

大狱之理？结果，某人只不过撇了一下嘴巴，到他们那里就变成了诽谤朝廷；某人不过只是发了几句牢骚，到他们那里就变成了妄图谋反。

犯人不肯招供，怎么办？他们有的是办法。一是集体诬告，即买通雇佣一批告密者，在不同的地方一起告发，众口一词地诬告某人谋反，使不明真相者信以为真，被诬告者有口难辩。

二是严刑逼供。他们创造了名目繁多的审案酷法，如“驴驹拔撅”“犊子悬车”“仙人献果”“玉女登梯”“方梁压髁”“凤凰晒翅”“猕猴钻火”“死猪愁”和“求即死”等。常言说“死猪不怕开水烫”，又说“好死不如赖活着”。酷吏的刑法既然能让“死猪”发愁，恨不能马上就死，可见比开水还厉害，比死亡还可怕。

第三种办法更便当，就是一刀砍下犯人的脑袋，然后在预先写好的供词上按下犯人的手印。

有这么多办法，什么案子不能小题大做，变成必须从重从快的大案要案？

实际上酷吏们不把案子做大也是不行的。因为武则天嘴上说要听取民意，其实只对谋反案有兴趣。既然是谋反，那就不是一两个人的事了，非得有谋反集团不可。于是，只要有一人被密告谋反，他的亲人、朋友、同僚也都得跟着倒霉。这样一来，恐怖的气氛便立即传遍全国。没有人知道自己会不会在某一天被告发，也没有人知道自己会不会在某一天“被消失”。生活在这样的时代，人还有安全、尊严、自由吗？

因此说，武则天施行的告密制度和由此伴生而来的酷吏治国，为后世统治者打着稳定的旗号行白色恐怖之实开了先河。这，是武则天留给历史的最大罪恶。

幸运的是，武则天毕竟不是嗜血成性的杀人狂，而是老谋深算的政治家。当她当上皇帝后，便迅速地调整了政策，由高压一变而为怀柔，由恐怖一变而为开明。这才使她的王朝没有坍塌，而是在她的带领下取得了辉煌的业绩。

但是，我们仍然不能因为武则天的功劳而不去谴责她的告密制度。因为在一个人治的社会里，统治者的好恶和素质的高低往往就决定了一个国家的前途和天下苍生的命运。后世那些暴君的做法不就告诉了我们这个道理吗？

武则天已经故去一千三百多年了，在她八十一年的人生中，她为获得权力而不懈奋斗，最终实现了自己的理想。就个人来说，她是成功的。就国家和民族来说，也算是幸运的。在武则天执政的几十年里，社会经济始终是向前发展的，为开元盛世的到来奠定了基础，同时她重视科举、礼贤下士，在政治、经济、文化等层面进行了较有成效的改革，取得了较大的成绩。她不愧一代明君的称誉。作为后人，我们不能抹杀她的历史功绩，同时也不能为她的不当行为护短，就让无字碑的主人坦然地接受后人的评说吧。

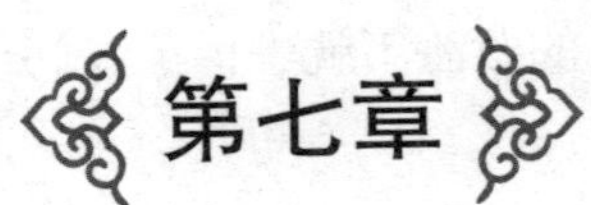

第七章

皇帝中的“厚道”者：宋太祖赵匡胤

宋太祖赵匡胤（927～976年），宋朝开国皇帝。960年，他在“陈桥兵变”中被拥立为帝，之后一举结束五代十国分裂混战的局面，统一了大半个中国。他在位十六年其间，务农兴学，慎刑薄敛，与民休息，又加强中央集权，提倡文人政治，开创了中国的文治盛世。他是一位英明仁慈的皇帝，推动了中国历史的向前发展。

落魄中奋进

927年，在洛阳夹马营的一个军人世家里，诞生了一位将要改变中国历史进程的人物：赵匡胤。

与中国历史上许多帝王出于愚弄百姓的需要，把自己的出生描述成有神异的吉兆出现一样，赵匡胤的出生也充满了神奇的色彩。据说，他出生的那天夜里，母亲杜氏梦见太阳落入自己怀中，屋子里面红光冲天，从远处看就像失火了一样，邻居还慌慌张张跑来救火，来了才知道是赵匡胤出生了。而且，他出生后，一连三天，身体是金色的，还有种奇怪的香气经久不散。所以他小名叫香孩儿，赵宅所在的街道叫作火烧街。夹马营也被宋人称为香孩儿营。

其实，赵匡胤出生时家道已经衰落，他的父亲赵弘殷原来是一位赫赫有名的战将，是后唐庄宗李存勖面前的红人，庄宗遇害后，他受到牵连，淡出了政坛。受家庭影响，赵匡胤从小就喜爱武术，练就了一身好功夫。传说太祖拳、双截棍就是赵匡胤自创的。他从小就是孩子王，放学后玩游戏的时候，指挥小孩们排兵布阵，头头是道。

当时社会非常动荡，藩镇割据，战乱频繁。自 907 年朱温建立后梁起，此后五十多年的时间里，整个中国陷入了军阀混战之中，每个军阀只要手上有足够强大的兵力，就不惜代价地想要称帝，因此各种短命的政权走马灯似地更替。连年的战乱苦了普通百姓，一个稳定的社会环境都没有，哪还谈得上什么安居乐业呢？当然，乱世出英雄，混乱的时局也给了赵匡胤飞黄腾达的机会。

945 年，赵匡胤结婚成家。娶妻之后，他毅然告别家人，风风火火闯神州，决心干出一番大事业。他先是去投奔父亲以前做官时的朋友，但世态炎凉，两年来他四处碰壁，不但没有得到关怀和帮助，反而受到了不少的白眼和冷遇。

他曾去复州投奔王彦超，可是王彦超看他落魄的样子，只给了他一些钱便将他打发走了！后来他也想投靠随州刺史董宗本，虽然董宗本收留了他，但董宗本的儿子董遵诲却妒忌他的才干，处处和他作对，有一次竟然对他说："自从你来了随州，城头上就有一股紫云笼罩着。昨晚我做梦，梦见有一条黑龙向北方飞去了。你知不知道这是什么征兆？"赵匡胤听了，心知肚明，只好离开随州。

幸好天无绝人之路，在他最困窘的时候，俗世间的人不愿帮他，出家人却对他伸出了援助之手。他离开随州后，肚饿无钱，便来到一家寺庙后菜园偷菜吃。寺院的老僧看他相貌堂堂，不但没有怪罪他，反而留他在佛堂用斋。后来，赵匡胤得志后，曾派人给那个老和尚盖了一座大寺庙报恩，取名晋安寺。

他离开随州来到襄阳之时，已是囊空如洗，便跑到一家寺庙借宿。主持懂看相，说他相貌非凡，往北走会有所成就，于是送给他路费，资

助他北上。看来，出家人的眼光确实有别于俗人。

北去的路上，有一天，赵匡胤进了一个庙宇，看见香案上有占卜吉凶的竹签，于是他一边祷告，一边抛掷竹签，想知道自己将来的命运。第一次问的是能不能当个小校，后来又问能不能当个节度使，可是连问好几次，都是不行；他有些气愤，恨恨地脱口而出："难道是做皇帝吗？"随手一抛。不料竹茭一下现出吉兆，这给了他很多信心。

从此，他在心中就立下了要当皇帝的宏愿。

人们常说，心有多大，舞台就有多大。正是因为赵匡胤的心中有了做皇帝的梦想，从而激发出了无穷的斗志。他愈益变得坚毅和成熟，虽经千难万险，仍不堕凌云之志。

"黄袍加身"，心想事成

950 年，志存高远的赵匡胤经过河北大名县时，恰逢当时的后汉枢密使郭威在招募军队，于是身手不错的赵匡胤便在这里入伍，成为军队里普通的一员，这也成了他人生的重要转折点。

赵匡胤当然不会满足于永远当个小小的士兵。

951 年，郭威政变成功，改汉为周，是为周太祖，他提拔了在政变中表现出色的赵匡胤，让他在皇宫禁卫军里当了个小官。开封府尹柴荣是郭威的养子，后来赵匡胤又得到他的赏识并投至他的麾下。郭威一生没有儿子，他去世后，柴荣继承了皇位，是为周世宗。

周世宗具有统一天下的野心，并且治国有方。他很器重赵匡胤，为他提供了施展才华的空间。

周世宗即位后，赵匡胤随之被调到中央禁军任重要职务。同年二月，北汉对后周发动进攻，赵匡胤随周世宗前往迎敌。双方部队在高平（今属山西省）相遇，遂展开激战。战斗开始不久，北汉军队就占了上风。后周大将樊爱能、何徽畏敌如虎，一见阵势不好，竟临阵逃脱，一时间后周军队阵脚大乱，情形十分危急。此时的赵匡胤却很冷静，在他的建议下，周世宗将身边的禁军分为两部，一部由张永德指挥，抢占制高点，居高临下，以密集的箭矢压制敌人的进攻；另一支由赵匡胤亲自率领，从左翼直扑敌阵。北汉军队抵挡不住这突如其来的冲击，纷纷败退，后周军队终于转败为胜。

赵匡胤以高平之战的出色表现，受到了周世宗的进一步赏识。战后，他不但被破格提拔为殿前都虞侯，成为后周禁军的高级将领，而且还被委以整顿禁军的重任。在赵匡胤亲自主持下，后周禁军完成了淘汰老弱病残、调选精壮和组建殿前司诸军的工作。

赵匡胤利用主持整顿的机会，开始在军中培植自己的势力。他将罗彦环、郭延斌、田重进、潘美、米信、张琼、王彦升等亲信安排在殿前司诸军，任中基层将领。同时又以自己高级将领的身份，主动与其他中高级将领交结，并同其中的石守信、王审琦、韩重赞、李继勋、刘庆义、刘守忠、刘廷让、王政忠、杨光义等高级将领结拜为“义社十兄弟”，形成一个以赵匡胤为核心的势力圈子。

从 956 年到 958 年，周世宗对南唐前后发起过三次进攻，逼迫南唐将江北十四州的土地割让给后周。在整个战役中，赵匡胤表现得最为突出，被提升为忠武军节度使兼殿前都指挥使。

自南唐战役后，赵匡胤不仅注重在军队中结交武将，也开始重视文人。赵普、王仁瞻、楚昭辅、李处耘等人都是在这前后被他招致麾下成为心腹幕僚的。除此之外，赵匡胤也准备改善自己的“老粗”形象，开始研读经史，立志文武兼备。

经过数年准备，赵匡胤几乎具备了发动政变的所有条件：结识了大批文人武将，自己又功名显赫，声名在外。可以说是“万事俱备、只欠东风”了。

这时，上天又赐给了赵匡胤一个绝好的机会。

959 年，周世宗逝世，7 岁的幼子柴宗训继位。一时间，人心惶惶。史书说：“时人咸谓天下无主。”就是说，当时的人们一下子没了主心骨，觉得偌大个国家突然就没有了主人了。

随后半年，禁军高级将领的安排，发生了对赵匡胤绝对有利的变动。整个殿前司系统的所有高级将领的职务均由赵匡胤的亲信担任。

这时候又发生了一件突如其来的事。960年正月初一，后周君臣正在朝贺新年，突然接到辽和北汉联合入侵的战报。柴宗训征求了宰相范质、王溥的同意后，令赵匡胤率领禁军前往迎敌。

出发后，前进中的后周部队突然接到命令，在离京城汴梁（今河南省开封市）东北五十多里的陈桥驿驻扎下来。将校们一个个神情严肃、紧张，街上岗哨林立，一队队士兵穿梭般地来往巡行，气氛显得非同寻常。

不久，有人在军队中很快就传言开了："主上年幼，未能亲政，我们这些人出生入死为国家打仗，他能知道吗？"

"有道理，我们的点检为人仗义，英武盖世，不如先策点检为天子，然后再北征！"

"对，咱们一块找点检去！"

……

顿时群情激昂，有人带头呼喊着，叫嚷着，围住了点检赵匡胤的大帐。

当时，天刚蒙蒙亮，赵匡胤被呼喊声吵醒。他披衣走出大帐，见一群将校个个手执兵器，列队于帐前，他们齐声喊道："诸将无主，愿策点检为天子！"

赵匡胤还没来得及开口，已被大伙儿簇拥到厅堂。这时，有人把一件早已预备好的黄袍罩在赵匡胤的身上，然后众人口呼"万岁"，拜跪于地上。

赵匡胤本想推辞，这时他的重要幕僚赵普高声说道："主帅素来爱兵如子，此次拥立如不应允，这些将校兵士将会落个大逆不道的罪名，必将死无葬身之地，主帅还是应允了吧！"

"对！应允了吧"！

……

全体将士齐声呼喊着。见此情景，赵匡胤装着无可奈何的样子说："你们立我为天子，必须听我的命令，否则我不应允！"

将士们异口同声地说："我们愿意听你的！"

"那好，现在我宣布两条纪律：第一，返回京城，不得抢掠，扰乱百姓；第二，少帝和太后都是我所侍奉的，公卿大臣都是我的平辈，你们不能伤害他们，以往改朝换代，都要大杀大抢，你们不能这样，如有违反，格杀勿论！"

几万大军一听，一起磕头表示服从。

当天下午，赵匡胤率领部队返回汴梁。京城中早有人接应，文武百官，列于殿前，欢迎新皇帝登基。因为赵匡胤所领的军队驻扎地为宋州（今河南省商丘市睢阳区），于是改国号为宋。

这就是历史上著名的"陈桥兵变""黄袍加身"的故事。至此，大宋王朝在中国历史上粉墨登场。

应当说，这是中国历史上极为成功的一次政变，几乎没流一滴血就完成了。赵匡胤干得相当不错。

相当厚道地解决了功臣问题

同历代专制帝王一样，赵匡胤也深信"枪杆子里面出政权"的道理，因此必须把军权牢牢地握在手里。因此，首当其冲的就是解除功臣的兵权。这一点，赵匡胤可能是所有专制帝王中做得最厚道的一个。他没有采用杀戮的方式，而是采取喝酒谈心的方式实现的，因而史称"杯酒释兵权"。

建隆二年（961年）七月初七日晚，赵匡胤留石守信、王审琦等禁军武将参加晚宴。酒至半酣，赵匡胤以亲切的语气对石守信等低声说道："我能当上天子，全靠你们出了大力，我非常感谢。然而你们哪里知道，当皇帝也难得很，弄得我天天睡不着。"

石守信等人不知怎么回事，急忙问赵匡胤还有什么难处。赵匡胤说："你们想想，谁不想当皇帝？所以说，我的心里能安稳吗？"

石守信等听话听音，吓出了一身冷汗，赶紧向赵匡胤发誓表忠心："陛下当上皇帝，是天命，我们决不会有异心。"

赵匡胤接着说："你们确实不会有异心。但是，你们想想，谁能保

证你们的部属，不会为了贪图富贵，将黄袍加在你身上，拥立你当皇帝？”

石守信等一听，汗都吓出来了，赶紧流着泪对赵匡胤说：“我们可没想到这一层，还望陛下给我们指一条出路。”

赵匡胤这才说出了早就想好的解除他们禁军职务的办法：“人生在世，无非是贪图荣华富贵，为子孙造福，我为你们考虑，最好的办法是放弃军权，离开京城，到外地去当个闲官，享清福，买田买屋，留给子孙。这样，你们可以永保富贵，饮酒作乐，以终天年；如此，我同你们之间，也就用不着互相猜疑提防，可以上下相安。”

石守信等听了赵匡胤这番话，知道自己再也不能掌军权，当面向赵匡胤称谢指点迷津之恩。第二天，武将们都称病，请求免去禁军重职。赵匡胤立即批准了他们的请求，罢去了原职，改命石守信、高怀德、王审琦、张令铎、赵彦徽等为节度使，并对他们加以重赏。从此，中央禁军的兵权，收归赵匡胤直接掌管。

为了“安抚”被释去兵权的石守信等人，赵匡胤不但向他们赏赐了大量的钱财，而且表示要同他们结为亲戚，“约婚以示无间”。不久，太祖寡居在家的妹妹燕国长公主就嫁给了高怀德，女儿延庆公主、昭庆公主则分别下嫁石守信之子和王审琦之子。除年幼夭折的以外，太祖只有一妹三女，她们中竟有三位下嫁到了被释去兵权的禁军高级将领家，说明这种婚姻是有着强烈的政治色彩的。这不但使石守信等人在一失一得中获得了一种心理平衡，进而消除了“鸟尽弓藏，兔死狗烹”之类的疑惧，而且作为一种象征，也表明宋初皇帝与曾经拥立过皇帝的功臣宿将之间的矛盾也终于得到了较为合理的解决。

就这样，赵匡胤采用酷似梁山泊好汉们仗义疏财的方式，大块吃肉，大碗喝酒，大秤分金银，将功臣武将们手中的大权一点一点地赎买了回来。从当时的情况看，这的确是一切可能的选择中最好的一种。赵匡胤也成为中国历史上唯一没有杀戮过功臣的开国帝王。

更为难得的是，赵匡胤还制定了一个“可爱”的“祖宗家法”。

中国许多朝代的开国皇帝总要制定一些所谓的“祖宗家法”，以便子孙后代效仿和执行。但一提起“祖宗家法”，很多人总会觉得这是一个贬义词，往往代表着墨守成规、不思进取，甚至愚昧腐朽等。

确实，遍观中国历史，这种看法并非没有道理。

然而，凡事不可“一棍子打死”。至少对大宋王朝的“祖宗家法”来说，这种看法并不全面，甚至有害。

“太祖勒石，锁置殿中，使嗣君即位，入而跪读，其约有三——”

在中国所有世代里，只有宋太祖赵匡胤，以至高无上的开国皇帝之尊，给自己的子孙留下了这样的誓约：

一、保全柴氏子孙，不得因有罪加刑；

二、不得杀士大夫及上书言事之人；

三、不加农田之赋。

在这份誓约中，赵匡胤严厉地警告说，后世子孙不得背弃上述誓言，否则是为不祥，将遭天谴。

在五千年华夏文明史中，这是唯一一份出自皇帝之手、带有人性光辉的誓约。其意图，在于约束自己的子孙不要作恶。据说，这块刻着誓约的石碑，置于太庙寝殿的夹室内，封闭甚严。新天子继位时，朝拜完太庙，必须礼启后，跪着默诵誓词。届时，只有一个不识字的内侍跟随，其他人只能远远恭候。因此，除了历任皇帝，没有人知道誓约的内容。1127 年，“靖康之变”后，宫门全部被打开，人们才一睹其神秘容颜。据说，该石碑高约七八尺，阔约四尺余。碑文乃大宋帝国的“祖宗家法”，世世传承。

纵观整个宋朝历史，第一条誓言，保全柴氏子孙，宋家天子的确做得很好。《水浒传》里的柴进柴大官人，虽然上了梁山，但他却是自愿的，并未有人相逼。况且小说里的事，不一定是历史上的真实。

对于第二条，大宋王朝则做得太出色了。

在宋朝，“礼不下庶人，刑不上大夫”这句话得到了充分的发挥。

如果你是个满腹经纶的才子，又喜欢玩“穿越”的话，那你最应该

去的朝代就是宋朝。因为在宋朝，文官的地位非常之高，就算是你出言忤逆了当朝天子，放心好了，皇帝绝对不会因为恼羞成怒就要了你的小命。更不会因为你发表了一些过激言论，就要定你一个满门抄斩。在清朝那种因为一首诗就被杀头的“文字狱”，在宋朝你绝对看不到。

宋朝的文官可以放肆到什么程度呢？很多人认为宋朝最昏庸的皇帝非宋徽宗莫属，那么我们不妨先来看一个与他有关的故事。

在宋朝，皇帝上朝的时候，文武百官可以在大殿之上畅所欲言，可能是针对某一件事情，也有可能是针对某一种现象，总之是什么时候说完了，什么时候退朝。

有一天，宋徽宗上朝，文武百官们照旧是针对各种朝政之事展开了激烈的讨论。就在这个时候，一个官员突然站出来，声明要弹劾大太监童贯。

童贯在漫长的中国历史中，可以说是前无古人后无来者的一个人。他是一位掌控军权最大的宦官，是获得爵位最高的宦官，是第一位代表国家出使的宦官，是唯一一位被册封为王的宦官。

想要弹劾童贯，需要不小的勇气，然而这个官员还真有胆量。在大殿之上，他开始了长篇大论，大有不达目的誓不罢休的架势。宋徽宗虽然被后人视为昏庸之帝，但他也一直坐在龙椅上，耐着性子听。

一般来说，皇帝上朝都是从早上开始，到中午就会结束，毕竟皇上也得回去吃饭。结果这个大臣一看皇帝肯听自己阐述观点，心里一高兴，就忘记了时间。从早上说到中午，从中午说到了晚上，眼看着就要夕阳西下了，旁边的文武百官一个个早就饿得前胸贴后背。

宋徽宗也早就饿了，只是碍于面子，不好意思开口，眼看西边的太阳就要下山了，他得实在受不了，只好一挥手打断了大臣的侃侃而谈，说道：“爱卿啊，你看大家都累了一天了，你有什么话不如明天再说吧。”

这本来是宋徽宗给这个大臣一个台阶，可谁知这个大臣不仅没顺台阶下，反而上前一步，拱手说道：“皇上，请听微臣直言”。

“快别直言了，朕饿了！”宋徽宗也顾不上自己的九五之尊，有些烦躁地说完这句话之后，就站起身来，准备离开。可这位大臣正说在兴头上，看到皇帝要离开，连君臣之礼都不顾了，上前一步，就抓住了皇帝的袖子。

宋徽宗没想到这个这个大臣居然如此不知礼数，情急之下，用手使劲一拽，没想到那个大臣居然还是不撒手，只听得“刺啦”一声，皇帝的袖子竟然被撕了一道口子。这下子，皇上的脸上再也挂不住了，只听他大喝一声：“成何体统？你有话就说，撕朕袖子，这算怎么回事儿啊？”

旁边的众位大臣被皇帝这一声怒吼全都吓得跪在地上，而那位“罪魁祸首”却岿然不动地站在那里，目不转睛地盯着皇帝。

如果有一个人这样拽着你的衣袖，还把你最心爱的衣服撕了一道口子，估计任何人心里都会很生气，更何况被撕了袖子的人还是当今皇帝。所以，宋徽宗此时的心里别提有多恼火了，他的脸色自然也不好看。

不过这个大臣似乎一点也不理会皇帝的感受，仍然拽着皇帝的衣服说道：“撕破陛下的衣服罪该万死，但陛下不惜衣服撕碎，臣子我又何惜粉身碎骨报答陛下！”

这话说得慷慨激昂，而听的人也是热血沸腾。宋徽宗一听，如果自己要是真的再生气的话，那就显得太小肚鸡肠了，何况还有“祖宗家法”的约束。因此，他不仅没有追究这位大臣的不敬之罪，反而踏踏实实地坐了下来，认认真真地听完了他的话。

大宋的皇帝穿着一件被撕坏的龙袍上朝，这可是一件有损国体的事情。因此宋徽宗身边的宦官走到他旁边，小声提醒道：“皇上，您的衣袖都破了，要不然先回后宫换一件吧。”

宋徽宗摆了摆手表示不用，还对宦官和文武百官郑重其事地说道：“这件龙袍，朕会保留下来，当作一种激励，也希望今后仍然能够有敢于直言的大臣向朕进谏。”

要知道，这可是北宋亡国之君宋徽宗，一向以昏庸无道著称于世。然而通过这件事情我们仍然能看出来，宋朝的皇帝虽然有的昏庸、有的

贪婪，但是绝对没有出现过类似秦始皇、汉武帝那样动不动就要摘人家脑袋的所谓“明君”，更没有出现过隋炀帝、秦二世那样草菅人命的暴君。这不能不说与宋太祖赵匡胤制定的“祖宗家法”有莫大的关系。

一般来说，如果宋朝的文人通过了科举考试，考取了功名，那就等于坐上了“平步青云”的快车——先是到地方上做几年的地方官员，之后就会接到京城来的任命书；进入京官的队伍之后，只要不犯大的错误，在几年之内，不说连升三级，至少也能够再升上两级，成为朝廷的中流砥柱。

除了升官速度快外，在宋朝任官还有另外一层保障，那就是绝对不用担心领导生气，什么“伴君如伴虎”，在宋朝，基本不存在。

虽然这种“刑不上大夫”的朝政风气使得宋朝出现了很多奸臣，也出现过宦官权力过大的弊端，但是我们仍然要承认，也有很多忠臣在这种风气中获得了能够直言的权利，这是非常难得的。比如刚正不阿的包拯，比如以大局为重的寇准，比如一马当先的“杨家将”等。

据史料记载，寇准当初为了说服宋真宗能够御驾亲征，在朝廷之上，他口若悬河、舌战群雄，甚至把口水都喷溅到了宋真宗的脸上。这种事情发生在历朝历代，估计都能够成功地让“龙颜大怒”，就算不满门抄斩，也得办你个“忤逆之罪”。可是在宋朝，宋真宗并没有因此而生气，甚至还重用寇准，御驾亲征。

与其说“刑不上大夫”是对士大夫阶级的一种保护政策，倒不如说是宋代皇帝对待士大夫们的一种包容。也正是有了这样的包容，才能够让宋朝的政治呈现一片清明之迹。当然，这也算是一种“言论自由”吧。只有在言论自由的环境之中，朝廷官员和黎民百姓才有勇气说出自己内心的真正想法，按照自己的意愿生活，也才能激发出整个国家和民族的活力与创造力。这不仅是一种政治上的开明，同样也是百姓之福、朝廷之福、国家之福。

至于赵匡胤“祖宗家法”的第三条，不加农田之赋，一开始做得很好，后来的执政者却没有遵守。这也是古代社会不可避免的现象，任何一个朝代都很难彻底解决这个问题。但无论如何，每每读到赵匡胤制定的“祖宗家法”，还是让人心生无限感慨，甚或潸然泪下。

是啊，想想汉高祖刘邦“不要封异姓王”之类的誓约，想想我们听到、看到的其他许多“祖宗家法”，但凡得势就翻脸无情、对政敌必欲斩草除根而后快的狠毒，以及夺得天下就将打天下时的许诺忘得一干二净的卑鄙，都不能不令人对大宋朝心生一丝敬意。

由是观之，应该说赵匡胤是一个非常大气的政治家。这种大气建立在他对人情世故烂熟于心、对宏观大势与人的微观心理都具有极强的洞察力上，因而显出一种特别富有人性魅力、在中国人中极其罕见的王者风范。这种王者风范，是一种恢弘大度的行为方式和气质，不做作，很本色，有人的味道。这和古今中外历史上常见的，将龌龊的内容隐藏在神圣的名义之下，通过阴谋的方式，凶残地表现出来的所谓“雄才大略”，完全是不同的两回事儿。比秦始皇嬴政、汉高祖刘邦、汉武帝刘彻、明太祖朱元璋、明成祖朱棣这几位号称雄才大略的角色要高明得太多了；甚至与政治完人唐太宗李世民比较起来，也不遑多让，或许还要出色几分。

赵匡胤，值得我们为他“点赞”。

“卧榻之旁，岂容他人酣睡”

北宋建国后，虽然赵匡胤采取“杯酒释兵权”的方式使内部政局得到了平定，但是在宋的辖区外，北边有实力强盛的辽国和辽国控制下的北汉，南方有吴越、南唐、荆南、南汉、后蜀等割据政权。在除去了境内的心腹之患后，赵匡胤便把眼光投向了境外。

在宰相赵普的帮助谋划下，赵匡胤决定采取“先南后北”的策略统一中国。

建隆三年（962年）九月，割据湖南的武平节度使周行逢病死，他年幼的儿子周保权继承其位，其下大将张文表盘踞衡州（今湖南衡阳），乘机起兵造反，发兵攻占了潭州（今湖南长沙），企图取而代之。周保权一面率军抵挡，一面派人向宋求援，这就给赵匡胤扫平荆湖提供了一

个很好的出兵机会。

赵匡胤调遣兵将以讨伐张文表的名义从襄阳（今湖北襄樊）出兵湖南。当时宋军挺进湖南，要经过荆南节度使高继冲割据的地方。宋军早就探明，这个高继冲只有三万军队，且国内政事混乱。乾德元年（963年），宋军兵临江陵府，要求架道过境，高继冲束手无策，仓皇出城迎接。等他再次回到江陵城的时候，却发现宋军已经布满了大街小巷，他只好捧出三州十七县的图籍，表示归顺宋朝。

此时，周保权的军队已经打败了张文表的叛军。宋军却不管这个，继续向湖南进发，周保权这才意识到此次宋军其实是冲着自己来的。他赶忙组织军队固守于朗州城（今湖南常德），但无奈大势已去，朗州很快城破，湖南全境落入宋军手中。周保权躲到澧水南岸的一个寺庙里，最终也被宋军擒获。

乾德二年（964年）十月，赵匡胤以后蜀主孟昶暗中与北汉勾结，企图夹击宋朝为借口，任命王全斌为统帅，率兵六万分两路向后蜀进军。一路由王全斌、崔彦进率领自剑门（今四川剑阁北）入蜀，一路由刘光义、曹彬率领从三峡入川。

此时的后蜀君臣还在“天府之国”肆意挥霍。国主孟昶更是万般宠幸花蕊夫人。花蕊夫人很喜欢芙蓉花，孟昶就为美丽的花蕊夫人在城里城外种满了芙蓉花。每当芙蓉盛开，沿城四十里远近，都如铺了锦绣一般。四川成都由此有了“蓉城”之名。可惜，蓉城之名留下了，孟昶的蜀国却失去了。在宋军的凌厉攻势下，蜀军三战三败，成都很快就落入宋军的包围之下。乾德三年正月，孟昶出城向宋缴械投降，后蜀灭亡。

消灭后蜀之后，宋军将下一个进攻的目标对准了南汉。开宝三年（970年）十一月，赵匡胤命潘美为统帅，大举进攻南汉。孱弱的南汉哪是对手，至次年二月即告兵败国亡。南汉灭亡之后，南方剩下的最后三个割据政权个个自危，惊恐异常。他们纷纷上表称臣，接受宋朝的官职。

此时，割据政权中仅剩下了南唐。南唐是“五代十国”时期最大的一个割据政权，那里土地肥沃，在“五代十国”的割据局面中也没有像中原那样遭到战争的破坏，因此经济繁荣，国力富裕。但不幸的是，这时候的南唐国主叫李煜。

李煜（937 ~ 978 年），史称李后主。他是一位天才的艺术家，为中国文学留下了许多辉煌的篇章。然而，作为一个政治家，他却非常的弱智。

就在北宋攻打南汉的时候，为了自保，李煜主动上书赵匡胤要求取消国号，放弃皇帝的称号，改称“江南国主”。他幼稚地认为只要自己示弱，不停地上贡，赵匡胤就会放过他，任他偏安于东南一隅。然而，心系天下的宋太祖怎能容忍他的存在呢？因此，当后蜀平定后，赵匡胤便着手进行对南唐的战争。

不过，这时的赵匡胤还不敢轻举妄动。原来，南唐有一位勇猛无敌的武将名叫林仁肇，赵匡胤素来忌惮他的威名，认为他是宋朝灭南唐的一大障碍，因此决计先除掉他。

恰巧开宝四年（971 年），李煜派其弟李从善前来朝贡，赵匡胤忽然心生一计，当即热情款待李从善，并把他留下任泰宁军节度使。李从善不敢违命，只得报告李煜。李煜也不知这宋太祖的葫芦里卖的是什么药，正好想通过李从善探听一些宋朝的情况，便同意他在宋朝任职。赵匡胤又派一名使者到林仁肇那里，用钱财贿赂林的仆人，搞到了一张林的画像。使者拿着画像回来后，赵匡胤命人把画像挂在自己的侧室。

一天，李从善来见宋太祖，侍从先把他领到侧室。李从善一眼就看到了林仁肇的画像，不解地问道：“这是我国武将林仁肇的画像，怎么会挂在这里？”

侍从支支吾吾，欲言又止，半天才说：“你已经是宋朝的人了，告诉你也没什么。皇上爱惜林仁肇的才干，下诏书让他来京城，他已经答应投降，先送来画像以表诚心归顺。”

侍从又指着附近一座华美富丽的房子说：“听说皇上准备把这所房子赐给林仁肇，等他到了京城，还要封他为节度使呢！”

李从善立即回江南向李煜报告了此事。

愚蠢的李煜真的怀疑林仁肇心怀二心，便在一次设宴招待林仁肇

时，让人事先在酒里下药，毒死了林仁肇。赵匡胤听到林仁肇的死讯后，立即发兵，很快就消灭了南唐。

史书记载，就在宋军刚开始进攻南唐时，天真烂漫的李煜曾派使节去质问赵匡胤：我们已经够奴颜婢膝的了，况且又没招你惹你，你为什么一定要置我们南唐于死地呢？

赵匡胤则充满霸气地说出了那句流传千年的著名格言："卧榻之旁，岂容他人酣睡！"

颇有诗情画意的李煜只好做了宋朝的俘虏，最终吟唱着"故国不堪回首月明中"的哀婉词曲结束了曾经浪漫多情的一生。

重建中央集权与"重文抑武"国策的施行

作为宋朝的开国皇帝，赵匡胤关心的不仅仅是开疆拓土、实现统一大业，还有重建中央集权的专制统治。五代十国频繁更替政权的情况，让赵匡胤心有余悸，所以在他统治时期，就要想方设法将一些诱因消除。就这个问题，他向以"半部论语治天下"扬名于世的赵普询问。赵普认为，要想消除隐患就须做到十二个字：稍夺其权，制其钱谷，收其精兵。赵匡胤深以为然，便以此为方针，分别从政权、财权、军权这三个方面来达到强本弱枝、居重驭轻的目的。

首先是"稍夺其权"，即削弱中央行政首长（即宰相）和地方政府的权力。

在古代中国，如果说能有对专制皇权起到一点制约作用的，那就是"一人之下，万人之上"的宰相。为了分化相权，赵匡胤将过去由宰相统筹负责的行政、军政、财政三大权力分别由中书省、枢密院与三司行使，从而达到分化相权，降低宰相地位的功效。

对削弱地方势力，赵匡胤也毫不含糊。乾德元年（963年），平定了荆湖以后，赵匡胤即做出废除荆湖地区"支郡"的规定。他宣布，新征服地区仍保留节度使，但节度使驻地以外的州郡"直属京师"；同时，逐渐向各州郡派遣文臣出任"知州"，最终形成了宋代的"以文臣知州事”的制度。同年，赵匡胤又订立了两项限制州郡长官权力过重的措施。一是“三岁一易”，使“知州”“知县”在一地任职以三年为限，不得久任。另一项措施是在州郡设立通判。通判名义上是与知州共同判理政务的，其地位略低于知州，但事实上由于其负有监督州郡长官的特殊使命（故通判又称监州、监郡），知州往往还要怵其三分。这样，两者共掌政权，互相牵制，分散和削弱了地方长官的权力。

其次是“制其钱谷”，即收夺地方上的财权。

唐末五代以来，拥有重兵的藩镇，往往兼领数州，不但操纵地方军事，也操纵着地方的财权。藩镇在财政来源、征收办法方面，自成一个不受中央管束的体制。即藩镇不但控制了国家税收的主要来源——两税（在农村征收的夏、秋二税），并通过征收过境商税和自营贸易，为它们军事上的专横跋扈提供了雄厚的物质基础。相反，中央财政则因州县上供财物日见减弱而虚竭。这就构成了“君弱臣强”的经济基础。

赵匡胤把改革军事机构的原则和经验，应用到改革经济制度上来。自建隆二年（961 年）开始，赵匡胤陆续采取果断而有成效的收回财权的措施：一是由中央直接派京官主持地方税收，不许藩镇插手。路设转运使，州委通判，管领诸州县财政。酒坊、盐场等国家专利单位，增设场务监官。以上官员均由中央直接差遣。二是明令地方财赋收入，除本地行政开支经费所需之外，其余全部输送京师，州县“不得占留”。三是限制州府官员私自贩卖牟利活动。

从此，地方财权收归中央。

第三是“收其精兵”，即收回地方兵权。赵匡胤将厢军、乡兵等地方军中的精锐将士，统统抽调到中央禁军，使禁军人数扩充到几十万，而地方部队只剩下一些老弱兵员，只能充当杂役，缺乏作战能力，根本无法和中央禁军抗衡，这就摧毁了地方反抗中央的军事基础。

从此以后，便出现了“天下之权悉归朝廷”“四方万里之遥，奉遵京师”的新型中央与地方的关系。在以后两宋三百多年的统治中，赵匡胤所确立的这种中央与地方的关系，一直为宋代君臣所恪守。

为了从根本上解决皇权之忧，赵匡胤还首创了“重文抑武”的国

策，并将之发挥到了极致。

历朝历代，开国之初大多是武盛文衰，而解决不好“马上得”与“马下治”的关系，往往会形成积弊，贻患无穷。赵匡胤认识到了这一点，所以他在“杯酒释兵权”建立“以文臣知州事”的制度外，又着力改变重武轻文的旧风气，特别是放宽科举考试的范围和创立皇帝亲自复试的殿试制度，使大批文人进入宋朝统治集团。

五代时期，武臣当道，文教不兴，校舍大多荒废。赵匡胤便下诏增修国子监学舍。不仅如此，他还下令修复孔庙，开辟儒馆，延用耆学名儒。他还对隋唐就已兴起的科举制度进行了改革和推进。在中国历代王朝中，严格的门阀制度使朝廷漏选了大批有真才实学的人，这一选人痼疾在赵匡胤开始的宋朝得到了彻底纠正。一个人只要有才学，无论家庭贫富、声望高低，都可以被录取重用。随着这一政策的实行，大批文人进入了统治集团。赵匡胤终于有效扭转了唐末五代以来统治阶级内部畸形的文武关系。

不过，赵匡胤时期建立的“重文抑武”国策只能算是萌芽状态，真正完成则是在其弟宋太宗赵光义之时。

太宗不断加大取士规模，本来宋初每年参加省试的不过两千人，而在宋太宗这里，一次贡举考试即增至五千三百人。宋太宗还不断促进科举考试的严密，严防考官利用考试作弊。另外，他还亲自为五代以来一直被忽视的昭文馆、史馆、集贤馆选定新址，并确定新名称：崇文院。建成后的崇文院精美壮观，其华丽堪比皇宫。

崇文院为宋代贮藏图书的官署。唐太宗贞观中设崇文馆，为太子学院，置学士等官，掌管东宫经籍图书，以教授诸学。宋朝建立后，沿袭唐代旧制，以汴京（今东南开封）之昭文馆、史馆、集贤院为三馆，称为西馆。太平兴国三年（978 年），赵匡胤下令建三馆书院，迁贮三馆书籍。

皇帝的态度就是施政的风向标，赵匡胤、赵光义以及后来宋朝历代的皇帝对武人的态度，无一例外地都是压制，而同时却将文臣推举到一个无以复加的至高位置。文臣的社会地位之高，历史上任何一个朝代都无法与之比拟。

朝廷的重要职位全部由那些通过科举考试进入官场的读书人占据。这些人自称“天子门生”，不仅长期把持着宰相的高位，甚至连向来以武将任职的枢密使之位也占据着。士子们一旦通过了进士考试，便可以朝见皇上。那场面之疯狂，简直可以用万人空巷来形容。时人曾经发出这样的感慨：“纵使一位大将于万里之外立功凯旋所受的欢迎，也不过如此。”宋朝“文人上位，武人为庶”的情况从当时流行的一句俗语中也可以看出来：“好男不当兵，好铁不打钉。”

总之，宋代统治者对文人的待遇之高、风头之盛，真是令后世叹为观止。

客观地讲，宋代统治者“重文抑武”的国策，确实达到了加强中央集权的目的，同时使得宋朝出现了一大批充满了使命感的文人雅士，他们发出“为天地立心，为生民立命，为往圣续绝学，为万世开太平”的豪言壮语。有宋一代，赵匡胤所担心的五代十国时期那样的篡权弑君的事情，一直没有发生。而且在国家危亡之际，一些爱国的士大夫如李纲、胡铨、文天祥、陆秀夫等优秀的爱国志士确实没有辜负皇恩，他们奋起救国，死而后已，感人至深。

正如明末大儒顾炎武所感叹的那样，恰恰是由于宋朝对文人的厚待，才使得“靖康之变，志士投袂，起而勤王。临难不屈，所在有之。及宋之亡，忠节相望”。这些文人士大夫“威武不屈、贫贱不移、富贵不淫”的精神也深深地影响了一代又一代的中华儿女。

但是，正所谓“凡事有度，过犹不及”，达不到，固然不好，但若是做过了头，同样会带来危害。赵匡胤开创的“重文抑武”政策就是如此，它虽然消除了宋氏政权被武人取代的危险，但却走向了另一个极端，大大削弱了宋朝军队的战斗力，为抵御外族入侵埋下了隐患。

宋朝的统治者没有认识到，文人和武将是一个国家不可或缺的两个重要群体，二者关系要做好权衡，国家才能昌盛；过分抬高一个群体，打压另一个群体，二者的关系失衡，就会给国家带来灾难。相对于对文人的厚遇，宋代统治者对武人的冷遇真是令人心寒。先是太祖皇帝导演

杯酒释兵权的好戏，相继罢掉了石守信等人的兵权，而任用一些资历较低的军官统帅禁军，以便于控制；然后又派文臣到各地任知州，取代了武人的权利；在朝廷内着力打压一些功高卓著的悍将如张琼和韩重赞等人，这一切都使得在朝的武人战战兢兢、如履薄冰。

到了宋太宗一朝，对武人的打压更进一步。由于宋太宗取得政权的方式有颇多蹊跷，对武人尤其防范，武将出兵打仗，照例需由皇帝派文臣到军中做监军监督。弱不禁风的书生有几个通晓军事？因此他们与武将意见多有不合，使得将帅与监军之间的矛盾屡见不鲜，甚至出现监军逼死将帅却不用担责的先例。这样的军队焉有打胜仗之理？

由于宋朝诸帝不管宋王朝的边患有多严重，依旧冥顽不化地片面行使“重文抑武”的政策，使得军队战斗力极弱，在对外战争中，败多胜少，一步步走上了被异族灭国的悲剧。

正所谓“成也萧何，败也萧何”，倘若宋太祖赵匡胤九泉有知，不知该怎样评价自己亲手缔造的“重文抑武”国策？

经济的大踏步复苏

北宋王朝建立之初，由于战争需要，赵匡胤曾大力征役人民，致使百姓负担很重。但当政局逐渐稳定之后，赵匡胤随即实行了宽减徭役的政策，以便农民休养生息，发展生产。

减轻徭役，主要是减少那些官吏可以从中私取其利的劳役，还有些是兵役，如他一再减少各县的弓手名额。政府征用的劳役，主要是用来发展生产，特别是修河。在平息藩镇、统一南方的战争中，赵匡胤每攻下一个地方，除收编一部分精兵外，其余军士皆一律遣散返乡，派人帮他们修盖房屋，发给耕牛、种子、粮食，鼓励他们积极生产、认真耕作。这样，大批的人力从繁重的徭役中解放出来，对宋初社会经济的恢复起到了很好的推动作用。

此外，由于五代时期连年战乱，田地荒芜比较严重。为了刺激农民垦荒，赵匡胤下令，凡是新垦土地一律不征税，凡是垦荒成绩突出的州县官吏给予奖励，管辖区内田畴荒芜面积超过一定亩数的，要给予处罚。他还专门颁发诏书，鼓励垦荒，组织选种、配种，传播先进农业生产技术，提倡植树造林，防止灾害，奖励互助凿井，变旱田为水田，还帮助农民调剂劳动力和耕畜，推广踏犁。此外，宋初还兴修了黄河、汴河和江南的水利工程。

这样，在宋初比较安定的环境下，由于百姓的辛勤劳动，宋朝的农业很快地恢复和发展起来。据极不完全的官方统计，从赵匡胤即位起不到五十年的时间，全国垦田数字扩大了一倍，户数增加了两倍。同时，选种、配种的结果，使南方种植了粟、麦、黍、豆等作物，在北方扩大了水田，种植了水稻，并在江淮、浙江一带推广了早熟而产量丰富的“占城”稻种。

北宋的工商业也较过去获得较大的发展。在手工业方面，首先是金、银、铜、铁、铅、汞等的产量都大大地超过了唐代，仅岁课一项，北宋就比唐代增加了许多倍；如铜，唐每年岁课六十余万斤，北宋每年已达两千余万斤；铁，唐每年岁课两百余万斤，北宋每年已达八百余万斤；至于金、汞等，唐代尚无岁课的记载。

北宋冶铁业和冶铁技术也有很大的发展，徐州东北的利国监（山东利国驿）是北宋时代最大的冶铁中心。河北磁州炼的钢，湖南耒阳制的针，都是当时的“名牌”商品。北宋时已用煤炭炼铁，到 1101 至 1125 年，更有使用化学药品来分解铜、铁的技术。

在重工业发展的基础上，北宋的轻工业也相当发达。纺织业除棉布外，丝织品种类也很多，有绫、罗、绸、纱、锦等名目，仅锦一种就有四十二类之多。宋王朝在河南开封、洛阳，江苏镇江，四川梓州等地，均设有规模宏大的纺织工场；并且朝廷每年向各地征收大量布帛，至宋神宗时（1067 ~ 1085 年），仅江浙每年就要“进贡”九十八万匹。

从西晋就开始制造的中国有名的特产——瓷器，在北宋也有很大的进步，并成为重要的对外输出物。江西的景德镇和河北的唐山，都是当时产瓷的中心城市之一。

当时北宋已存在着相当数量的官营或私营的手工作坊和手工工场，

而且规模可观，有的工人工匠数量多达数百或上千人，并有的实行计价工资制，在较大的城市还出现了保护同业利益的行会组织。可见，宋代之时，其经济状况已为资本主义的产生准备了前提条件。

随着工农业生产的发展，北宋的商业和城市经济也繁荣起来。当时国内贸易最大的城市是开封和成都，每年收商税各达四十万贯以上，国际贸易最大的城市是广州、泉州、宁波和杭州，陆路和水路的交通都很发达。

随着手工业的日益发展，宋代的城镇化规模也越来越大。本来农村中农产品和手工业品的交换，是在“墟”或“集”的市上进行的，由于交换的发展，在北宋有些小“墟”或“集”就发展成为固定的小市镇。这些小市镇的功能，一面是组织农村农产品和手工业品的交换，一面又作为大城市和农村的桥梁，因而活跃了商品经济。

赵匡胤时期，由于商品经济的发展，四川成都出现了为不便携带巨款的商人经营现金保管业务的“交子铺户”。存款人把现金交付给铺户，铺户把存款数额填写在用楮纸制作的纸卷上，再交还存款人，并收取一定保管费。这种临时填写存款金额的楮纸券便谓之“交子”。到了宋仁宗天圣元年（1023 年），北宋政府正式发行“交子”这种货币。

“交子”是中国和世界最早流通的纸币，它的出现是中国货币史上的巨大进步，也在世界货币史上写下了重要一笔。直到 1690 年，欧洲的瑞典才出现纸币，可以说中国纸币的产生和发展领先了欧洲六百余年。

随着国内经济的发展，北宋的对外贸易也非常发达。当时陆路在西、北边境有对辽、夏的贸易，海路在广州、泉州、杭州等地都设有管理对外贸易的“市舶司”。由海路和北宋通商的有大食（今伊朗）、占城（今属越南）、爪哇及南洋一带的其他国家，其中与中东阿拉伯地区交往最多。一些大的通商口岸和北宋京城开封，都居留着阿拉伯和其他各国的商人。广州并设有专门为外人居住的高级客店——“蕃坊”。中国的输出品多是绢帛、瓷器、铁器、金属等手工业品，输入的则多是牲畜和奢侈品。这时中国铜钱大量传到国外，成为许多国家的通货。中国的商船队也是南中国海和印度洋上最活跃的船队。船上使用了罗盘针，安全可靠，许多中东国家商人来中国做贸易都多乘中国海船。这一切都证明当时中国的生产水平，确实居于世界的前列。

而这一切，都与赵匡胤这个闪光的名字不无关系。

众说纷纭的死亡之谜

开宝九年（976 年）十月，赵匡胤驾崩，享年不到 50 岁。关于太祖的死因，有多种说法，有的说是因饮酒过度而暴死，有的说是因腹下肿疮发作而病亡，也有人说是被其弟赵光义意图篡位而谋杀，遂留下了“烛影斧声”的谜案。

赵匡胤去世次日，他的弟弟赵光义随即继位为宋太宗。对于宋太祖的死,《宋史 · 太祖本纪》上只有一段简略的记载：“癸丑夕，帝崩于万岁殿，年五十，殡于殿西阶。”《宋史 · 太宗本纪》的记载也同样简单：“开宝九年冬十月癸丑，太祖崩，帝遂即皇帝位。”赵匡胤是怎么死的？赵光义是如何登基的？这些关键内容都没有交代清楚，这就为野史提供了想象的空间。

关于这次权力交接的最详细记载是《宋史 · 纪事本末》中的内容：“冬十月，帝有疾。壬午夜，大雪。帝召晋王光义，属以后事。左右皆不得闻。但遥见烛影下晋王时或离席，若有逊避之状。既而上引柱斧戳地，大声谓晋王曰：好为之！俄而帝崩。时漏下四鼓矣。宋皇后见晋王愕然，遽呼曰：吾母子之命皆托于官家！晋王泣曰：共保富贵，无忧也。”

上述这段话用今天的语言来说就是：冬月十九日夜里，开封城大雪飞扬。赵匡胤派人召晋王赵光义入宫。赵光义入宫后，宋太祖屏退左右，与弟弟酌酒对饮，托付自己的身后事。宫女和宦官们都被赶得远远的，不知道兄弟两人在谈些什么，只看到房间里烛影摇晃，赵光义多次离席，像是在躲避什么。又看到宋太祖手持柱斧戳地，大声对赵光义喊道：“好为之，好为之（就是好好干的意思）”。不久，赵匡胤就死了。

宋皇后看到晋王赵光义在宫中，非常吃惊，对小叔子说："现在我们母子的性命都托付给你了。"（书中记载宋皇后称呼赵光义为"官家"，官家一般是政府和皇帝的代称。这个称谓出自皇后的口中，象征着宋皇后当时就以皇帝之礼对待赵光义了。）赵光义则对嫂子说："我们共保富贵，嫂子不要害怕。"后人用一个成语来概括当夜的情景，叫作"烛影斧声"。

可能这段传闻在宋代流行很广，因而李焘的《续资治通鉴长编》虽认为这一传闻"未必然"，但也不得不摘录在书中，留待他人详考。由于《宋史·纪事本末》中的这段记载，语气隐隐约约，文辞闪闪烁烁，于是便给后人留下了一个很大的疑问：宋太祖究竟是怎么死的。

一种说法是，宋太宗"弑兄夺位"。持此说的人以《宋史·纪事本末》所载为依据，认为宋太祖是在烛影斧声中突然死去的，而宋太宗当晚又留宿于禁中，次日便在灵柩前即位，实难脱弑兄之嫌。近代蔡东藩《宋史通俗演义》和李逸侯《宋宫十八朝演义》都沿袭了上述说法，并加以渲染，增添了许多宋太宗"弑兄"的细节。

另一种说法则认为，宋太祖的死与宋太宗无关。这种说法的依据来自于司马光《涑水纪闻》的记载。司马光在《涑水纪闻》中说，宋太祖驾崩后，已是四鼓时分，孝章宋后派人召太祖的四子秦王赵德芳入宫，但使者却径趋开封府召赵光义。赵光义大惊，犹豫不敢前行，经使者催促，才于雪下步行进宫。据此，太祖死时，太宗并不在寝殿，因而不可能"弑兄"。毕沅《续资治通鉴》也认可这一说法。

还有一种说法认为，虽然难以断定宋太宗就是弑兄的凶手，但他仍然无法为自己开脱抢先夺位的嫌疑。在赵光义即位的过程中确实存在一系列的反常现象，即据《涑水纪闻》所载，宋后召的是秦王赵德芳，而赵光义却抢先进宫，造成既成事实。宋后一女流之辈，见无回天之力，只得向他口呼"官家"了。

《宋史·太宗本纪》也曾提出一串疑问：其一，按理说，老皇帝去世，新君当年一般继续沿用旧有年号，直到第二年才启用新纪元。可是，赵匡义却根本不顾这些"规矩"，还没等到这一年结束，他就迫不及待地把仅剩两个月的“开宝九年”，改为“太平兴国元年”。其二，太宗即位后，太祖的次子武功郡王赵德昭为何自杀？其三，太宗曾加封皇嫂为“开宝皇后”，但她死后，为什么不按皇后的礼仪治丧？上述迹象表明，宋太宗即位是非正常继统。因此，后人怎么会不对此提出疑义呢？

近现学术界基本上肯定宋太祖确实死于非命，但有关具体的死因，则又有一些新的说法。一种是从医学的角度出发，认为宋太祖是病死的。主要依据是《宋史》中“太祖”“太宗”两纪的有关字句，还有宋代文莹所作的《续湘山野录》里太祖病重的记载。此外，日本学者荒木敏一在《宋太祖酒癖考》一文中认为，赵匡胤素嗜酒，可能是得了高血压、脑溢血之类的急病抢救不及才猝死的。

另一种是认为太祖与太宗之间或许有较深的矛盾，但所谓“烛影斧声”事件只是一次偶然性的突发事件。其起因是太祖病重，赵光义在进宫看望时趁其熟睡之际，调戏太祖宠姬花蕊夫人费氏，被太祖发觉而怒斥之。赵光义认为太祖已不可能传位于己，便下了毒手。

总之，有关宋太祖赵匡胤之死的各种说法，似乎都论之有据、言之成理，然而最终的真相如何，仍难以确定。

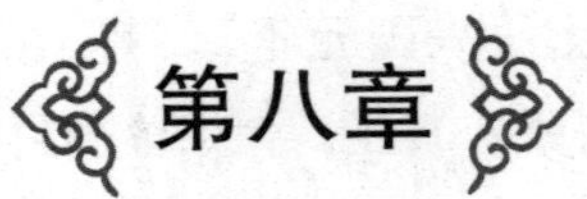

第八章

名副其实的千古“仁君”：宋仁宗赵祯

小 档 案

宋仁宗赵祯（1010 ~ 1063 年），为宋朝在位时间最长的皇帝，共在位四十二年。这期间，国泰民安，天下太平，文臣武将人才荟萃，科学技术繁荣昌盛，一举达到北宋王朝的鼎盛时期。《宋史》赞曰：“‘为人君，止于仁。’帝诚无愧焉。”

迷离曲折的身世

宋仁宗赵祯是北宋王朝的第四任皇帝，关于他的身世，至今有一个离奇的传说，那就是“狸猫换太子”的故事。

在经典京剧《狸猫换太子》中，宋朝龙图阁大学士、钦差大人包拯巡行到地方，在经过一处破窑时，被一个双目失明的老妇拦住了。这位老妇向人称包青天的包拯哭诉了自己鲜为人知的悲惨而又离奇的身世。包拯经过仔细推敲，才得知她就是当今圣上宋仁宗的生母李娘娘。

包拯立刻回京查访当年还在世的老宫女，得知这位李娘娘虽只是宋仁宗的父亲宋真宗后宫的宫女，可是由于受真宗皇帝宠幸，被封为才人，进而升为婉仪，并且还怀上了“龙种”。那时候“母以子贵”，李娘娘幻想着生下儿子，在后宫拥有自己的一席之地。

可是当时的刘德妃也就是后来的刘皇后却因自己没有生育，又很嫉妒李娘娘，于是就买通接生婆，用一只剥了皮的狸猫，换去刚刚出生的宋仁宗。等到宋真宗高兴地下朝回来要看自己的骨肉时，却只看到了一个血淋淋的怪物。宋真宗也许是被气昏了头脑，也不过问事情的前因后果，一怒之下就把李娘娘打入了冷宫。

后来刘德妃升为皇后，对李娘娘起了灭口之心。李娘娘看出刘皇后的心思，就在一位好心宫女的帮助下，逃出深宫躲进了一处破窑里，隐姓埋名孤苦伶仃地生活了二十年。

后来，在包拯的帮助下，冤案真相大白，坏人得到应有的惩处，李娘娘也母子团圆，她也被封为李宸妃，结局十分美满。

实际上所有这一切都是旧时文人凭借想象创作出来的“花边新闻”，不过是一个“政治谣言”而已。在任何正史里都没有记载所谓“狸猫换太子”这件事。之所以出现这个传说，寻根究底，都是从《宋史·李宸妃传》中关于宋仁宗生母李宸妃不敢认子的一段记载演变而来的。

宋仁宗从小确实是一个苦命的孩子，他的身世也确实迷离曲折。据历史记载，宋仁宗既非皇后所生，也非皇妃之子，而是侍奉真宗刘德妃的宫女李氏所生。

李氏本是刘后做妃子时的侍女，庄重寡言，后来被真宗看中，成为后宫嫔妃之一。在李妃之前，真宗后妃曾经生过五个男孩，都先后夭折。此时真宗正忧心如焚，处于无人继承皇位的难堪之中。

据记载，李氏有身孕时，曾跟随真宗出游，不小心碰掉了玉钗。真宗心中暗卜道：玉钗若是完好，当生男孩儿。于是，便吩咐左右取来玉钗，果然完好如初。这一传说从侧面反映出真宗求子若渴的迫切心态，也是真宗无奈之余求助神灵降子的真实写照。虽然不尽可信，但可以肯定的是，李氏后来的确产下一个男婴。

真宗中年得子，自然喜出望外。只是，未来的仁宗皇帝赵祯还未来得及睁开眼睛记住自己亲生母亲的容颜，便在父皇真宗的默许下，被一直未能生育的皇后刘氏据为己子。地位低下的李氏慑于刘皇后的权威，哪敢跟她相争，只好眼睁睁地看着自己的亲生儿子把刘皇后当生母而不

得不对此忍气吞声。

至于宋真宗为何默许李氏之子由皇后刘氏抚养，史焉不详，这里姑且不论。

乾兴元年（1022 年），宋真宗病死，太子赵祯继位，是为宋仁宗，当时他才 13 岁，由刘太后垂帘听政。而他的生母李氏则被打入冷宫，眼看自己的儿子登基当了皇帝，却连跟他单独见面说句话的机会都没有，最后于天圣九年（1031 年）孤寂而死。一年后，刘太后也去世了。

俗话说："纸包不住火。"不管当初刘太后把事情做得多严密，总还有漏风的墙。在她生前，人们慑于她的权势，不敢向仁宗说出真相，不过她一旦撒手而去，一些和她对立的人就将这件事情抖搂出来。真宗得知真相后当然很是震惊，想到亲生母亲所受的不公正待遇，想到直到母亲去世，母子二人都未曾相认，痛彻肺腑。

在哀痛自责之下，仁宗心中起了疑念：会不会是刘太后害死了他的生母？于是立刻下令调查，同时派军队将刘太后娘家的府第包围起来。显然，如果查明他的生母李氏真是被刘太后所害，他就要拿刘太后的家族之人抵命报仇了。

然后，当宋仁宗亲自打开生母的棺椁，眼前的情景却显然大出他的所料，只见母亲面目如生，十分安详，没有毒杀、残害或者虐待的迹象，也远不像揭发人所说的那样寒酸，而是穿着皇太后的冠服，以一品礼的规制进行埋葬。

仁宗先前对刘太后的怒气遂化作了满腔的感激，于是刘氏家族不仅免去了一场灭门之灾，而且受到的礼遇更加丰厚。

其实，平心而论，刘太后堪称一位出色的政治家，在她听政的天圣（1023 ~ 1031 年）、明道（1032 ~ 1033 年）年间，不但为赵宋天下的稳定和发展作出了诸多积极贡献，还为仁宗庆历（1041 ~ 1048 年）盛世奠定了基础。

刘太后本人的生活也极为节俭，据说她曾赐给大长公主姐妹一些贵重的珠玑帕首，让她们遮挡日益稀疏的头发。润王妃李氏得知后也赶来索要，刘太后婉言回绝，并对她说："大长公主是太宗皇帝的女儿，先帝真宗的亲妹妹，对她们多照料些是应该的，我们这些赵家的媳妇就不用那么讲究了。”看到太后自身服饰简朴，润王妃也不好说什么了。终刘太后一生，她都在用自己的实际行动，向宫人倡导节俭的生活作风。在她的带动和影响下，别说是这些宫女了，宋仁宗和宋真宗父子两代也是以简朴闻名于天下的。

中国文人的好时代

宋仁宗赵祯性格随和，为政宽松。终其一朝，出了许多名垂千秋的大文豪。著名的有范仲淹、司马光、王安石、包拯、苏轼、苏辙、晏殊、欧阳修等。为什么能这样呢？还是林语堂说得好，因为这时是中国文人所处的“最好的时代”，文化氛围轻松。

自从宋太祖赵匡胤确立了“重文抑武”的国策以后，宋朝的历任统治者对文人都非常宽容。宋仁宗这个时代便更加如此，即便是有读书人写文章指责他为政过失，他也不会降罪。

嘉祐年间（1056 ~ 1063 年），历史上有名的“三苏”之一——四川眉山的苏辙参加进士考试。“胆大妄为”的他居然在试卷里公然写道：“我听说宫中有数以千计的美女，皇上终日里饮酒作乐，纸醉金迷。既不关心老百姓的疾苦，也不跟大臣们商量治国安邦的大计。”字里行间显然把宋仁宗描绘成了一个沉湎女色、不理朝政的昏君。

如此大胆诋毁专制制度下国家的最高统治者，哪朝哪代能放过你？考官们大惊失色，不敢怠慢，赶紧上奏宋仁宗。没想到，宋仁宗看了后却说：“朕设立科举考试，本来就是要欢迎敢言之士。苏辙一个小官，敢于如此直言，应该特与功名。”宋仁宗皇帝的大气，后世之人有几人能比？

当时四川还有个读书人，献诗给成都太守，主张“把断剑门烧栈阁，成都别是一乾坤”。成都太守认为这是明目张胆地煽动四川独立，便把他缚送京城问罪。

按照历朝历代的法律，即使这个人不被“斩立决”，起码也得按

“危害国家安全”或“阴谋颠覆政府”治罪。宋仁宗对此事的态度却轻描淡写得可以：“这不过一个老秀才写一首诗泄泄愤而已，怎能治罪呢？不如给他个官当。”于是授其为司户参军（掌管户籍、赋税等事的七品官）。没想到这个老秀才竟然因祸得福。

作为一个专制帝王，容忍苏辙之事，或许有人能做到，但能容忍四川秀才的“造反”言论，却很难找到。

历史上文人们敢和皇帝“顶嘴”却不怕掉脑袋的朝代恐怕也只有宋仁宗朝了。宋代著名词人柳永曾经在一次科举考试中这样写道：“忍把浮名，换了浅斟低唱。”

宋仁宗看了，认为他是沽名钓誉，不适合做官，便把他给划掉了，并说：“且去浅斟低唱，要这浮名作甚？”

柳永很不服气，于是反唇相讥，说自己不过是“奉旨填词”而已，何曾有过做那破官的梦想。结果，讥讽宋仁宗的柳永不但没被杀头，填词也没受影响，且填得更加放肆。但皇帝仍然由其发挥，不予理睬。宋仁宗的大度，最后使得这位放荡不羁的才子也不得不为他唱赞歌了，“愿岁岁，天仗里常瞻凤辇”。意思是说，老百姓希望年年都能看到宋仁宗的仪仗，瞻仰到宋仁宗的风采。也就是说，天下百姓都拥戴宋仁宗。

能让柳永这样放浪不羁的人不计前嫌且大唱赞歌，除了宋仁宗，恐怕没有几个皇帝能够做到。其实，在宋代歌颂仁宗及其“盛治”的文人何止柳永一人，比如欧阳修、司马光、王安石、曾巩、胡安国、刘光祖、周必大、杨万里、王璧、刘克庄、赵汝腾、王十朋、文天祥等，都曾如此。

由于仁宗时代，对读书人特别宽松，所以当时的文学艺术事业极为发达。中国古代著名的“唐宋八大家”之中，光是北宋就占了六家（“三苏”、欧阳修、曾巩、王安石），这六家又都活跃在仁宗时代。

宋代以文官当政，而官员的待遇又比较优厚，退休之后能够优游林下，吟诗作文。这种厚禄制度使官员没有后顾之忧，能够安心创作，所以文学艺术成果累累，流传万世。宋代以科举取士，政府官员都是文学之士，在仁宗晚期，富弼、韩琦、文彦博、曾公亮相继为相，欧阳修参知政事（即副宰相），包拯为枢密院副使（最高军事机构的副职领导），司马光知谏院（可以监督、规劝皇帝的官员），王安石知制诰（负责起草朝廷的制诰、赦敕、国书以及宫廷所用文书的官员），真正称得上人才鼎盛，君子满朝。这样的事，历代中只有宋代才有，宋代也只有仁宗朝才有。

在宋朝，宋仁宗在位时间最长，有四十二年之久，他统治时期，国家安定太平，经济繁荣，科学技术和文化得到了很大的发展。这些在很大程度上就得益于他对待知识分子的态度。

实至名归的仁政

我们今天翻看当时和后世的史料，如果出以公心的话，就不难得出一个结论，宋仁宗基本上无愧于自己的庙号，当得起一个“仁”字，堪称名副其实。

因其施“仁政”，在他一朝，不只出大文豪，而且出大政治家、出能臣、出大忠臣，如范仲淹、富弼、韩琦、文彦博、包拯等。

包拯“包青天”之所以能扬名天下，流芳千古，是与宋仁宗以仁待人、心胸宽阔、善于纳谏分不开的。

在专制社会，像包青天这样的人物只能出现在政治清明时期，想想吧，如果皇帝不清明，哪会有包青天产生的政治环境？史书记载，在担任监察御史和谏官期间，包拯屡屡犯颜直谏，有时话说急了，连唾沫星子都飞溅到仁宗的脸上，但仁宗一面用衣袖擦脸，一面还是接受了他的建议。

有一次，包拯在朝堂上要拿掉三司使张尧佐的职务，理由是这个人没有什么本事。张尧佐是宋仁宗的宠妃张氏的伯父。包拯把奏章递上去了，仁宗也有点为难。最后他想了个变通的办法，就是让张尧佐去当节度使。没想到包拯还是不愿意，且谏诤更加激烈。

宋仁宗有些生气地说：“岂欲论张尧佐乎？节度使是粗官，何用争？”包拯的回答更加不客气：“节度使，太祖、太宗皆曾为之，恐非粗

官！”宋仁宗想想也是，就同意了包拯的要求。

不管是遭到反唇相讥，还是被喷上一脸唾沫星子，宋仁宗都很清醒、很民主。他不认为这样会龙威尽失，能接受的，他就接受；一时不能接受的，他就不理不睬。但他对提意见者绝不打击报复，有时甚至会安抚有加。这对一个最高统治者来说，确实不容易。

宋仁宗不但对自己的臣下“仁”，对于民间人士他也能做到有情有义。

宋仁宗晚年时，有一个叫子京的词人，很是出名。有一回子京在街上行走，刚好有一队宫中的轿子从旁经过。突然一个轿子里发出一声娇滴滴的低声欢呼：“啊，是子京！”这情形大约就像今天的粉丝们在大街上突然间见到自己仰慕的明星时发出的那种尖叫。

这个子京也许是个多情种子吧，回来以后，就写了一首极其出名的《鹧鸪天》：

宝毂雕轮狭路逢，一声肠断绣帏中。身无彩凤双飞翼，心有灵犀一点通。

金作屋，玉为笼，车如流水马如龙。刘郎已恨蓬山远，更隔蓬山几万重。

这事如果放在普通人身上，也许算不上什么，但是，那娇唤“子京”的毕竟是当今皇上的女人啊。子京满纸“荒唐言”，这成何体统，分明是在调戏皇帝的女人嘛。

就在别人都认为子京要倒大霉的时候，宋仁宗却费了好大力气找到那个“粉丝宫女”，然后把子京也唤了过来，笑着说：“唔，这个，蓬山不远。”然后把这个害怕极了的宫女送给了这个几乎吓瘫了的多情词星。

想想宋仁宗也真是够有意思的，真称得上是“成人之美”的君子。

不但对别人如此，对自己的老婆，宋仁宗更是仁至义尽。

宋仁宗的老婆郭皇后骄横跋扈，时常给仁宗带来极大麻烦。因此，仁宗对她渐渐有些冷落，开始宠爱美人尚氏和杨氏。尚杨二人得宠，便不把郭皇后放到眼里，还老是在背后说她坏话，郭皇后当然很恼火，但一时也不能把她俩怎么样，只有自己生闷气。

说来也凑巧，有一次，郭皇后偶然路过皇帝寝宫，结果听到里面宋仁宗正在和二位美女调笑，本来心里就别扭，这下更是醋意十足，火往上冒。偏偏这二位美女又正对宋仁宗说到郭皇后，说她长得不怎么样啦，无才无德啦，等等。女人之间最恶毒的攻击，莫过于说她长得不好看，这是每一个女人最最在乎的，特别是郭皇后年老色衰又失宠之后，对自己的长相会更敏感。

于是，郭皇后哪里控制得住自己，怒从心头起，恶向胆边生，推门就奔二位美女直扑过去了，就像今天的女人抓住了自己的丈夫正和“小三”在床上一样，嘴里一边骂着，一边劈头盖脸一顿打。按史书的记载，就是“后不胜忿，批其颊”。

宋仁宗一看来者不善，赶忙起身拉架，结果气昏了头的郭皇后不知是有意还是无意，竟然一巴掌掴在了仁宗脸上，打得仁宗眼冒金星。

身为一国之君，当朝天子，居然挨了自己老婆一记耳光，这绝对是世所罕见。仁宗岂能不生气，于是开会商量废掉皇后，还不怕丢丑似的，“以爪痕示执政”，也就是让大臣们大家都看看，她把我挠成什么样了。

这还了得?!

大臣们一看，有的便当场嚷开了，坚决要求严惩郭皇后。宰相吕夷简更是坚决支持废掉郭皇后，还说废后之事“古亦有之”，废了好，这不算什么新鲜事，不必自责。参知政事也就是副宰相范仲淹等却反对，说“后无过，不可废”，两口子打架，受点伤也算不了什么，不是什么大错。

宋仁宗摸着火辣辣的脸，情感最终战胜了理智，几天之后虽然还是决定废黜郭皇后，但仍封她为净妃、玉京冲妙仙师，赐名清悟，带发修道，居住在长乐宫。

后来宋仁宗还是很想念郭皇后的，就像整日吵架的夫妻，火气在头上，看对方一无是处，及至离婚了，这方才想起对方的种种好处。况且在这记“耳光门”事件中倒霉的也不止郭皇后一个，尚杨两位妃子也同

时被打入冷宫，这也说明了仁宗还是念郭皇后旧情的。后来，郭皇后去世后，“上深悼之，追复皇后”。仁宗悲痛之余，还是追封了她的皇后之名。估计这时他心里也早已忘了那一记耳光了。

对打自己耳光的郭皇后如此，对给自己戴“绿帽子”的妃子，宋仁宗也同样仁至义尽。

古代的皇帝妻妾成群，而皇帝只有一个，体力有限，时间也有限，不可能做到公平地“遍施雨露”。其中就有耐不住寂寞者居然红杏出墙，给宋仁宗戴上了“绿帽子”。

宋仁宗后宫中有一个姓刘的妃子，为打发寂寞，暗中和一个进宫私下告求皇帝的神秘之人勾搭成奸。

这事刘氏原以为做得天衣无缝，把宋仁宗严严实实蒙在鼓里。但她忘了“若要人不知，除非己莫为”的古训，最终“好事”还是“走光”了。御史中丞韩绛将他侦知的刘氏偷情详情向宋仁宗密报了个一五一十。宋仁宗听后差点儿没背过气：“羞煞朕也！不是爱卿所言，我还真不知发生了这等家丑，待我细加审验。”

审验结果正如韩绛所言，色胆包天的刘氏果然给宋仁宗整了顶“绿帽子”。一向温柔善良的宋仁宗感到天子尊严受到了极端伤害，男人的尊严也受到了严重伤害，他觉得自己都有点无地自容了。怎么办？杀无赦！只有这样才能彰显天子的神圣不可侵犯——若搁其他皇帝，一准儿都会这么干。然而宋仁宗就是宋仁宗，一个事事讲仁道的仁慈皇帝，杀人之事他如何下得了手？但不惩治又难解心头之恨，最终，他拿出了一个人性化的处理意见：保留贱人性命，但驱逐出宫，将不守妇道的刘氏贬于洞真宫为法正虚妙大师，赐名道一。

经历了这场“绿帽门”风波，宋仁宗愤怒之余，不由不想到：既然刘氏能给自己戴“绿帽子”，那么张氏、王氏呢？可能性并不能排除。果然，经过一番仔细排查，发现出墙的“红杏”并非个例，从掌握的证据看，宫人行为不检点者大有人在。这让宋仁宗感到空前的伤心和郁闷，浩荡皇恩怎么就连几个女人的心都拴不住？好吃好喝温存有加，到头来却落个白疼一场，你说悲哀不悲哀？

悲哀之余，宋仁宗也想通了，与其让这些“身在曹营心在汉”的人待在宫中，日后给自己戴“绿帽”，还不如让她们返回民间，嫁夫生子。于是，便将那些有可能日后步刘氏后尘的宫人统统放逐，总计二百三十六人。

仁宗之“仁”可见一斑。

“仁政”，一直是传统政治的最高理想，宋仁宗之前，没有一个帝王能称“仁”或冠以“仁”。“为人君，止于仁”。“仁”，可以说是对一个专制帝王的最高赞誉。

史书记载，宋仁宗赵祯死后，“京师罢市巷哭，数日不绝，虽乞丐与小儿，皆焚纸钱哭于大内之前”；当他的死讯传到洛阳时，市民们也自动停市哀悼，焚烧纸钱的烟雾飘满了洛阳城的上空，以致“天日无光”。他的死甚至影响到了偏远的山区，当时有一位官员前往四川出差，路经剑阁，看见山沟里的妇女们也头戴纸糊的孝帽哀悼皇帝的驾崩。当然，你可以说这都是政府在有组织、有安排地进行哀悼，不过是一场“表演秀”而已，并非百姓真正的心声，因为这样的事例我们见得多了去了。但是，当宋仁宗去世的讣告送到辽国，“燕境之人无远近皆哭”，连辽国的国君也握住使者的手，号啕痛哭，说：“四十二年不识兵革矣。”一个专制社会的最高统治者死了，引得邻国百姓和皇帝都一起痛哭，实在是凤毛麟角，也足见仁宗之仁，实至名归。百姓之痛，出自真心。

做一个国家的最高领袖做到这份境界，不论在哪里，在何时，都会赢得世人的尊敬和爱戴。

严于律己的典范

宋仁宗除了以仁施政、以仁待人之外，还是一个严于律己的典范。他还有许多“先进事迹”足以感人。

有一天，仁宗处理完政事已是深夜，又冷又饿的他特想喝碗热腾腾的羊肉汤暖暖身子，可深更半夜的到哪儿去弄呢？只好忍着睡去了。第二天，他把自己昨夜馋嘴的“遭遇”说给皇后，皇后听罢老大不忍：

“陛下没日没夜操劳，就不知道保重龙体，想喝羊肉汤，随时叫御厨做就是了，何苦忍饥挨饿遭这份罪呢？”

宽和的仁宗冲皇后嘿嘿一笑，耐心做起解释工作：“宫中一时随便索取，会让外边看成惯例，我昨夜如果吃了羊肉汤，御厨就会夜夜宰杀，一年下来要数百只，形成定例，日后宰杀之数不堪计算。为我一碗饮食，创此恶例，且又伤生害物，于心不忍，因此我宁愿忍一时之饿。”

别说想吃的东西他能忍，就连送到口的美味他也能拒绝。一年初秋，蛤蜊刚在京城新鲜上市，便被献到了御宴上，仁宗好奇地问：“这时节就有这东西了？价多少啊？”

当得知这是从远道运来，总共有二十八枚，每枚需要一千钱时，仁宗不无心疼地说：“我时常告诫你们要戒奢靡，今天我一动筷子，‘二十八千钱’就没了，这么贵的东西，我受用不起！”说罢，他硬是没动一下筷子。

不但在吃上，仁宗皇帝能省能忍，而且他还能忍渴。一个春光明媚的日子，仁宗到上林苑踏青赏景，玩着玩着口渴了，频频回头张望。随从们都不知道皇帝是为了什么。仁宗回宫后，着急地对嫔妃说道：“朕渴坏了，快倒水来。”

嫔妃们觉得奇怪，问仁宗为什么在外面的时候不让随从伺候饮水，而要忍着口渴呢。仁宗猛喝一口水后，才上手不接下气地说：“我一个劲儿地瞅他们，但没有看见他们准备有水壶。如果这时我再向他们要的话，肯定就会有人要受处罚了，所以我只好忍了。”

史书上诸如此类的记载，还有很多。

一个普通人要做到宋仁宗这样，难；一个为官者要做到宋仁宗这样，更难；一个最高统治者要做到宋仁宗这样，难上加难。这样的皇帝怎能不彪炳史册呢！

盛治的辉煌

宋仁宗赵祯在位期间，边境安定，经济繁荣，科技文化发达，人民生活幸福美满，史称“仁宗盛治”。

人口户数和财税收入是衡量国家富强的一个重要方面。汉朝最盛时人口户数为一千万以内，唐太宗“贞观之治”时期人口只有三百多万户，唐玄宗“开元盛世”时也只有不足八百万（开元二十年全国户数为七百八十万户）。而宋仁宗嘉祐八年（1063年），全国人口达到一千二百四十六万户，丁男两千六百四十二万口，也就是说宋仁宗执政四十二年期间，国家人口较之唐朝最盛的开远年间净增长四百六十六万户。这增长的户数都已多于唐太宗贞观时期的总户数，宋仁宗时期国力之盛可以想见。

至于财税方面，唐朝极盛时的玄宗朝最高的货币岁入只有二百多万缗（mín），而宋仁宗庆历年间最高时的货币收入达到四千四百万缗。两者相差二十二倍。

那么，这是否意味着百姓要交的“皇粮国税”多如牛毛呢？

竟然不是。

由于北宋时期尤其是仁宗朝实行“藏富于州县，培护本根”也就是藏富于民的政策，因此百姓的赋税是相当轻的。

那宋仁宗时期庞大的国家财富来自于哪里？

除了很小一部分是来自农村、农业、农民外，更多的是来自城市、商业、商人。宋太宗时宋朝一年的商税收入约四百万贯。真宗景德年间，商税也不过四百五十万贯，而仁宗庆历年间，商税竟猛增到两千两百多万贯，可见仁宗统治期间商业的巨大发展与繁荣程度。

正是在仁宗以后，宋朝已经摆脱农业社会进入商业社会。所以美国著名历史学家费正清等人曾不无感慨地说：“事实上从宋朝开始，农业的经济价值已日益变得无足轻重，中国社会已经算不上是一个农业国家。”或者换句话说，这时的中国已经不再是一个以农立国的国家，而是走上了商品经济的道路，成了一个“近代化”的国家。

可惜，这一切都仅仅发生于宋朝，后世的统治者们假如出以公心地翻看宋朝尤其是仁宗朝的历史时，不知是否会有一丝羞愧感？当他们总是不无自豪地宣称是如何地在这片土地上养活了庞大的人口时，不知是

否知道，背后有一个叫赵祯的人正在冷冷地看着他们。

当然，他们也许更关注的是刘邦、朱元璋等是如何取得天下、如何集天下权力于一手的所谓“雄才大略”，何曾去像宋仁宗赵祯那样真切地想过天下苍生。

历史，总是这样的叫人惆怅。

不光经济辉煌，在科技方面，中国的四大发明在仁宗朝有三个得到了应用，并转化为生产力。宋仁宗时编成的《武经总要》，详细记载了火药的三种配方，还说当时已有火箭、火球等多种火器。13 世纪时，火药、火器经中亚而传入阿拉伯地区，以后又由阿拉伯地区传入欧洲，为欧洲资产阶级革命的发生起到了一定的推动作用。指南针在仁宗朝开始用于航海，使宋朝拥有了当时世上最庞大的帆船舰队。宋仁宗庆历年间，布衣毕昇在唐代后期开始被广泛应用的雕版印刷术基础上，发明了一种更先进的活字印刷术，使宋代大量的典籍得以保留。此外，还有王唯一发明的针灸铜人，完善了中医针灸体系。朝廷也在此时发行了世界上第一张纸币“官交子”，对于世界经济和金融史的贡献不可低估。

宋仁宗还十分重视科技创新，他采取了鼓励、奖励科技发明的举措，一些大臣甚至百姓经常在朝堂上演示自己的大小发明。现代围棋和象棋也在这个时候得到定型，并在民间得以普及，后来传到了日本和朝鲜半岛。

宫廷里也提倡革新，不仅发明了牙刷，而且煤炭也得到应用。史书记载“汴都数百万户，尽仰石炭，无一家燃薪者”。

当时的著名科学家沈括在看到石油这个新鲜玩意能够燃烧时，兴奋地作出了“此物必将大行于世”的科学预言，想必千年后的今人听着这句话，再环视每天飞涨的油价和战火纷争的世界局势，必定是感触良多。

宋仁宗的盛治得到了时人和后世的高度评价。清朝有一本叫《东坡诗话》的书曾这样形容仁宗盛治：“宋朝全盛之时，仁宗天子御极之世。这一代君王，恭己无为，宽仁明圣，四海雍熙，八荒平静，士农乐业，文武忠良。真个是：圣明有道唐虞世，日月无私天地春。”这代表了几百年来“仁宗盛治”在民间世人眼中的地位。就连自视甚高、很少有人能入其法眼的“十全老人”乾隆皇帝弘历，也承认平生有三个帝王为他所佩服，一是他的祖父康熙皇帝玄烨，二是唐太宗李世民，三就是宋仁宗赵祯。

其实，“仁宗盛治”之盛又岂是“贞观之治”“康乾盛世”可比？

“庆历新政”的遗憾失败

仁宗一朝，光辉灿烂，然而，历史又怎会那样的完美？

我们知道，宋仁宗讲求“广开谏路”“言者无罪”。这种清新、开明的为政措施对维护黎民百姓的自由、安全乃至社会的稳定固然是有百利而无一害。然而，物极必反，当这种措施也施行于官场时，由于缺乏必要的监督、考核措施，于是便造就了一批好发议论、爱说大话空话的官员。为了博得皇帝的“欣赏”，许多大臣动辄就发表极端和不负责任的言论，以至于宋仁宗后来无奈之下，只好发布诏令禁止胡乱上书言事，但仍无济于事。

如果说这只是“小事一桩”的话，对西夏战争的失败则就不能不让人伤感了。

宋朝时候，党项族在我国西北地区建立了西夏政权，它成为北宋王朝的一个强敌。

党项族是我国古老的少数民族羌族的一支，原来居住在青海和四川西北部，过着游牧和狩猎的氏族生活。唐朝后期，党项族由于反抗吐蕃贵族的统治，迁移到甘肃、宁夏边境和陕西北部一带，和汉族人民共同生活。在汉族文化的影响下，他们的生产得到发展，并建立了私有制。

在党项族各部落中，居住在夏州（今陕西省横山县）的“平夏部”最强大。

唐末，黄巢之乱时，平夏部酋长拓跋思恭有勤王之功勋，被授夏州节度使，赐号定难军，统有银、夏、绥（今陕西绥德县）、宥（今陕西靖边县）、静（今陕西米脂县西）等五州之地，大概在今陕西北部及内

蒙古南部一带。尔后，他又随李克用收复长安，唐又赐拓跋思恭李姓，封夏国公，从此世代居于该地，并改为李姓。

北宋建立后，定难军第六任节度使李彝殷（因避宋太祖之父赵弘殷讳，后改殷为兴）即向宋朝朝贡，宋太祖则予以加官“太尉”，以示褒奖。李彝殷死后，继位的李光睿（后避宋太宗名讳，改光睿为克睿）曾率兵攻北汉吴堡砦（位于今陕西吴堡县境内），俘砦主侯遏送宋朝处置。宋太宗亲征北汉时，继李光睿任定难节度使的李继筠曾派部将率兵沿黄河摆开阵势，并从陕北渡河骚扰北汉，以助宋朝的军势。

李彝殷、李光睿、李继筠祖孙三代，同北宋中央政府都保持着密切的关系，夏州地区虽然仍处割据状态，但形式上却是宋朝的一个组成部分。

宋太宗太平兴国五年（980 年），定难军节度使李继筠死，其弟李继捧继位。这时李氏家族发生内讧，李继捧的一些父辈宗族，有的带兵袭击夏州，有的向宋朝上表反对李继捧继位。李继捧知道自己难以在夏州割据下去，就于太平兴国七年（982 年）率领亲族到开封朝见，并向宋太宗献上夏、银、绥、宥四州八县之地，表示愿意留住京城。

宋太宗认为这是一举铲除这个割据势力的机会，就改封李继捧为彰德军节度使。同时派官直接管辖这四州，并准备把李氏宗族的近亲都迁移到京城开封，使李氏宗族离开长期割据的地盘，失去进行割据的基地。

李继捧自动结束割据状态的行动，符合当时从分裂走向统一的潮流。宋太宗着手铲除这个割据势力，是从宋太祖开始的统一事业的一个部分，也是无可非议的。但是，宋太宗没有考虑到夏州地区民族问题的复杂性，没有采取任何措施使那里各族人民体会到统一的好处，以使这些地区的人民拥护宋朝的统治，反而把宋朝的赋役制度推行到这些地区。这样一来，使得夏州地区的少数民族部众对宋朝的统治没有好感，中央王朝对这些地区的统治也就难以巩固。

恰在这时，本来矛盾重重的李氏家族在对待宋朝的态度问题上也发生分裂。除了李继捧主动向宋朝纳土外，多数宗族也没有反抗就被宋朝迁到京城，接受宋朝新的官职。但李继捧居银州的族弟李继迁兄弟却假装送乳母出葬，把兵器藏在棺材里，同他们的亲信数十人离开银州，逃到夏州东北三百里的地斤泽（今内蒙古自治区伊克昭盟巴彦淖尔），聚众进行反抗，揭开了以后连绵一个多世纪的宋、夏战争的序幕。

作为夏州党项贵族中野心勃勃的人物，李继迁刚得知宋朝要把李氏举族迁往内地时，就对亲信们说："我们祖宗经营这块地方，已三百多年，父子兄弟，列居州郡，雄视一方。今宋朝下诏让宗族尽入京师，死生都受束缚，李氏割据就要断绝了"。

其弟李继冲也说："虎不可离于山，鱼不可离于渊"，也极力附和李继迁的说法。

就这样，在李继迁兄弟二人的鼓动下，一些赞成继续割据的党项族人跟随他们一起反宋。一些党项族的部落也逐渐被煽动起来。李继迁依靠这些部落的支持，开始进行反对宋朝的武装分裂活动。

从太平兴国八年（983 年）起，李继迁不断袭击已由宋军驻守的宥州等地。翌年，宋朝知夏州尹宪和巡检使曹光实探听到李继迁在地斤泽的活动，便选派精骑兵连夜奔袭，杀了他的追随者五百人，烧了四百余座帐篷，俘虏了李继迁的母亲、妻子及羊、马、各种器械万数以上。李继迁只身逃脱。

然而李继迁仍不死心。他从地斤泽逃脱后，继续在党项部族中进行煽动，同野利氏各部建立了反宋联盟，势力又逐渐强大起来。雍熙二年（985 年），他用诈降的办法麻痹曹光实，诱杀曹光实于葭芦川，进而攻陷银州、会州。李继迁自称定难军节度留后（即代理的节度使），开始重建割据政权。

获悉李继迁攻陷银州的报告后，宋太宗立即以王优为将派兵前去讨伐。王优所率宋军连败李继迁，这时一些蕃部又转向宋朝，表示要同宋站在一起，帮助宋朝消灭李继迁。

李继迁看到单靠自己的力量难以战胜宋军，难以重新建立割据政权，便利用辽和宋的矛盾，采用联辽反宋的策略，于雍熙三年（986 年）向辽国称臣。这一年，宋太宗分兵三路大举攻辽，宋、辽战争正激

烈进行。辽国当然很愿意在宋的侧面扶植一个反宋势力，以加强自己在同宋朝争战中的地位，于是就授予李继迁为定难军节度使，并把宗室之女作为公主嫁给李继迁，990 年，辽又册封李继迁为夏国王。

有了辽国的支持，李继迁的力量大增。其后，宋太宗几次派兵讨伐，均告失利。于是，宋太宗采用赵普建议的“以夷制夷”策略，重新委任李继捧为定难军节度使，使用军事征剿和官职笼络相结合的办法，但仍未能使李继迁就范。李继迁时而诈降以麻痹宋军，时而袭击宋军驻守的州郡。宋朝实行经济封锁，不许夏州地区所产的青盐进入汉族地区换取粮食，反而使得西北地区其他少数民族因缺乏食粮而对宋朝采取敌视态度，加入李继迁的反宋行列，从而加强了李继迁的声势，使宋朝在夏州地区陷于更加困难的境地。本来愿意同宋朝合作、采取亲宋态度的李继捧看到这种情况，也发生动摇，暗中同李继迁勾结。于是，李继迁更加嚣张，连续攻掠环州、绥州、灵州等州郡。

眼看夏州地区的形势岌岌可危，宋太宗于淳化五年（994 年）派李继隆（宋初名将，与李继迁、李继捧等无任何宗亲关系）为河西都部署，率大军进驻夏州，把李继捧逮捕送回京城，并把夏州城摧毁。

李继迁见宋朝大兵压境，又遣使向宋朝谢罪，但就是不肯接受宋朝授予的鄜（fū）州（今陕西富县）节度使之职。不久，他又对宋朝边境发动袭击。

至道二年（996 年）初，宋太宗派人押运四十万石粮草赴灵州（今宁夏灵武县），途中为李继迁所劫夺。宋太宗大怒，于四月间命令李继隆、丁罕、范廷召、王超、张守恩五路并进，约定在乌白池会师，直捣李继迁盘踞的据点平夏。由于五路宋兵的将官不能协调一致，有的擅自行动，率军转了一圈，没有进行任何战斗就回师。有的虽见到李继迁的军队，却避而不击。有的虽然打了几仗，但因得不到其他路宋兵的配合，有胜有负，结果使军士疲乏不堪，只得撤退。宋太宗亲自部署的五路进攻，终以无功而回。

第二年，宋太宗死，宋真宗即位。恰在此时李继迁又派使者来同宋讲和，要求宋朝承认他的割据地位。当时宋真宗刚即位，于是接受李继迁的要求，授予他定难军节度使，把早已并入宋朝版图的夏、银、绥、宥等州划归李继迁管辖，后来甚至把灵州（今宁夏灵武）也划给李继迁。

宋真宗景德元年（1004 年），李继迁病死，宋真宗封李继迁的儿子李德明为西平王。李德明为人深沉有气度，多权谋。他的儿子李元昊更是个雄心勃勃的人，他精通汉文和佛学，多次带兵打败吐蕃、回鹘等部落。他劝说父亲不要再向宋朝称臣，但李德明不愿跟宋朝决裂，没有采纳。直到李德明死去，李元昊继承了西平王的爵位，才按照自己的主张，设置官职，整顿军队，准备摆脱宋朝的控制。

其实李德明也很想称帝建国。他从西平府迁到兴庆（今宁夏银川市），在那里正式建都，又效仿宋朝制度立儿子李元昊为太子。可是，一切都事与愿违，他还没有来得及登上皇帝的宝座，就病死了。

李元昊知道他父亲的意图已经暴露，便在北宋宝元元年（1038 年），正式宣布继位称帝，国号大夏，建都兴庆。李元昊即是夏景宗。因为它在宋朝西北，所以历史上将其称为西夏。

李元昊称帝以后，上表给宋朝，请求宋朝政府承认。这时的宋朝皇帝正是宋仁宗赵祯。仁宗和大臣们商量了一番，不但拒绝承认，还撤了李元昊的西平王的官职，在边境地区张贴榜文捉拿他。

这一来，惹得李元昊大怒。他带领大军，侵犯延州（今陕西延安）。宋朝守将范雍不敢出战。李元昊派人诈降，范雍放松戒备，结果宋军吃了一个大败仗，损失了不少人马。

宋仁宗非常恼火，撤了范雍的官职，派大臣韩琦和范仲淹去陕西指挥作战。

北宋庆历元年（1041 年）二月，李元昊率兵进攻渭州（今甘肃平凉县）。宋仁宗命令韩琦和范仲淹前去指挥抗击。范仲淹劝韩琦以坚守为主，韩琦却主张主动进攻，他派大将任福率领一万人的部队，前去迎敌。

任福率军在路上遇到了几支西夏的军队，但西夏的士兵只要一看到宋军就扔下骆驼、武器逃跑了。任福不禁连声大笑，自认为西夏军队没有什么战斗力，便率军猛追。

宋军一直追了三天三夜，来到好水川（今宁夏隆德县）。这时宋军已人困马乏，任福眼看天色已晚，便命令全军安营休息。

第二天任福率军继续前进，来到六盘山下，宋军没有发现西夏的军队，却看到地上有许多泥盒子，并且里面还"噗噗"作响。宋军士兵觉得很奇怪，便将泥盒打开，只见从泥盒中飞出许多只鸽子，鸽子飞在空中，在宋军的头上来回不停的盘旋。

就在宋军士兵抬头张望时，只听到四周传来喊杀声，西夏兵冲杀过来。西夏兵为何来得这样快呢？原来泥盒子是西夏兵特意放在路边的，待宋兵打开盒子，鸽子飞到空中后，西夏兵便能知道宋兵在何处了。

就这样，宋兵还没明白过来是怎么回事，西夏兵已经冲到眼前，里三层外三层将宋兵围了个风雨不透。一万宋军死的死，伤的伤，早就失去了战斗力。

任福身上也中了好几支箭，将士们劝他快跑，任福说："我身为领兵将领，现在打败了，有何颜面回去？"说完挥刀杀向敌人，最后战死阵中。

这便是发生在仁宗朝的好水川之役。

李元昊此战取得了胜利，却不肯罢休，他继续率军攻打北宋，又取得一系列的胜利。

由于这时候的宋朝还要和辽国作战，因此宋仁宗便派人去西夏求和。李元昊经过连续不断地和宋朝打仗，消耗很大，再加上不时有灾荒发生，西夏人民生活得很艰苦，因此也不愿打仗了，便同意了北宋的议和请求。

北宋庆历四年（1044 年）十二月初，宋与西夏立下和约，西夏对宋称臣，宋朝每年送给西夏绢十五万匹，银七万两，茶三万斤。

在辉煌灿烂的北宋仁宗朝，发生了这样一件屈辱的事，不能不说是宋仁宗一生的悲哀。

正是由于对夏战争的失败，加之当时土地兼并及冗官、冗兵、冗费现象日益严重，欧阳修等人上书指出"因循不改、弊坏日甚"，要求大力改革。宋仁宗在改革呼声的推动下，"遂欲更天下弊事"，于是起用范仲淹等进行改革，史称“庆历新政”。

范仲淹深知朝政积弊所在，很快提出了十项改革措施，其主要内容为：

一是严明官吏升降制度。对官吏要定期考核，依照他们的政绩好坏进行提拔或者降职。

二是限制侥幸做官和升官的途径。为了国家政治的清明和减少国家财政开支，限制大官的恩荫特权，防止他们的子弟充任馆阁要职。

三是改革科举考试内容。把进士科考的重点由诗赋转移到策论上，变只要求死背儒家经书的词句为阐述经书的意义和道理。

四是朝廷要派出得力的人往各路检查地方官员政绩，奖励能员，罢免庸才。选派地方官要通过认真的推荐和审查，以防止冗滥。

五是均衡职田收入。职田是北宋地方官的定额收入之一，但分配往往高低不均。范仲淹建议朝廷要均衡一下职田收入。对于没有发给职田的官吏，按等级发给他们，使他们有足够的收入养活自己。然后再督责他们廉节为政；对那些违法的人，则予以惩办或撤职。

六是厚农桑，即重视农桑等生产事业。建议朝廷降下诏令，要求各级政府和民众，切实了解农田的重要性，兴修水利，大兴农利，并制定一套奖励民众、考核官员的制度长期实行。

七是整治军备。范仲淹建议在京城附近地区招募强壮男丁，充作京畿卫士，用来辅助正规军。这些卫士每年用大约三个季度的时光务农，一个季度的时光教练战斗，寓兵于农。实施这一制度，可以节省给养之费。

八是广泛落实朝廷的惠政和信义。主管部门若有人拖延或违反赦文的施行，要依法从重处置。另外还要向各路派遣使臣，巡察那些应当施行的惠政是否施行。

九是要严肃对待和慎重发布朝廷号令。朝廷必须讨论那些可以长久推行的条令，删去繁杂冗赘的条款，裁定为皇帝制命和国家法令，颁布下去。这样，朝廷的命令便不至于经常变更了。

十是减免徭役。范仲淹认为如今户口已然减少，而民间对官府的供给却更加繁重。应将户口少的县裁减为镇，将各州军的使院和州院堝署，并为一院；职官厅差人干的杂役，可派一些州城兵士去承担．将那些本不该承担公役的人，全部放归农村。这样，民间便不再为繁重的徭役困扰而忧愁了。

对于范仲淹的改革建议，宋仁宗表示赞同，便逐渐以诏令形式颁发全国。于是，轰动一时的“庆历新政”就在范仲淹的领导下如火如荼地开始了。

新政契合当时实际，有益于国家和民众。因此，它的施行给天下带来了一股新颖之风，也给天下百姓带来了希望。然而，它很快就遭到保守派的反弹和施压，他们四处散布谣言说，范仲淹等实施改革的最终目的是要废掉宋仁宗，阴谋篡夺皇位。这一招杀伤力太大，历朝历代的改革者最怕的也是这个。最终，改革决心坚定的宋仁宗在谣言重弹的轰炸下，终于动摇了。他下诏废止了一切改革措施，将改革派代表人物范仲淹、富弼、欧阳修等或撤职或外派。坚持了一年零四个月的“庆历新政”，在保守派的打击下宣告失败。

不过，当今天我们重新来检视这场改革之所以失败的原因时，不难发现，其实这场改革运动夭折的命运从一开始就注定了。作为改革发起者和最重要支持者的宋仁宗，他改革的初衷是为了解决财政危机和军事危机，目的是要富国强兵。但实现这一目的的前提，是不能以牺牲皇帝家天下的利益为代价的。而“庆历新政”恰恰触犯了皇室利益，宋仁宗当然是不会再投赞成票了。

还有，范仲淹等提出的改革措施还包括裁汰不称职、渎职、腐败的官员，而当时北宋的官僚，早已成了一个腐朽的政治集团，真要实行上述改革，大概百分之九十以上的官员都得丢掉“乌纱帽”。如此大的动作，损害和触怒的已不仅仅是皇家利益，而是整个既得利益集团。所以，“庆历新政”的失败是必然的，它并非败给了保守派，而是败给了豢养既得利益集团的专制制度。其实，翻开中国历史，哪朝哪代的改革不是如此失败的呢？

可以说，“庆历新政”的失败是时代的悲哀，制度的悲哀，也是宋仁宗的悲哀。宋仁宗再“仁”，再好，他又怎能走出历史和个人的桎梏呢？所以，宋仁宗无论做得多好，无论受到当时和后世多少人的赞誉，他也只能是个“明君”而成不了“华盛顿”。

但是，在那样的时代，在那样的制度下，那时的人们能碰上这样的明君，谁说不是三生有幸呢？绵延千年的华夏史，明君有几多，像宋仁宗这样的明君又何其少？

1063 年，在位 42 年的宋仁宗赵祯病死开封，享年 53 岁，葬于永昭陵（位于今河南省巩义市境内）。当赵祯的陵墓修好后，有人在陵殿墙上题诗道：

农桑不扰岁常登，边将无功吏不能；
四十二年如梦觉，春风吹泪过昭陵。

有人曾赞扬赵祯说：“仁宗虽百事不会，却会做官家（皇帝）”。不管怎样，斯人已去，仁德仍在。

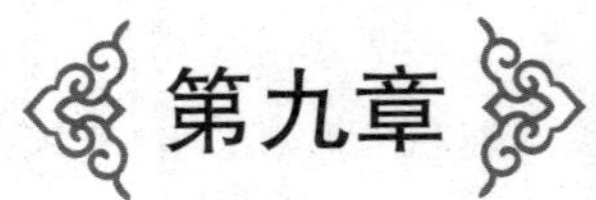

第九章

白手起家的“和尚皇帝”：明太祖朱元璋

明太祖朱元璋（1328 ~ 1398 年），明朝开国皇帝。因年号洪武也俗称朱洪武或洪武大帝。朱元璋出生于乱世之中，父母双亡，从赤贫起家，没有背景，没有后台，几乎是赤手空拳、单枪匹马凭借着自己的勇气和决心建立了大一统的明王朝，一举登上皇帝宝座，这在中国历史上是极为罕见的。

走投无路做和尚

朱元璋于元朝天历元年（1328 年）出生于安徽濠州（今安徽凤阳）一个贫苦农民家里。他的祖籍是江苏沛县，祖上数代都是老实巴交的庄稼人，后来世道不好，家境日益败落。到朱元璋的父亲这一代，不得不流落到濠州，在这里才生下了朱元璋。

说起朱元璋的名字，很有意思。父亲为其起名朱重八。“重八”就是“八八”，也就是说，朱元璋又叫“朱八八”。

之所以如此起名，多数人认为跟他的出生日期有关——通常的说法是朱元璋出生于元天历元年的八月初八。但《明太祖实录》里记载的朱元璋出生日期，却明白写着“时元天历元年戊辰九月十八日丁丑也”。

可见，以出生日期命名的说法并不能让人信服。

实际上，生活在七百年前的汉人，包括朱元璋的祖辈，其名字都是极其“个性化”的，而且都跟数字有关。比如，朱重八高祖叫朱百六，曾祖叫朱四九，祖父叫朱初一，父亲叫朱五四。难道这都跟出生日期有关？

说起来，朱家人之所以取如此“酷酷”的名字，当然并非是为了“雷倒你”“萌翻你”，也不是因为朱家世世代代都是搞数学研究的，或者对数字有特别的嗜好，而不过是因为在元朝时实行了“数字化管理”。

据清人俞樾的《春在堂随笔》第五卷记载：“元制，庶人无职者不许取名，而以行第及父母年龄合计为名。”意思是元朝禁止普通老百姓取正式名字，只让他们按排行或者父母的年龄编个号。也就是说，在元朝，地位低下的汉人尤其是南方的汉人，如果不能走上仕途就没有名字，只能以父母年龄相加或者家族排行命名。

明白了吧，“朱重八”“朱五四”，或者还有“刘五二”“许四六”等，他们之所以如此取名，并非是为了“与众不同”，而是因为他们是“贱民”！

除了名字“与众不同”，朱元璋的长相据说也与众不同。

关于朱元璋的相貌，历来传说很多。不过综合众多资料，他的长相应当不敢恭维，《明史》只是说“姿貌雄杰，奇骨贯顶”。到底什么是“姿貌雄杰，奇骨贯顶”，就只能凭个人自己去理解了。反正他后来做了皇帝后，自然会有人主动想办法为他遮掩粉饰。

据说，因为朱元璋的长相让画师很为难，因此，为了给他画像，还出了好几条人命。有几位画师因为揣摸不到“圣意”，丢了脑袋。其实，画像是一件小事，但它反映出的问题却很严重，一个连自己的相貌都忌讳的人，怎么会虚心听从别人的意见和批评？后来做了皇帝的朱元璋，似乎渐渐丢弃了贫穷时的某些美德。

根据民间传说，朱元璋不同于常人的地方还远远不止这些。

传说在他还没出生时，有一天，他的母亲陈氏在麦场坐着休息，突然从西北方向来了一个道士。这道士面如冠玉，留着长胡子，头戴簪

冠，身穿红服，手里拿着象简（即象笏，象牙制的手板）。他来到麦场也不说话，只用象简在手中拨弄白丸。

陈氏很好奇，就问道士："这是什么东西？"

道人抬起头来，神秘地一笑说："这是大丹，你若要，我给你一粒。"

陈氏鬼使神差地伸出手接过大丹，只见它晶莹圆润，很好吃的样子，就情不自禁地把它吞了下去。说也奇怪，她刚一吞下大丹，那个道士就忽然一下消失不见了。

十个月后，陈氏生了一个男孩，当然就是朱元璋。

还有一种传说也很有趣，说朱元璋出生的时候，自东南飘来一股白气，贯穿房屋，奇特的香味弥漫在整个屋子里，一整夜都没有散去。

于是，邻居们议论纷纷，说朱家肯定要出贵人。

还有一本叫《龙兴慈记》（明代王文禄著）的书上记载，朱元璋诞生时，屋上红光冲天，於皇寺（又名皇觉寺、于觉寺等）的僧人远远地望见了，都以为发生了火灾。第二日一打听才知道，原来是有一个孩子出生了。该书还说，朱元璋出生不久，母亲抱着他来到河中洗澡。这时候，水中忽然漂来一方红罗，母亲顺手捞起这方红罗，回家做了婴儿的襁褓。后来，那漂来红罗的地方就被叫作"红罗幛"。

传说毕竟只是传说，事实上，朱元璋出生时，家里已经穷得揭不开锅了。可以想象，当时一个孩子的出生，就意味着多一张嘴吃饭，应该不会给这个贫困的家庭带来太多喜悦。

而且，上述这些灵异的传说，多半也是朱元璋当了皇帝之后，让人编造出来的，用意当然是为了告诉天下人，什么叫"君权神授"。

为了让人彻底信服"君权神授"之类的道理，类似的传说还有很多——

朱元璋跟其他穷苦孩子一样，很小就靠替地主家放牛过活。有一天，他嘴实在太馋，就把东家的牛犊给杀了，然后大伙儿一起把小牛煮熟吃掉。吃完之后，伙伴们都为朱元璋担心，东家知道后肯定不会放过他。但朱元璋却不慌不忙，他把吃剩的牛尾巴插进地里，哄骗东家说：

“地开裂了，小牛陷进去了！”

东家当然不肯相信，怒气冲冲地拽住牛尾巴。不料，牛尾巴真的往地里钻了，东家大吃一惊，只好相信了朱元璋的话，没让他赔偿牛犊。

还有一个传说是，小时候他在地主家看牛放羊，最会出主意闹着玩，别的同年纪的甚至大几岁的孩子都习惯性地听他指挥。他们最常玩的一个游戏是做皇帝。虽然光着脚，一身蓝布短衣裤全是窟窿补丁，他却会把棕树叶子撕成丝丝，扎在嘴上做胡须，找一块车辐板顶在头上当平天冠，弄一条黄布包袱披在身上，土堆上一坐，自己做起皇帝来了。拣一些破木板，让孩子们毕恭毕敬地双手拿着，当做朝笏，一行行，一排排，整整齐齐地三跪九叩头，同声高喊“万岁”。

这些传说虽然荒诞，但从中不难看出也有其目的，朱元璋小时候的确比一般孩子聪明、顽皮。也许正是这种不安分的性格，使他以后的人生才如此多姿多彩。

不管怎么说，父母对幼小的朱元璋是寄托了很大的希望的。这种希望其实也很简单，那就是，这个社会虽然很糟糕，但如果儿子将来能够过上吃得饱、穿得暖的“小康”生活，做父母的也就心满意足了。

而朱元璋本人，当初也不是什么胸怀大志的人。如果不是发生了一系列变故，也许他还会在那个穷乡僻壤之地平平淡淡地度过一辈子。

可是，所谓时势弄人。元朝末年，政治腐败，民不聊生，而且天灾更是一场接一场，不是旱就是涝。再加上当时的蒙古统治者不把汉族人民当人看，老百姓的日子简直苦不堪言。年幼的朱重八就是在这种缺衣少穿、忍饥挨饿中度过了自己的童年。

元至正四年（1344 年），朱元璋已年满 17 岁。这一年，淮西蝗旱突起，瘟疫横行，朱元璋残破的家庭也随之毁灭。先是父亲生生饿死，接着大哥又死了，再后来，母亲也撒手而去。史书记载，由于家里穷，入殓的时候，“殡无棺椁，被体恶裳，浮掩之尺，奠何肴浆”。就是说，家里没有棺木盛殓亲人，只用破烂的衣被裹了尸体，用黄土掩埋了，也没有任何东西可用来祭奠。

这也许是当时所有穷苦百姓的真实写照吧。

在接踵而至的灾难面前，朱重八彻底绝望了，他也曾经不止一次地祈求上天，只希望自己能和父母一起生活下去，有口饭吃，哪怕只有一碗清汤寡水的稀饭也行。但结果却令他失望，于是他那颗幼小的心灵开始变得冰冷，对这个世界充满了仇恨。

在埋葬了父母和大哥以后，朱元璋又不得不和二哥分别。因为二哥年纪比较大，要离家到别的地方去谋生。如今，空荡荡的一个家里，只剩下朱元璋孤苦伶仃一个人，几乎活不下去了。这时候，好心的邻居汪妈妈看朱元璋很可怜，就出主意让他去当和尚，图个温饱。

对朱元璋来说，当和尚也是个走投无路的选择。但这年头，当和尚也未必能吃得饱，那些寺庙真能收留自己吗？他心里又有些不安。汪妈妈自有办法，她给附近寺庙於皇寺的住持送了点礼，劝他们收下朱元璋。可见，当时的社会已腐败到何种程度，连做个和尚都要送“红包”。

就这样，朱元璋成功地进入这家寺庙，当起了小和尚。

入义军，走上人生发展的康庄大道

在於皇寺里呆了不到两月，由于寺里僧多粥少，朱元璋被打发到外面云游化缘，美其名曰“游方僧”，其实就是叫花子。

在其后的三年中，朱元璋走遍了淮西、豫南的都邑村落，对当地的山川地理形势和风土人情了如指掌。千村万社，哀鸿遍野，百姓流离失所，怨声载道，这一切也给朱元璋留下了深刻的印象。

这三年里，他拓宽了视野，增加了人生经验，磨砺了自己在逆境中生存的本领。但朱元璋毕竟怀念家乡，于是又回到了於皇寺。回来后，他开始发奋读书，伴随青灯黄卷，早功晚课，读书念佛。

在这期间，朱元璋除佛经外，也广泛接触了各类书籍。

游历和读书，为他今后争霸天下奠定了良好的基础。

长期的困难生活最能磨炼一个人的意志，有很多人在遇到困难时怨天尤人，得过且过，而另外一些人虽然也会在困难面前低头，但他们的心从未屈服，朱元璋毫无疑问属于后一种人。如果说，在出去要饭之前，他还是个什么都不懂的小和尚，在经过三年的漂泊回到於皇寺时，他已经是一个有信心战胜一切的战士了。

这是一个伟大的转变，对很多人来说，可能一辈子都难以完成。转变关键在人心，只有心的强大，才是真正的强大。这时的朱元璋在等待一个机会，一个能使他一飞冲天的机会。谁也不会想到，就在不久以后，命运之神开始向他微笑。

元朝末年，政治腐败，再加上天灾频繁，走投无路的贫苦农民要活命，要改变现状，便不能不拼死杀出一条生路。豪杰振臂一呼，应者四方云集。元顺帝至正十一年（1351 年）五月，韩山童、刘福通在颍州揭竿而起，士兵们头裹红巾，号称“红巾军”。

几个月之间，各地纷纷响应，形成了燎原之势。

於皇寺此时已不是安全之地，和尚们也可能随时被当作“乱民”被抓走，朱元璋面临人生的一个重大选择。就在他徘徊无计的时候，他接到了一封邀请信，原来是小时候一同放过牛的伙伴汤和写来的。

这时的汤和今非昔比，已经投了红巾军，并且在濠州郭子兴麾下做了个千户（约相当于现代的团长）。朱元璋小时候就是孩子们的首领，汤和深知朱元璋的能力，于是劝朱元璋“速从军，共成大业”。

朱元璋不想在小庙里坐以待毙，可是又不想做“贼”，正举棋不定。官府听说於皇寺住持与“反贼”汤和串通，便派人来抓，朱元璋闻讯，便赶紧脱下僧衣，直奔濠州，投奔郭子兴去了。这年朱元璋 25 岁。这一行动，使他加入了历史的大潮之中，开始了人生的角逐。

郭子兴（？～1355 年），濠州定远（今安徽定远）人。其父是一位走方郎中兼算命先生。郭郎中年纪轻轻就出来闯荡江湖，一直在定远一带转悠。定远县里有一土老财，家有万贯家财，可惜没有儿子继承家业，只有一个老闺女又瞎又胖，一直没有出嫁。

也是郭郎中走运，歪打正着娶了这瞎而胖的女人为妻，成了土财主家的上门女婿。于是，江湖郎中摇身一变成了有钱人，那叫一个阔气。腰中有了钱不算，瞎老婆还为他生下三个儿子，其中老二就是日后的郭子兴。

郭子兴长大后，任侠好施，喜宴宾客，俨然一个地方土豪。不久天下大乱，风云际会之下，郭子兴也聚集数千青年人，一举攻克濠州，一时间声名大振。

再说朱元璋来到濠州城下，守卫上上下下打量着他，见他长得粗头大脸，人不像人鬼不像鬼，还口口声声要见元帅，心里很有些蔑视他，便给他定了个“间谍”的罪名，将他五花大绑，还要杀掉。

吵嚷之间，郭子兴听说了此事，跑过来一看，见他相貌奇特，气宇不凡，又听说是汤和推荐的，就把他收了下来。由于朱元璋一出场就表现不俗，所以郭子兴对他非常器重，没有将他编入汤和的部队，而是放在身边，当自己的警卫员。

从这一天起，朱元璋的军旅生涯正式开始了。

朱元璋是一个很优秀的小兵，不但作战勇敢，而且很有计谋，处事冷静。同时，他还很讲义气，有危险的时候第一个上，这一切都让他有了崇高的威望。加上他的同乡汤和帮忙，他在当兵两个月后，就被提拔为十夫长（当时一种最低的军职），这是他的第一个官职。此后有什么重要的军事行动，郭子兴总是派朱元璋领兵出战。

朱元璋运气不错，往往旗开得胜。更难得的是，他从来不贪图财物，每次得到战利品就献给郭子兴。于是，郭子兴对他更加看重，把他当成自己的心腹与智囊。

随着战功越来越大，朱元璋在军中的地位也逐渐重要起来。

朱元璋投军的目的原是为了活命，但当他驰骋在沙场上时，发现自己并不是弱者，不仅可以统领千军万马，还可以影响自己乃至许多人的命运，于是作战更加勇敢。

就这样，凭着一股子精明强干的劲头，朱元璋每战必胜，逐渐得到郭子兴的喜爱。为了进一步笼络这位爱将，郭子兴很快给朱元璋娶了个老婆，并将他的名字由朱重八改为朱元璋。

朱元璋的老婆不是别人，正是郭子兴的义女。她的父亲姓马，是郭子兴的朋友，在他临死的时候，将自己的女儿托付给了郭子兴。这女孩的名字历史上并没有记载，当时人人都叫她马姑娘。朱元璋登基为帝后，她自然成为皇后，因其脚大，民间又称其为“大脚皇后”。

朱元璋在成为郭元帅的乘龙快婿后，在军中的地位日益提高，人皆呼之为“朱公子”。从此，朱元璋走上了快速发展的康庄大道。

凭借真本事打出了一片天

就在朱元璋依附郭子兴，并颇受重用的时候，郭军内部却发生了互相倾轧事件。

原来，当年与郭子兴一起起兵的，还有孙德崖、赵均用、彭大等四人。占领濠州之后，五位领头大哥都自封“元帅”，谁都不服谁。郭子兴好歹也是有钱人，而另外四位都是小混混出身，粗鲁野蛮，跟土匪一样，郭子兴很看不起他们。于是四人心里很不爽，一心想合谋干掉郭子兴。

一天，郭子兴一个人在街上散步，孙德崖、赵均用派人将他绑架，投入孙家的地窖中，企图以此挟制郭子兴的部众。郭的部下投鼠忌器，都不敢动，就连郭的两个儿子也躲了起来。

朱元璋这个时候正在淮北前线作战，听到这个消息后，连忙赶回来。他认识到这是关系他成败的一件大事，处理不好，后患无穷。当时他手下的亲信劝阻他说：“现在郭元帅已经被绑，接下来他们定是捉拿你，你回去不是自投罗网吗？”

朱元璋比他们看得要远，他说：“郭元帅对我有大恩，现在他有难了，我不去救援，还算得上大丈夫吗？”这是一次危机，也是他脱颖而出的机会。他不敢怠慢，回去后，马上来到郭家，却只见到了家中的妇女，没有见到郭子兴的儿子郭天叙和郭天爵，向她们询问，都不敢相告。

朱元璋说：“我可不是外人啊，如果我没安好心，就不会冒险回来了。我回来，就是要救郭元帅啊！”众人这才告诉实情，把郭氏兄弟请了出来。

朱元璋对二人说：“郭元帅向来尊敬彭大，轻视赵均用，这件事表面上看是孙德崖做的，实际上赵均用才是主谋。要救元帅，只有向彭大求援。”

大家觉得有理，就让朱元璋带着郭氏兄弟立即行动。朱元璋不敢怠慢，当天夜里就来到彭大的家中，向他陈说事实，分析利害得失，请他出兵帮助。彭大原本就赏识年轻有为的朱元璋，认为他是难得之才，此时听他说得在理，当即拍着胸脯说道："没事，你甭怕，有我彭某在此，看他们谁敢胡来！"答应和朱元璋一同去救郭子兴。

当夜，朱元璋和彭大所部逾墙而进，及时找到了囚禁郭子兴的地窖，将他救了出来。由于朱元璋的机智勇敢，巧妙地化解了濠州义军内部的自相残杀，在大敌当前之际，保住了实力。朱元璋自己也通过处理这次危机，更得到郭子兴的信任，树立了极高的威信，跻身于义军领袖的行列。这时，朱元璋来濠州才仅仅几个月的时间。

不久，元朝的中书右丞相脱脱任命中书左丞贾鲁率领大军进攻濠州。朱元璋领兵浴血奋战，攻取了怀远、安丰。濠州被合围之后，他又带兵突出重围，攻克了含山县、灵璧县和虹县。之后，贾鲁在军中暴亡，元军撤围。

濠州虽转危为安，但义军伤亡惨重，粮草告急，急需补充。朱元璋发现彭大、赵均用等人依然存在矛盾，无法化解。濠州城内的将领们也各怀私志，争权夺利。更让他担心的是，义军将领都胸无大志，企图死守濠州这块弹丸之地，而不愿去开拓新局面，做大做强。

朱元璋认为应该拓展自己的空间，发展自己的势力，以免寄人篱下难以伸展。他决心依靠自己的努力，闯出一片新的天地。于是在至正十三年（1353 年）六月，朱元璋征得郭子兴的同意，回到自己的家乡招兵买马。由于朱元璋已经初步树立了威望，很多人慕名来投，他童年时期的伙伴们大多来到他的身边，其中最著名的就是后来的开国第一名将徐达。

朱元璋用了十天的时间募集到七百多人，圆满地完成了任务，然后就带领着这批军队回到了军营。

郭子兴大喜，提拔朱元璋为镇抚，把这七百多人交给他统领。这样，朱元璋终于算是有了自己的一支军队，可以独当一面了。但朱元璋知道困守濠州只能是死路一条，于是借着这个机会，大力发展自己。他巧设计谋，招抚了很多人马，并降服了附近的义军数千人，招降元军大将缪大亨，使军力增加到数万人。《明史·太祖本纪》记载："时彭、赵所部暴横，子兴弱，太祖度无足与共事，乃以兵属他将，独与徐达、汤和、费聚等南略定远。计降驴牌寨民兵三千，与俱东。夜袭元将张知院于横涧山，收其卒二万。"

与此同时，他招贤纳士，冯国用、冯国胜和名儒李善长等先后来投，使他有了自己的智囊团。

当郭子兴因为与赵均用等人的矛盾，又先后两次面临生命威胁的时候，仍然是朱元璋挺身救了他。朱元璋的威望日益高涨，实际上已经成了郭部的灵魂。

不断壮大的朱元璋也引起了郭子兴的猜忌，逐渐被排挤，有时连一日三餐都无法保证。不过，这对于在贫困中成长起来的朱元璋不算什么，他在忍耐中等待机会。不久，在强大敌人的压迫下，郭子兴不得不重新重用朱元璋。当朱元璋打下和州（今安徽和县）后，就传檄任命他担任和州总兵，使之成为独当一面的军政长官。这时，朱元璋才 27 岁。

由于朱元璋参加红巾军比较晚，但升迁比较快，一些老资格的将领早就表示嫉妒和不满。他们总认为朱元璋不过一毛头小子，论资排辈的话，也没有自己老，所以这些人不愿意听从他的安排，各行其道。这些人中，以郭子兴的妻弟张天佑为首。由于在攻打和州的时候，他率先攻入城内，自认为立下了头功，就以功臣自居，气势凌人，被那些共同反对朱元璋的人奉为秘密的首领。

朱元璋要维护义军内部的团结，就要处理好与老将之间的关系，让他们口服心服地听从军事调度，进而树立自己的威望。经过一番仔细考虑之后，朱元璋决定利用战前会议来做文章，他故意先把郭子兴给他的任命状藏起来，没有进行宣示。

等到第二天会议的时候，朱元璋故意迟到，将领们先来先坐，这样，等到朱元璋来的时候，就只剩下一个最右端的座位了。按照礼仪，这是最末等级别的一个位置，说明将领们压根就没把他当成一回事。

朱元璋没有表现出任何的不满，只是不动声色地直接走到座位上坐了下来。

会议讨论的是如何面对严峻的战场形势，他要将领们各自先发表自己的作战方案，那些平时夸夸其谈而无真才实学的将领们此时已经个个呆若木鸡，拿不出一个行之有效的计策，显得十分尴尬。倒是坐在边角末座的朱元璋站起来扫视左右，然后挥洒自如，侃侃而谈，向各位将领讲述了自己的观点。这些观点不但有条有理，而且切实可行，使得众人纷纷表示同意。会议开的次数一多，朱元璋的威信就树立起来了，将领们也逐渐意识到朱元璋确实有大将之能，慢慢地就主动把最上面的位子留给了朱元璋。

为了加强和州的防御设置，城墙需要重新修整，朱元璋把城墙分成了十段，命令每个将领承包一段，规定在三天的期限里修好。三天之后，朱元璋把人都召集过来，一段一段地检查，众将这才发现，只有朱元璋所负责的那一段城墙完工了，而其他将领负责的城墙修复工作进展非常缓慢，有的才刚刚着手，有的刚修了一点又撂下了。朱元璋见状之后一声不哼，带领着队伍来到了议事厅。

在议事厅上，朱元璋南面而坐，把郭子兴的委任状拿了出来，脸色一沉，严肃地对众将说："我担任和州的总兵，是由郭帅决定的。元帅命令我做总兵，我就要行使职权，约束纪律。现在筑城，你们都违令失期，该当何罪？"

众人一听，吓得面如土色，浑身战栗，不敢仰视。朱元璋见效果已经达到，就缓和了一下口气说："念大家都是元帅旧部，首次违令，暂不追究。但从今以后，我所下的命令都要认真执行，如果再有违抗者，我就要行使我的总兵职责，以军法治罪，无怪我言之不预也！"

众将闻言无不变色，加紧施工，如期完成了任务。经过这番较量，将领们不但见识了朱元璋的能力，也感受到了他的威势。从此，不但服其能，也畏其威了。朱元璋也由此牢牢地掌握了濠州义军。元至正十五年（1335 年）三月，郭子兴病死，朱元璋就成了名正言顺的统帅。这时，他也不过 29 岁。

其时，刘福通已把元末红巾军领袖韩林儿迎到亳州（今安徽亳县）立为皇帝，国号称宋，年号龙凤，韩林儿称小明王。并任命郭天叙为都元帅，朱元璋为左副元帅，张天佑为右副元帅。朱元璋愤然说道：“大丈夫宁能受制于人耶！”意不欲受封。但他的部下将领和谋士提醒说，韩林儿势力尚可借为声援，于是朱元璋才接受了任命，军中纪年文告仍称龙凤，遇事则皆不受龙凤政权节制。

同年五月，朱元璋收附了巢湖水师廖永安、俞通海的战船千艘。不久，猛将常遇春、邓愈也归附了朱元璋。于是舟楫具备，军威大振。这以后，朱元璋先后攻下太平、集庆、法南行口，并在应天（今江苏南京）称吴国公，置江南行中书省，朱元璋兼总省事，置僚佐参议、左右司郎中、都事。并设行枢密院、理问所、提刑按察司、营田司等机构，分别掌管军政、刑狱、司法、监察、屯田、水利等事宜。朱元璋在应天很快组建起一整套军事、政治、经济机构，标志着江南政权已正式建立。

此后，朱元璋以应天为中心，东征西战，迅速扩大地盘。经过七年艰苦奋战，朱元璋已从食不果腹的小和尚成长为威震一方的霸主。

至正十七年（1357 年），在胜利攻占徽州之后，朱元璋亲自来到了石门山拜访老儒朱升，讨教治国平天下之策。朱升高瞻远瞩，送了他三句话：“高筑墙，广积粮，缓称王。”就是说，要扩充兵力，巩固后方；发展生产，储备粮食；不图虚名，暂不称王，以减小受攻击目标。

朱升的话非常符合当时的形势和朱元璋所处的地位，所以成了以后指导朱元璋夺取天下、建立大明王朝的行动纲领。

朱元璋按照朱升的策略，抓紧军事训练，利用战争的空闲时间开荒种田，积攒了许多粮食。他在形式上一直打着红巾军的旗帜，经过数年的积蓄力量和开拓疆土，朱元璋已经具备了争夺天下的条件。

笑到了最后

朱元璋在建立江南政权后，此时的元军已基本清除。在他周围的割

据势力中，只有陈友谅和张士诚二人是朱元璋的劲敌。一山难容二虎，何况三虎。接下来朱元璋、陈友谅、张士诚三方的正式较量就展开了。

陈友谅，沔阳（今湖北仙桃）人，打鱼出身。当初徐寿辉起兵反元后，陈友谅前去投奔，很受徐寿辉部下倪文俊重用。后来，倪文俊谋篡徐寿辉，事败后前去投靠陈友谅处，结果成了陈友谅向上爬的敲门砖。陈友谅很快取代倪文俊成为实际掌权者。

至正二十年（1360 年）闰五月，陈友谅在江州（今安徽九江）杀死了徐寿辉，自立为皇帝，定国号为汉。然后向朱元璋发起进攻，企图一举消灭朱元璋。

陈友谅的部队一开始很是疯狂，朱元璋部下驻守的太平（今安徽省当涂县）被抢占了。

由于太平是应天的门户，军事地位非常重要。因此，太平失守的消息传到应天后，朱元璋部一片混乱，有人提议投降，有人提议放弃应天以躲避陈友谅，也就是逃跑。这两种意见无论是否可行，朱元璋听后都不同意。原因很简单，如果投降，以陈友谅的胸襟和手段，必然不会容朱元璋再活在这世上。陈友谅连自己的上司都敢杀，更何况朱元璋这样一个降臣。如果放弃应天，又能退到哪里去呢？陈友谅兵不血刃占领应天，必然乘胜追击，赶尽杀绝。朱元璋是不会投降和逃跑的。他历尽千辛万苦才有了今日的局面，难道就是为了投降和逃跑吗？让他投降逃跑，还不如战死。因此只有拼死一战，别无他路。

幸好不是所有人都要放弃，还有一个人没有发表意见。谁呢？刘伯温。一片嘈杂中，刘伯温双目圆瞪，一言不发。朱元璋一看，肯定有文章，连忙请进内室。

刘伯温早已在外边憋了半天气，这时慷慨陈词：“说降说走，都可斩首，斩了他方可破贼。”

朱元璋道：“依先生高见，计将安出？”

刘伯温胸有成竹：“后举者胜，我以逸待劳，何患不克？”

朱元璋终于找到了知音，接着就商讨在哪里迎击陈友谅。刘伯温的意见是太平。

朱元璋认同刘伯温的意见。但收复太平难度很大，决死一战，实力不够，怎么办呢？朱元璋心里很清楚，为今之计只有速战速决，万一张士诚跟陈友谅联合起来，应天腹背受敌，自己大势就去了。

兵贵神速。朱元璋迅速命令胡大海进攻信州（今江西省上饶市信州区），牵制陈友谅的部分兵力，而后派人诈降。在用人上，朱元璋一向很有水平，他挑中的是原与陈友谅相识的康茂才，用康茂才诱骗陈友谅再合适不过。

我们不得不佩服朱元璋的眼光和军事才干，他确实是个罕见的统帅和军事家。在四处作战的过程中，他的计策（包括他采用谋臣的意见）十有八九都是正确的。

假聪明的陈友谅还真以为朱元璋要投降于他，因此放松了警惕。朱元璋大军迅速向陈友谅的部队掩杀过去。陈友谅的部队节节败退。朱元璋随后收复太平，攻占安庆、信州等地。陈友谅在朱元璋的挤压下，属于自己管辖下的国土面积越来越小。

以陈友谅的性格，他不会甘心失败的。他在等待时机报复。

机会终于来了。至正二十三年（1363 年）二月，朱元璋北上安丰（今江苏省东台市境内），救援小明王韩林儿。陈友谅乘虚而入，出动大军，但对象是洪都，就是今天的南昌。洪都本是陈友谅的领土，被朱元璋占去了，陈友谅此次想顺路报仇。他很相信自己的实力，认为攻占洪都，就像一个人走在路上，顺便踩死一只蚂蚁那样容易。

人算不如天算。朱元璋派侄子朱文正和邓愈守洪都，两人都是当时的名将。所以，陈友谅花了三个月都没能攻下洪都。朱文正和邓愈以一座孤城挡住陈友谅六十万大军三个月，不愧为一代名将。

随后，朱元璋和陈友谅在鄱阳湖展开决战。此次战役是中国古代最大规模的“海战”，双方共投入兵力八十万，成败在此一举。结果，陈友谅彻底败了。

取得这次战役胜利后，朱元璋的势力已扩大到长江中下游的广大地区。至正二十四年（1364 年）正月，朱元璋在应天自称吴王，并乘胜亲征武昌，湖广又纳入朱元璋的势力范围。

陈友谅解决了，下一个障碍就是张士诚。

张士诚，小名九四，贩私盐出身，至正十三年占据高邮，自称诚王，国号大周，年号天佑。

张士诚建立大周政权，打败来攻元军，奠都隆平府（今江苏苏州）后，便与朱元璋邻接，双方为争夺势力范围不断发生战争。

张士诚胸无大志，亦无主见，终日寻欢作乐，不理政事，其属下的将军大臣们也腐化堕落，有的将军打仗还带着舞女解闷。其战斗力可想而知。

朱元璋对张士诚的进攻分三个步骤：首先是扫除张士诚在淮水流域的据点。至正二十五年十月起，徐达相继攻取了通州、兴化、盐城、高邮、淮安、徐州、宿州、邳州、安丰等苏北和淮河下游地区。接着于至正二十六年五月，传檄声讨张士诚的八条罪状。十一月，大将军徐达、副将军常遇春率师二十万攻占了湖州、嘉兴、杭州、绍兴等外围之地，对苏州形成包围之势。不久城破，张士诚被俘至应天，被朱元璋处死。

消灭了陈友谅、张士诚，朱元璋就摆脱了东西两侧受敌夹攻的困境，可以放心地收拾盘踞在浙东的方国珍了。早在至正十八年，朱元璋攻占婺州与方国珍接壤后，就曾派使去诏谕方国珍。方国珍看到朱元璋兵势强盛，难与为敌，便向其奉送金银绸缎，表示愿合力攻张士诚，又讲明朱元璋攻下杭州，就献出温州、台州、庆元。但当朱元璋攻取杭州后，方国珍怕被吞并，就暗地里北通扩廓帖木儿（元军将领），南交陈友定，图谋顽抗。并连夜运珍宝，治船具，准备万一抵挡不住时就潜逃海上。至正二十七年九十月间，朱元璋调兵遣将，分三路进攻方国珍。一路由征南将军汤和、副将军吴祯攻庆元（今浙江宁波），一路由参政朱亮祖率军攻台州，另一路由水师将领廖永忠从海道进袭，截断方国珍窜逃海上的退路。同年十一月，汤和进占庆元，方国珍逃入海岛，又被廖永忠的舟师击败。方国珍计穷势屈，只好投降。

至此，南方群雄中实力雄厚的割据势力已被消灭，朱元璋控制了南中国的大部分地区。

当朱元璋扫灭了南方对手之后，北方残存的元政权最后摆在面前。

不断的胜利和一心想尽快坐天下的思想，使诸将中不少人认为应以百万之师直捣元都。朱元璋则不仅看到己方的优势，也看到元军的优势。

他认为，元军经过红巾军的打击以及本身的火并，其实力已大大削弱，但他们毕竟占据着半壁江山，拥有众多人口和无数坚固的城池。如果北伐策略不当，灭元会遇到极大困难。他提出，最佳进军路线是："先取山东，撤其屏蔽，旋师河南，断其羽翼，拔潼关而守之，据其户槛……然后进兵元都。"也就是说，先肃清外围守敌，等到"天下形势入我掌握""彼势孤援绝"之时，一举夺取元都。可见，这是一个极为稳健的办法。

当一切准备妥当后，朱元璋便立即调集精锐部队实施北伐，同元朝政权展开最后的大决战。徐达、常遇春所率北伐军在平定山东全境后，兵分两路，进军河南。

其他人也没闲着。汤和、廖永忠、胡廷瑞、何文辉、周德兴、张彬、朱亮祖等人出兵东南、广西，所向披靡，捷报频传。统一天下已是指日可待，朱元璋登基称帝的时机已经成熟。

1368 年 1 月 4 日，朱元璋不负众望，登基称帝，国号明，年号洪武。洪武元年七月，徐达率领的北伐军在平定河南后，逼近大都，元顺帝携后妃、太子仓皇出逃上都（今内蒙古自治区锡林郭勒盟正蓝旗境内），统治中国九十七年的元朝宣告灭亡。洪武四年，四川平定。洪武十四年云南平定。至洪武二十年（1387 年），山西、陕西以及东北平定，至此，中国全境基本统一。

元末群雄蜂起，斗争异常残酷。许多曾经独领风骚的势力相继灰飞烟灭，朱元璋却由弱变强，最后统一了全国。这是因为朱元璋在历次胜利中，始终保持清醒的头脑，察人、察势，保持了事业的正确方向。

充满争议的治国之术

明朝建立伊始，中华大地经过近二十年战乱的破坏，一片凋敝。朱元璋实行了发展生产、与民休息的政策。1368 年，朱元璋称帝不久，

外地州县官员来朝见，朱元璋对他们说："天下初定，老百姓财力困乏，像刚会飞的鸟，不可拔它的羽毛；如同新栽的树，不可动摇它的根。现在重要的是休养生息"。他接受大臣建议，鼓励开垦荒地，并下令：北方郡县荒芜田地，不限亩数，全部免三年租税。他还采取强制手段，把人多地少地区的农民迁往地广人稀的地区；对于垦荒者，由政府供给耕牛、农具和种子；并规定免税三年，所垦之地归垦荒者所有；还规定，农民有田五至十亩者，必须栽种桑、棉、麻各半亩，有田十亩以上者加倍种植。这些措施大大激发了农民垦荒的积极性。

朱元璋出身农民，深知灾荒给农民造成的痛苦，在他即位后，常常减免受灾和受战争影响地区的农民赋税，或给以救济。朱元璋还十分爱惜民力，提倡节俭。他即位后，在应天修建宫室，只求坚固耐用，不求奇巧华丽，还让人在墙上画了许多历史故事，以警示自己。

在朱元璋积极措施的推动下，农民生产热情高涨。明初农业发展迅速，元末农村的残破景象得以改观。农业生产的恢复发展，促进了明代手工业和商业的发展。朱元璋的休养生息政策巩固了新王朝的统治，稳定了农民生活，促进了生产的发展。

朱元璋在位期间，大力加强君主专制的中央集权统治。

朱元璋在中央废除了丞相制度，六部尚书对皇帝直接负责。如此一来，等于皇上兼任首相。这下，皇上又忙不过来了。朱元璋就设立殿阁大学士，由翰林学士入职内阁。这些翰林学士品级很低，不会对中央政权构成威胁。不过，在他之后，翰林学士品级越来越高，到后来干脆由各部的尚书兼任内阁大学士。

朱元璋在加强君主专制的过程中，清除了一批权臣，凸显了其"血腥皇帝"的残忍。

左丞相胡惟庸本是开国第一号功臣李善长的女婿，他在朝中大权独揽，独断专行，卖官鬻爵，打击异己。一天，胡惟庸的儿子乘马车在南京城里招摇过市，不小心从车上跌下来摔死了，胡惟庸判车夫抵命。此事让朱元璋逮了个正着，非要胡惟庸给车夫偿命不可。此时，恰逢有人上书告胡惟庸谋反。朱元璋遂以"枉法诬贤""蠹害政治"等罪名，将胡惟庸处死，并将其抄家灭族。胡惟庸案株连蔓引，先后持续了数年，前后共杀掉了官员三万多人。连位居“勋臣第一”、退休在家且年已77岁的李善长及全家七十多口人，也一起被杀。此事过后不后，朱元璋借口大将军蓝玉谋反，又掀起一场大狱，杀掉了一万五千多人。经过这两次史无前例的政治运动，明朝开国的文武功臣基本上被屠戮殆尽。

由于朱元璋出身贫苦，从小饱受元朝贪官污吏的敲诈勒索，这使得他对贪官污吏深恶痛绝，认为元朝覆灭就是由于官员腐败以致民不聊生、民心相悖而起。这让他一登上皇位，就开展了雷厉风行的反贪运动。在处罚罪犯时，朱元璋往往并不按照《大明律》的规定来实行刑法，而是大开杀戒。他杀了许多贪官污吏，杀人之多，用刑之严，开创了中国几千年专制统治之最。由于官吏被杀极多，甚至造成了一些地方州县一时无人办公的尴尬局面。

朱元璋统治时期，最为人诟病的就是他实行特务统治。朱元璋把自己身边负责警卫事务的亲军都尉府（前身是拱卫司）改为锦衣卫，授予他们侦察、缉捕、审判、处罚罪犯的一切大权，让他们监视大臣、百姓的言行，并在锦衣卫内设立了特殊的法庭和监狱。这样，锦衣卫实际上就变成了专为皇帝服务的特务机构。

朱元璋在位的三十一年间，特务多如牛毛，遍布街巷路途，严密监视着朝野内外、文武官员的活动。

吏部尚书吴琳已告老回到自己的家乡，但朱元璋对他仍不放心，便派特务到吴琳家乡去侦察其活动。特务来到稻田，只见一个农民模样的老人从小凳上站起来，便上前问道：“这里有个吴尚书吗？”

老人回答：“敝人便是。”

朱元璋听了特务的这一报告才对吴琳放了心。

大学士宋濂一次在家设宴招待客人，第二天朱元璋问他，“昨天请客，喝酒了吗？做的什么菜？”

宋濂如实做了回答。朱元璋笑道：“说得对，没骗我。”

国子监祭酒宋讷一天在家暗生闷气，监视他的特务竟把他当时的样子画了下来上报皇上。朱元璋见了宋讷问道：“昨天你在家生什么闷气

呀？”宋讷照实做了回答。他吃惊地问朱元璋如何知道此事？朱元璋将画像递给他，他展图一看，方才醒悟，慌忙磕头谢罪。

还有位大臣一日无事，在家与妻妾玩麻将，无意中丢了一张二万，怎么找也找不着。第二天上朝，朱元璋问这个大臣昨天在家干什么，该大臣如实说是在家与妻妾玩牌，请皇帝恕罪。朱元璋听后说：“卿不欺我，朕不怪也。”说完从袖中摸出一张二万扔给了他。

有一个在外省任职的大官，身边有名仆人，做事聪明、勤快，善解人意，多年来任劳任怨，从未做错过一件事。主人对他也日见倚重，诸事都征求他的意见。忽然有一天，仆人来向主人告辞，主人极力挽留，并问他为什么坚持要走，仆人见主人挽留意诚，被逼无奈，才说明真相。原来他本不是仆人，而是锦衣卫派来的密探。主人万万想不到多年来自己一直倚重的奴仆竟然是潜伏在身边的特务要员，吓出了一身冷汗，庆幸并没有说过什么不妥的言语，也没有得罪这个仆人。从中可见，朱元璋后期任用的锦衣卫，特别为他倚重，权势极大，分布极广，行动也极为隐秘。

锦衣卫的成员都是小人物，本身没有社会地位可言，而授予他们某种特权，这就使他们足以扳倒大人物，这种成就感使他们受宠若惊，自然会摇尾邀功、忠于君王。虽然他们要整什么人，归根结底还得由朱元璋点头才行。但其行径卑劣、权逾三司，使得百官自危，民怨难伸，锦衣卫实际上充当了明朝统治者超越司法、滥施淫威的特殊工具。

洪武三十一年（1398 年）五月五日，白手起家做了皇帝的朱元璋病逝，享年 71 岁，葬于南京钟山孝陵。

综观朱元璋的一生，其生于乱世，少年孤苦，颠簸流浪，历尽坎坷。继而投军建业，割据一方，广招人才，收取民心，败强敌，取大都，即皇位，平天下。在位三十一年，重典治国，打击腐败，鼓励农桑，减免赋税。但重刑之下，多有枉死，天下富户，破产过半，诛杀功臣，实寒人心，建制改制，贻害不浅。世人评价，毁誉参半，是非功过，难有定论。

还是那句老话，千秋功罪，任由评说。

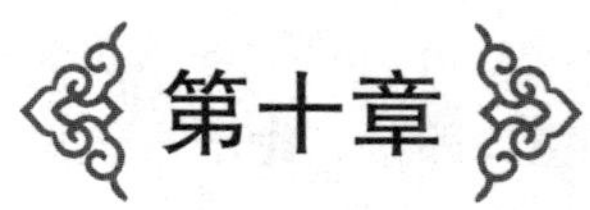

第十章

亘古少见的英明君主：康熙帝玄烨

康熙帝玄烨（1654 ~ 1722 年），满族人，御宇天下六十一年，是中国历史上在位时间最长的帝王，也是一位亘古少见的英明君主。他智擒鳌拜，平定三藩，统一台湾，安定西藏，抗击沙俄侵略。以其雄才大略，成就了一代伟业，奠定了“康乾盛世”的百年基业，被后人誉为“康熙大帝”。

擒鳌拜，少年天子出手不凡

康熙皇帝玄烨出生于清顺治十一年（1654 年）三月十八日，他是顺治帝福临的第三子，其母为顺治帝之妃佟佳氏。

玄烨出生的年代，中国境内天花流行，当时的皇帝、后妃以及阿哥们，为了躲避天花，经常出宫“避痘”。因此，玄烨生下来不久就由奶妈抱出宫外，在紫禁城西华门外的一处府第（即今北京的福佑寺）中哺养。但是，玄烨在两岁时仍染上了天花。值得庆幸的是，他平安度过了这生死一劫，并获得了对天花病毒的终身免疫力。而此后，这竟成了他登上帝位的一个关键性因素。

顺治十八年（1661 年）正月，顺治帝福临病重。年仅 24 岁的福临

正值盛年，此前并没有考虑过立嗣之事，只好临时裁决。顺治帝倾向于立皇次子福全，而其母孝庄太后则主张让皇三子玄烨即位。顺治帝犹豫不决，就派人征询他素来敬重的外国传教士汤若望的意见。汤若望认为玄烨已出过天花，具有终生的免疫力，是即位的理想人选。顺治帝一生非常相信和尊重汤若望的意见，于是便下诏立皇三子玄烨为帝，命索尼、苏克萨哈、遏必隆和鳌拜四位重臣辅政。

正月初七，顺治帝病逝于养心殿，把大清江山和沉甸甸的责任留给了年仅 8 岁的玄烨。正月初九，玄烨正式即帝位，从下一年开始，改年号为康熙，清王朝的历史从此便进入了一个蓬勃发展的新时代。

康熙帝刚即位时，还不能够亲自处理国家大政。顺治帝任命的四大臣本着协商一致的原则共同辅佐幼帝，最初几年尚相安无事，然而随着四辅臣内部势力的增长变化，本来排在四辅臣末尾的鳌拜的势力日益增长扩大，致使四辅臣之间的权力制衡被打破。鳌拜是个权力欲最为强烈的人，逐渐地由恃功自傲走向了欺君弄权。

康熙六年（1667 年）六月，索尼去世。康熙帝鉴于四大臣辅政体制已经名存实亡，反而成为鳌拜专权的工具，便上奏祖母孝庄太后，请求亲政。祖母理解孙儿现在的处境，自然应允。康熙帝乃于七月七日，举行亲政大典。然而，康熙帝虽然亲政，但鳌拜却仍然继续掌握着批理章疏的大权，并迫害死了苏克萨哈，使遏必隆亦依附于自己，他甚至对康熙帝有不轨的企图。

有一次，鳌拜故意装病不朝，康熙帝亲自到他家里问候，却在他的寝室里发现炕席上放了一把短刀。按照规定，臣属面见皇帝，身边不许携带任何兵器，否则即以图谋不轨论处。由此可见，鳌拜根本就未曾把康熙帝放在眼里。年少鬼精的康熙帝当然也装作毫不介意的样子，慰劳了几句，便回宫去了。

这件事更加深了康熙帝要除掉鳌拜的决心。然而康熙帝也知道，鳌拜根深叶茂，亲信党羽遍布朝廷，控制了许多重要部门和中枢要害，如强行拘捕，可能反会遭遇不测，所以只能智取，不能力敌。

主意拿定后，康熙帝便开始了一系列的准备工作。首先是稳住鳌拜。表面上康熙帝饮酒作乐，不理朝政，特别是在有鳌拜及其死党聚集或参与的场合，便说些人生几何、江山粪土的话，表示自己无心恋政。其次是培养一支自己信得过的侍卫队。满洲人有一种唤作“布库”（布库系满语，意为摔跤手）的摔跤游戏，康熙帝以玩耍为名，从皇帝直属的满洲上三旗贵族子弟当中，挑选了几十名身强力壮的少年，组成了善扑营，天天练习“布库”之术。善扑营既是准备用于擒拿鳌拜的格斗队，又是保卫康熙帝的侍卫队。鳌拜果真以为这都是小孩子们在闹着玩儿，就没往心里去。

康熙帝通过和这些少年们一起嬉戏，摔跤踢打，不但武功有了长进，而且也和这些少年之间建立起了一种深厚的感情。经过一段时间的练习，这些脸上还带着稚气的少年们均成为擒拿格斗的好手。

康熙帝又以寻找棋友为名，将自己信得过的很有组织能力并擅长角扑之术的索额图（索尼之子，康熙帝皇后的叔叔）由吏部右侍郎调任为一等侍卫，放在自己身边，实际上是掌管善扑营，为执行擒拿鳌拜的任务做准备。

康熙八年（1669 年）五月初，擒拿鳌拜的工作已经准备就绪。为了确保万无一失，在正式行动之前，康熙帝先将鳌拜的党羽以各种名义派出，削弱其在京城的势力。部署完毕后，十六日的早晨，康熙帝集合了担任此次擒拿任务的善扑营全体队员，亲自做了战前动员。他用激昂的语调问这些少年伙伴们：“你们都是我的左膀右臂，我的好朋友，你们是敬服我呢，还是敬服鳌拜？”

这些少年伙伴们齐声回答：“只敬服皇上一人！”

见此，康熙帝大声宣布：“好！我今天就交给大家一个任务——捉鳌拜！”接着，康熙帝向小伙伴们宣布了鳌拜的罪行，又向小伙伴们做了具体的布置，将他们隐藏在进宫大门的两厢。

安排好了以后，康熙帝派人去请鳌拜进宫。鳌拜不知是计，一点戒心也没有，大摇大摆地来了。看到鳌拜仍然如此横行，康熙帝不禁怒火上冲，大声地喝道：“来人！把这个逆臣给我拿下！”

顿时冲出一群少年，把鳌拜团团围住，有的扭胳膊，有的拧大腿，

有的搂脖子，有的抱后腰。鳌拜初时还以为这是在跟他开玩笑，待发觉情形不对之后，已来不及反应，被这些少年们七手八脚地用绳子捆了个结结实实。

康熙帝见鳌拜已经被拿住，便下令将他投入大牢，并马上升朝，宣布已经逮捕鳌拜，命令大臣们调查他的罪行，紧接着将鳌拜的党羽们也一个个地捕捉起来。

鉴于鳌拜所犯的罪行，康熙帝原拟将他革职处斩。但在提审鳌拜时，鳌拜脱下衣服，指着身上的累累伤痕说，那是他以往在搭救清太宗皇太极时留下来的。康熙帝于心不忍，便赦免了他的死刑，改为终身软禁。康熙帝又收回了辅政大臣批阅章疏之权，此后各处奏折所批朱笔谕旨，皆出自于他本人之手，而从无代书之人。这翻天覆地之举，竟出自一个十五六岁的少年之手，这表明了康熙帝在政治上的早熟，也初步显示了少年天子过人的治国理政才华。

勇敢铲除“三藩”

收拾了鳌拜集团后，康熙帝又冒了平生最大一次险，这就是平定“三藩”。结果，他又赢了。

所谓“三藩”，是明末清初天下巨变之时，投降清朝的汉族军阀官僚所组成的地方割据势力。他们在稳定清初的国势、镇压农民起义军、击溃南明小朝廷的一系列战争中，发挥了重要的作用。论功行赏，有三家汉人被封为藩王，割据一方，即驻守云南的平西王吴三桂，驻守福建的靖南王耿仲明（耿仲明父子去世后，由耿仲明的孙子耿精忠袭藩王爵位），驻守广东的平南王尚可喜。

顺治时，本想依赖三藩守边，达到“以汉攻汉”的目的，借以“屏藩王室”，但实际情况却与之相反。由于“三藩”都身拥重兵，割据一方，并不那么听命于朝廷，并且横征暴敛，鱼肉百姓，而清廷每年还需向其供应大量饷银，造成财政的沉重负担。因此，三藩最终形成了一股和清廷抗衡的强大力量，构成尾大不掉的祸患。

康熙帝除鳌拜后，决意削平三藩，强化政权，但又考虑到三藩拥有重兵，不敢贸然行事。于是，康熙帝首先对三藩的势力逐步削弱、限制。比如：康熙二年（1663 年），收缴吴三桂的大将军印；四年和六年，分别裁减其兵丁和兵饷；对三藩及其属下欺压百姓、危害地方的事件予以惩处；解除藩王管理地方民事、政事的职权；规定藩王下属不得任总督、巡抚等地方大吏；委派自己的亲信到藩地担任督抚，精练官兵，视察地形，以事牵制。另外，康熙帝还加紧撤藩的准备：整顿财政，筹措经费；扩编佐领，加强训练，提高八旗兵的战斗力；采取缓和民族矛盾和阶级矛盾的措施，以争取民心，并拉拢支持撤藩的朝臣等等，只待有利时机一并撤藩。

机会总会垂青那些有准备的人。康熙十二年（1673）三月，镇守广东的尚可喜上疏请求回辽东养老，让他的儿子尚之信承袭王爵。康熙帝见时机已到，便回复说：藩王既然活着，没有儿子承袭王位的先例；藩王既然回乡养老，他的家属兵丁等也应一起带回去，而绿旗官兵应该留在当地。这样，清政府顺势撤销了尚氏的藩封。

这件事惊动了吴三桂、耿精忠。他们也知道康熙帝的用意，但明里也不得不装出与“中央”保持一致的样子，也提出撤藩的请求，并分别于七月三日、九日将撤藩申请送到北京，以此试探朝廷态度，解除朝廷的怀疑。

对吴三桂的请求，清政府中产生了不同的意见：一派主张撤；一派担心吴三桂兵力强大，如果造反，难以对付，因此主张先不撤为宜，日后从长计议。不主张撤的人在朝廷中占有大多数。

康熙帝认为，虽然这是一次巨大的冒险，但这个险值得冒。他对众大臣说：“吴三桂蓄谋已久。如果不早点下手，一定会养痈遗患，到后来不可收拾。何况形势发展到了这种地步，撤也反，不撤也反，不如先发制人！”于是于八月下达了撤藩的诏令，命耿精忠率军进京听候调用，令吴三桂调往山海关外驻扎。

撤藩的举措击中了这些称霸一方的骄兵悍将的痛处，吴三桂在康熙十二年十一月，首先公开发难，起兵叛乱。为了笼络民心，他脱下清朝

王爵的穿戴，换上明朝将军的盔甲，在死了几百年的明朝永历皇帝的墓前假惺惺地痛哭一番，说是要替明王朝报仇雪恨。不久，耿精忠、尚之信也相继起兵响应。耿精忠还联络了当时统治台湾的郑成功之子郑经，约为援军。郑经率军队进犯闽、粤沿海，转入江西，以为策应。一时间，一些叛明降清的汉籍将领、督抚、提督、总兵以及与清廷有矛盾的云贵土司相互附和。

由于叛军来势凶猛，清军一时抵抗不力。所以，很快叛军就由云南，出贵州，略湖南，攻四川，入江西，占浙江，并蔓延到山（西）陕（西）甘（肃）诸省。仅一年间，叛军就占据长江之南，几与清廷形成对峙之势，形势十分严重。

叛报传来，举朝震惊，年方20岁的康熙帝果断刚毅，否决了部分大臣主张与三藩叛军议和的提议，并下令削夺吴三桂的王爵，公布其罪状，将留居京师的吴三桂之子应熊、之孙世霖等处死，以断和谈后路，统一人心。然后，发兵讨伐叛军。

在这次战争中，康熙帝表现出杰出的政治、军事才能。他指挥有方，处置得当，临危不惧，运筹帷幄。在知己知彼的基础上，做出详尽的战略部署。在兵力调度上，他将清军分为两条战线，把湖北荆州和江西作为前线，以八旗劲旅固守，遏止叛军主力过江北上；将山东兖州和山西太原作为后方支点，调重兵把守，控制南北和东西两条孔道，以策应前线。在兵将应用上，不论亲疏贵贱，一律赏罚严明，而且大胆起用汉将，并破格提拔有才之汉将。按照这些部署，到康熙十五年底，清军逐渐占据了优势，进入了战略反攻阶段阶段。

此外，康熙帝还采取了“剿抚”并用、逐个分化的方针，对吴三桂坚决打击，其余则视为胁从，力主招抚。发兵之初，他就及时下诏停撤耿、尚二藩，并善待其在京家人，而后劝降叛军西线主将陕西提督王辅臣，以孤立吴三桂，从而集中兵力、重点打击。为安定云贵军民，下诏如能弃暗投明，都论功行赏，以此笼络人心。作战期间，康熙帝仍照常办公，甚至每天还去景山游猎，以显示自己胸有成竹，稳定军心、民心。

在康熙帝的一番运筹帷幄下，清军很快就掌握了战场的主动权，吴三桂连战皆败，不久死去，把一副烂摊子甩给了孙子吴世璠。14 岁的吴世璠无力指挥拥兵自重的诸将，叛军在战场上失去了统一的指挥，终于遭到大溃败。康熙帝则有条不紊地指挥各路军队，一鼓作气，杀向吴三桂的老巢。

康熙二十年（1681 年）九月，清军围困昆明，十月二十八日吴世璠自杀，二十九日叛军出城投降。至此，历时八年的三藩之乱被彻底平定。

在这场斗争中，年仅 20 岁的康熙帝在老谋深算的吴三桂面前没有张皇失措，而是沉着冷静，从容应对，招招式式都显示出了稳当得体的统帅风范。

平定“三藩”之乱后，康熙帝威望大为提高，统治地位进一步巩固。然后，康熙帝为了安定南疆，防止藩王势力东山再起，对三个藩王部属做了妥善处理和安置。藩属部队撤回北京，归中央指挥；在各省、各府的军事要地派八旗兵驻防，加强地方军事管理；对三藩属下财产，一律籍没充公，改善了国家财政；清除藩地弊政，由中央任命得力地方官进行整肃；永不把兵权爵位及土地封给大臣世代相传。这些措施的实施，加强了国家统一，巩固了中央政府的权力，促进了经济、政治的发展。

收复台湾，流芳百世

收复宝岛台湾是康熙帝一生最重大的历史功绩之一。

台湾自古是中国的领土，曾被荷兰人在明熹宗天启元年（1624 年）侵占，康熙元年（1662 年）郑成功将荷兰人驱除。之后，郑氏家族就在台湾居于统治地位。郑成功病逝后，其子郑经继承了领导权。康熙二十年，郑经死后，其部将冯锡范等杀死了郑氏的继承人，改立郑经次子郑克塽（shuǎng）继承王位。郑克塽年幼，成为冯锡范的傀儡。由此，台湾出现了内乱。在此情况下，康熙帝决心为了国家统一收复台湾。次年六月，康熙帝任命施琅为福建水师提督，主管收复台湾战事。

施琅，福建晋江人，初为明总兵郑芝龙（郑成功的父亲）部下骁

将，顺治二年（1645 年）十一月，随郑芝龙降清。因坚决不从郑成功抗清，他的父亲、兄弟和儿子都被郑成功所杀。康熙元年，施琅被提拔为福建水师提督。他自幼生长海上，深悉水性及郑氏情形，一贯主张以武力围剿郑氏，攻取台湾，曾经于康熙初年上书，要求武力收复台湾，但是鉴于当时的条件还不成熟，他的建议被否决。“三藩”之乱平定后，康熙帝决计武力收复台湾，便启用施琅并给予大力支持。

施琅为了能在征剿过程中加强与皇帝的联系，提请皇帝侍卫吴启爵“随征台湾”。兵部不准。康熙帝特批：“爵在京不过一侍卫，有何用处？若发往福建，依施琅所请行。”施琅深知吴启爵受皇帝信任，请他随征，无异于钦差大臣。后来吴启爵在关键时刻往来于福建与北京，呈报前线情况，传达皇帝指示，对统一台湾起了重要作用。

康熙二十三年（1683 年）闰六月，施琅统战船三百、水师两万攻打澎湖，一战而克，大获全胜。郑军两万士卒、上百只战舰全部被击溃，守将刘国轩遁归台湾。澎湖一破，台湾震慑。郑克塽、冯锡范、刘国轩等见大势已去，人心瓦解，台湾不能固守，即表示愿降。施琅入台受降，郑克塽亲率刘国轩、冯锡范等重要文武官员，齐集海边，列队恭迎王师，然后会见于天妃宫。施琅当众宣读皇帝赦免他们的诏书。郑克塽等遥向北京叩头谢恩。

施琅入台之后，不负康熙的期望，未对郑氏进行报复，而是前往郑成功的庙宇行告祭之礼。他知道郑成功在台湾官兵心目中的地位。在台湾政权变换、人心浮动的时刻，这一举动，对于安定郑氏官兵的情绪、稳定社会秩序无疑产生了重要的社会效果。

捷报传到北京后，康熙精神异常振奋。将收到捷报那天所穿的衣物赐给施琅，并赐五律一首，写道：

岛屿全军入，沧溟一战收。
降帆来蜃市，露布彻龙楼。
上将能宣力，奇功本伐谋。
伏波名共美，南纪尽安流。

伏波指东汉名将马援，曾封伏波将军。康熙借此称赞施琅智勇双全，建立奇功，可与马援齐名，流芳百世。

康熙二十三年十二月，郑克塽等奉旨进京。康熙帝对原台湾郑氏的官员全都给予封赏，让他们在朝中为官。尤其值得一提的是康熙帝对郑成功子女的态度，他不但认为郑成功、郑经并非“乱臣贼子”，命将其父子灵柩归葬其故乡南安，还亲自赠送了一副对联，挽念郑成功收复中华故土的不朽业绩。其对联曰：

四镇多二心，两岛屯师，敢向东南争半壁；

诸王无寸土，一隅抗志，方知海外有孤忠。

此后，康熙帝在台湾设一府三县——台湾府和台湾、凤山、诸罗三县，隶属福建省。并在台湾设总兵一员，驻兵八千，在澎湖设副将一员，驻兵三千。

康熙帝收取台湾，完成台湾和大陆之间的政治统一，大大促进了以后台湾的政治、经济与文化的发展。由此台湾成为我国东南海上的重镇，有利于加强和巩固我国东南沿海的国防，有利于抵御西方殖民主义势力的入侵。

康熙帝统一台湾的斗争，在中华民族悠久灿烂的历史上占有辉煌的一页，为后人留下了有益的借鉴和不朽的遗产。

伟大的壮举——击败沙俄侵略者

明末清初，沙俄在亚欧大陆上不断向东扩张，并于17世纪中期侵入我国黑龙江地区。他们烧杀淫掠，无恶不作。清朝进关后，顺治帝曾派兵打击沙俄侵略军，基本肃清了黑龙江中下游的俄军。但由于认识不够、力量不足及准备不充分，并没有彻底将其根除。沙俄仍以尼布楚、雅克萨等处为巢穴，筑城盘踞，不时地出没在上游地区。

康熙帝亲政后，立意剿灭沙俄侵军。但因“三藩之乱”的爆发，他

只得暂时搁置此项计划，转而对沙俄采取和平外交的方针。他多次派人赴俄交涉，一开始就像我们耳熟能详的那样，除了声色俱厉地提出几无用处的“严重抗议”外，便是要求和平协商处理两国领土争端。可惜，历史证明这些近似自欺欺人的做法毫无用处。傲慢的“北极熊”根本不予理会，相反，还变本加厉地扩大侵略活动，又窜至黑龙江中游地区筑室盘踞。

其实，英明如康熙帝，当然知道解决领土争端仅靠所谓外交手段根本靠不住，除非你打定主意让自己吃亏。否则，必须以军事手段予以打击。于是在平息三藩之乱的同时，积极着手进行军事备战。康熙二十一年（1682 年）春，也就是三藩之乱平息数月后，康熙帝亲自“省观”吉林，“巡视边疆，远览形胜”，为反击沙俄作政治动员和军事方面的进一步准备。

康熙帝于当年五月初返回北京后，当即做出“征剿”沙俄的战略决策。先派遣副都统郎坦、彭春等率两百余人的小股部队，以打猎为名，前往黑龙江侦察敌情。年底，郎坦等顺利完成侦察任务，向康熙帝报告说：“攻取罗刹（时人对沙俄侵略者的篾称）甚易，发兵三千足矣。”

此时还不到 30 岁的康熙帝，深谋远虑，当即采取如下措施：一是调取乌拉、宁古塔兵一千五百人，并携带红衣大炮、鸟枪等，由宁古塔将军巴海、萨布素率领至黑龙江。二是在瑷珲、呼玛尔两处建立木城，与沙俄对垒。三是备足军粮，令科尔沁十旗和锡伯、乌拉地区官庄提供一万两千石粮食，足够三千部队三年之用。清军至驻地，即行屯田耕种，再由索伦人接济牛羊。为保证长期粮饷供应不断，康熙帝又指令开辟辽河、松花江与黑龙江的水陆联运。这就从根本上解决了运送粮饷的困难，保证反侵略战争的最后胜利。从长远看，康熙帝的这些措施对开发东北也有重大意义。

康熙二十四年（1685 年）二月，萨布素提出攻取雅克萨的作战计划。康熙帝又从京师、东北及河北、山东、河南、山西等省调来八旗官兵，另从福建调来藤牌兵四百人，共计兵力近三千人，先集结于瑷珲（黑龙江城）。为保证前线与朝廷之间军事信息的畅达，康熙帝特指示自墨尔根（齐齐哈尔）至雅克萨之间设立驿站，负责传递军情。在康熙帝的精心筹划下，军事部署十分完备。

四月二十八日，彭春、萨布素统率清军自瑷珲水、陆并进，目标直取雅克萨。六月初，清军大胜，沙俄遭到重创，被迫出城投降。清军将七百余俄国人遣返俄国。另有俄军四十多人投降，不愿回国，被编为康熙俄裔近卫军。被俄军俘虏的中国人质和奴隶，发回原地。不过令人遗憾的是，为了显示大清朝以和平为重的诚意，康熙帝命令清军毁掉雅克萨木城，军队撤至瑷珲、墨尔根两处筑城屯种，从而为沙俄的又一次入侵留下隐患。

果真，清军撤离雅克萨不久，沙俄即派遣陆军大佐伯拜顿率军赶到尼布楚。七月初，他会合督军托尔布津的残兵败卒共五百余人，再次返回雅克萨据守。康熙二十五年（1686年）五月，萨布素率部兵临雅克萨城下，双方炮击，枪弹交加。沙俄军损失严重，托尔布津被击毙。清军将俄军围困达五个多月。至严冬，俄军死亡八百余人，仅剩一百余人。当时，沙俄正和瑞典争夺芬兰，无暇东顾，被迫遣使来华求和。康熙帝即下令清军解围。第二次反击战又以胜利告终。

康熙二十八年（1689年）七月二十四日，双方使臣在尼布楚（今俄罗斯涅尔琴斯克）谈判边界问题，共同签署了《尼布楚条约》。这是中俄两国签订的第一个条约，共有六项条款，包括中俄东段边界的划分、越界人员的处理、中俄贸易等内容。其中明确规定，以额尔古纳河、格尔毕齐河和外兴安岭为界，整个外兴安岭以南、黑龙江和乌苏里江流域包括库页岛在内的广大土地都是中国的领土。俄国撤出雅克萨及所有在中国境内的军队和据点。外兴安岭与乌第河之间的地区，暂存待议。

《尼布楚条约》的缔结，是清政府外交为辅、武力为主策略的胜利，从而遏制了沙俄侵略者的凶焰，以法律的形式明确了中俄东部国界，捍卫了领土主权的完整，为东北边疆换来了一百五十多年的安宁。

但是，必须指出的是，《尼布楚条约》的签订是在清政府作出巨大领土让步的基础上达成的，使俄国取得了尼布楚周围及其以西原属于中

国的广袤领土，为清末俄国对我国领土的进一步侵占埋下了伏笔。

但无论如何，反击沙俄侵略的雅克萨之战，都是一场伟大的民族自卫战争。它自始至终都是在康熙帝的筹划和指挥下进行的。康熙帝坚持收复失地，不畏强暴，敢于同一个从未交过手的敌人进行战斗的精神，显示了他过人的气魄和大无畏的勇气。

用兵西北、治理西藏，维护祖国统一

清初，居住于我国西北方的蒙古族分为漠南蒙古、漠北喀尔喀蒙古和漠西厄鲁特蒙古三个部分。除了漠南蒙古早已归属清朝外，其他两部也都臣服于清朝。准噶尔是漠西蒙古厄鲁特的一支，本来在伊犁一带过着游牧生活。

但自康熙九年（1670 年），噶尔丹夺得准噶尔部统治权后，他野心勃勃，先兼并了漠西厄鲁特蒙古的其他部落，又向东进攻漠北喀尔喀蒙古。漠北喀尔喀蒙古抵抗一阵失败了，几十万的漠北喀尔喀蒙古人逃到漠南，请求清朝政府保护。康熙帝派使者到噶尔丹那里，叫他把侵占的地方还给漠北喀尔喀蒙古。噶尔丹自以为有沙俄撑腰，十分骄横，不但不肯退兵，还以追击漠北喀尔喀蒙古为名，大举南犯。

噶尔丹的举动不但破坏了清朝多民族国家的统一和领土完整，而且给广大的蒙古牧民制造了深重的灾难。噶尔丹军队所到之处，草原上鲜血遍地，一片恐怖景象。

面对噶尔丹的恶劣行径，康熙帝迅速做出决策，首先安顿溃逃的喀尔喀部民，然后向噶尔丹发出通告，令其率众西撤，归还侵地，还召见在京的沙俄使臣，严正警告沙俄，支持噶尔丹，即有意要“开兵端”！但是，无论噶尔丹，还是沙俄，根本就不把康熙帝的警告当回事。

康熙二十九年（1690 年）五月，噶尔丹以追南逃的喀尔喀为名，率军侵入乌尔会河一带，由于清军轻率出战，导致失利，使噶尔丹一直深入到距京师仅七百里的乌兰布通（今内蒙昭乌达盟克什克腾旗南境）。为了巩固北部边疆，康熙帝于同年七月任命皇兄和硕裕亲王福全和皇长子允禔率军出征。康熙帝则亲自带兵在后面指挥。八月一日，清军与噶尔丹军在乌兰布通展开决战，大破噶尔丹军数万人。但由于清兵放松追击，致使噶尔丹北逃。

噶尔丹回到漠北后，表面上向清朝政府表示屈服，暗地里却与沙俄联手，重新招兵买马，准备卷土重来。康熙三十一年（1694 年），康熙帝想与其和谈，便约噶尔丹会见，订立盟约。噶尔丹不但不来，还偷偷派人到漠南煽动叛乱。他扬言已向沙俄政府借到鸟枪兵 6 万，将大举向南进攻。

康熙帝了解了噶尔丹的狼子野心后，于康熙三十五年（1696 年）二月再次御驾亲征，部署三路兵马进剿。途中，他不以帝王之尊，而是与军士同食同宿，日唯一餐，渴饮浊水，甘受劳苦。噶尔丹闻知康熙帝亲征，落荒而逃。康熙帝亲率大军追赶五日，在昭莫多几乎将噶尔丹全军歼灭。噶尔丹仅带数人逃脱。

经此一战，噶尔丹元气大伤。其在伊犁的老巢，也被他的侄儿所夺占。由于他的暴虐统治，新疆、青海部民都背叛了他。沙俄因其已无利用价值，也不再帮他。他到处流窜，无处安身，但仍拒绝接受康熙帝的招抚。

为了彻底解决噶尔丹问题，康熙三十六年（1697 年）二月，康熙帝第三次亲征，噶尔丹余部纷纷倒戈。面对众叛亲离的局面，噶尔丹畏罪自杀。由他发动的叛乱，历时八年，终被粉碎。

为了纪念这次平叛斗争的胜利，康熙帝还御制了平定噶尔丹纪功碑，该碑位于今呼和浩特市旧城席力图召和小召（崇福寺）内。

清王朝取代明朝后，还进一步加强了对西藏的治理。顺治皇帝于 1653 年、康熙皇帝于 1713 年分别册封五世达赖喇嘛和五世班禅喇嘛，确立他们二人在西藏的政治和宗教领袖地位。规定达赖喇嘛在拉萨统治西藏的大部分地区，班禅额尔德尼在日喀则统治西藏的另一部分地区。自此还正式确定了达赖喇嘛和班禅额尔德尼的封号必须由中央政册封的规定。

为了进一步加强对西藏的管理，康熙帝还首置驻藏大臣。驻藏大臣代表中央政府会同达赖、班禅监理西藏地方事务，诸如：高级僧俗官员

的任免；财政收支的稽核；地方军队的指挥；涉外事务的处理；司法、户口、差役等项政务的督察等。此外，并专司监督有关达赖、班禅及其他大呼图克图（活佛）转世的金瓶掣（chè）签、拈定灵童、主持坐床典礼等事宜。

为了西藏的长治久安，康熙帝还派兵进驻西藏，并选用四位当地王公组成西藏地方政府，联合掌政，又在西藏广设驿站，使西藏与内地的联系密切。

安藏，是康熙帝一生中的重要业绩之一，为此他花费了近二十年的心血。他踏着前人的足迹，向前迈进了关键性的一大步。既加强了中央政府对西藏的有效管辖，使西藏地区得到安宁，又保护了西藏地区人民的利益。

康熙帝对西北及西藏的用兵与治理，都取得了辉煌胜利，为雍正、乾隆两朝进一步加强管理边疆打下了坚固的基础，为清朝统一多民族国家的进一步巩固和发展，开辟了道路。

强国富民显成效

康熙帝认为“家给人足，而后世济”，因此，他即位后，在延续前朝轻徭薄赋、与民休息政策的同时，为了进一步发展经济，又采取了一系列强国富民的措施。

首先是废止“圈田令”。清军入关后，最大的弊政莫过于圈占土地，跑马占田，任意罔夺。顺治朝时曾谕令禁止圈地，但令而不止。康熙八年（1769 年），他亲政之始，便下达禁止圈地的命令，他在诏书中说：“朕缵承丕业、乂安天下，满汉军民原无异视。比年以来，复将民间房地圈给旗下，以致民生失业，衣食无资，流离困苦，深为可悯。自后圈占民间房地永行停止，其今年所已圈者，悉令给还。”清初公开掠夺民地的暴行，延续多年之后，终于被永久禁止。康熙帝这一措施对完成统一事业，巩固中央集权是有很大促进作用的，而且客观上也符合广大农民的愿望，有利于清初农业生产的恢复和发展。

水利是农业生产的命脉，康熙帝一直很重视兴修水利，他亲政以后把“河务”当做巩固清朝统治的重大政治任务。

黄河、淮河一直是我国为害较大的两条河。在康熙帝执政的最初十五年内，黄河决口达六十九次，平均每年决口四五次。黄、淮河每次决口都会给中原产粮区和江南富庶之区造成惨重的经济损失，直接危及清政府的财政收入，影响局势的稳定。顺治朝时，每年为治黄投资百数十万两，役丁夫数万，但成效不大。康熙朝时决心治理黄淮两河，务求“一劳永逸之计”。

康熙十六年，康熙帝选中才能卓著的治河专家安徽巡抚靳辅任河道总督。在全力平叛三藩之乱、国家经济相当困难的情况下，康熙帝不为廷臣议论所左右，全力支持靳辅整治黄淮的大修计划，拨给治河经费二百五十余万两。此后，每年拨三百余万两。在康熙帝的严督下，靳辅尽心主持河务，历六年之艰辛，使黄河、淮河尽复故道，水患顿消。康熙帝高兴地说：“河道关系国计民生，最为紧要。今闻河流得归故道，深为可喜。以后益宜严毖，勿致疏防。”此后三十年间，康熙帝曾六次亲自视察河工，实地考察，指授治河方略，对治河起到了领导与指导的重大作用。

康熙帝亲政后，还十分重视垦荒。顺治朝时，虽进行了垦荒，但“行之二十余年而无效”。康熙朝初期，农业生产萧条凋敝的现象依然存在。这种状况如继续下去，经济就难于恢复发展，不利于国家的巩固。因此，康熙帝制定了有利于发展垦荒的措施。第一，放宽开荒的起科年限。新垦荒地原定免赋三年，康熙十年改为免赋四年，康熙十一年又放宽到免赋六年，康熙十二年进一步放宽到十年后起科。起科年限的放宽能提高垦荒者的积极性，有利于农业生产的发展。第二，康熙帝还在经济上帮助百姓发展垦荒。他规定：“有情愿开垦者，准其开垦；无力者，通省文武各官，给与牛种招垦。”第三，康熙帝对开垦后的地田，允许归开垦者所有，并在法律上加以保护，保障垦荒者的经济利益。他规定：凡数年无人耕种之地即算荒地，允许人们开垦，原主“不得复问”。对垦荒地，如有“豪强霸占，该督抚题参治罪”。

康熙帝的一系列措施对垦荒确实起到了促进作用，所以成效显著。使得“自古以来，无从开垦”的地区大量“迁民”垦种，增加了耕地面积，使农业生产得到较快的恢复发展。

康熙帝亲政后，还多次蠲（juān）免钱粮。康熙朝虽然为了统一而征战频繁，军费增加，但他宁可自己节俭也要蠲免钱粮。他说：“户部帑金，非用师赈饥，未敢妄费，谓此小民脂膏也。”当时每日出入宫廷，与康熙帝过从甚密的法国传教士白晋，在他的《康熙皇帝》一书中也说：“康熙皇帝本人的生活是简单而朴素的。”据《清圣祖实录》统计，康熙一朝先后在全国二十余省共免钱粮五百四十五次，其中规模最大的一次是康熙五十年宣布的，三年之内，各省轮流通免地丁粮赋一次，总额达三千八百余万。这一措施虽然暂时减少了政府收入，但也减轻了农民的负担。

康熙帝在执政五十年时说过：“每思民为邦本，勤恤为先，政在养民，蠲租为急。”他把蠲免看成是“古今第一仁政”。数十年来，他躬身实践，收效明显。民困得到纾解，民力得到培植，国家储积充盈。

最值得称道的一件盛事，是康熙五十一年（1712 年）二月，康熙帝向全国宣布：“滋生人丁，永不加赋。”即以前一年全国人丁数为准，“勿增勿减，永为定额。其后所生人丁，不必征收钱粮，编审时只将增出实数察明，另造清册题报”。康熙帝大胆取消新增人丁的人头税，这是历代所未曾有过的一桩带有根本性的大事。这一宣布，表明当时的经济已经高度繁荣。

康熙帝的这一重大政策，还促进了人口与经济的迅速增长。至康熙帝晚年，全国耕地面积大幅度上升，人口也由数千万骤增至一亿数千万！

大清王朝正是在康熙帝这样兢兢业业的治理下，日渐一日繁荣起来。

功绩与罪恶并存

作为一代杰出帝王，康熙皇帝在历史上的功绩是不可磨灭的。然而，康熙一朝也犯了许多致命的错误，制造了许多的罪恶，有的甚至为害至今。

熟悉历史的人都知道，在商品经济发展的基础上，明朝中后期的江南丝棉纺织业中已产生了资本主义萌芽。但到了康熙时期，西方资本主义正是大发展时期，而资本主义萌芽在中国却并未有多大进展。这是由于康熙帝对清初正在发展的工场手工业不是扶持而是严加限制。例如对丝织业机户的织机数量、工匠人数、工资定额，冶铁业场主的采矿地点、炉数、产量、价格、运销地点等都有严格规定，并课以高额税金。采铜业的产品一度只许以成本价卖给官府，再由官府售卖。此外，还在佣工中另外实行一种保甲制。他们“日则做工，夜则关闭在坊”，像囚犯一样没有人身自由。国内关卡林立，肆意刻剥商人。官府还勾结行会以各种条规罚款来限制竞争，防止生产规模和经营网点的发展失控。在这些条件的制约下，资本主义萌芽在中国的发展状如蜗牛，十分缓慢，难成气候。

制约资本主义萌芽在中国发展的另一障碍是海禁。

在对外贸易上，清代以闭关锁国著称，康熙朝也不例外。平定台湾后，海禁稍有放宽，但外贸仍只许在澳门、漳州、宁波、云台山四处进行，还须经过官商开设的公行，并限制进出口商品的数量及种类（进口的更少）。“康乾盛世”时外贸规模之小可以从下面两点看出：北宋和南宋时期国家虽并非完全统一，而其外贸港口却比大一统的康熙朝时多达六七处。南宋高宗时，市舶司岁入达二百万两，按什一税计，年外贸总值当在两千万两左右；而五百年后大清康乾盛世时，年外贸总值也从未超过此数。种种限制使诞生时间并不比欧洲晚多少的中国资本主义萌芽，萌来萌去总是长不大。相比之下，与康熙帝同时代的法国国王路易十四就明智得多。

路易十四即位初，法国工商业远远落后于英国、荷兰。为了加强竞争力，路易十四进行了大胆的改革。他降低商品税率，取消国内部分关卡，对新办手工工场提供国家津贴，鼓励对外贸易，支持造船工业，国家资助建立许多大外贸公司，努力扩大本国在海外的势力和影响，使法

国经济中资本主义因素迅速发展，很快取得与英国抗衡的地位，为后来资本主义制度在法国的完全确立打下了基础。

正是由于康熙朝拒绝资本主义萌芽在中国的生长，在别人大步前进时中国却从此背上了封建落后的农业国的重枷。后来发生“鸦片战争”，被资本主义列强用枪弹和军舰打开国门，割地赔款，受尽屈辱，也就顺理成章了。而这些，康熙帝是脱不了干系的。

历史的记载还告诉我们，康熙帝是一位喜欢学习的皇帝，除了精通儒家经典等“国学”外，他还对西方的数学、天文、地理、光学、医学、解剖学等自然科学有浓厚的兴趣，并进行了深入的学习，而且造诣颇深。放在今天，康熙帝绝对算得上一个文理兼备、学贯中西的大学者，赢得博导、院士之类的头衔应该不难。

然而，康熙帝热心学习各种知识，包括西方科学知识，是从一个帝王的立场出发，他的目的是要使自己成为万民景仰的绝对权威，以驾驭群臣和苍生，让他们俯首听命。因此，他在这一点上与历代帝王并无根本不同。他把学到的西方新知识，自己垄断起来，没有指示更没有倡导把它推广到生产实践中去，因而西方传入的科学技术并没有给中国的生产发展带来益处。

康熙帝最为人诟病的当然还是大兴文字狱。这点较之宋太祖赵匡胤、宋仁宗赵祯，那就简直是天壤之别了。

文字狱并非康熙帝始创，而是专制制度必然带来的罪恶。因此，在中国历朝历代均有发生。然而自康熙朝始，为害尤烈。

清朝皇帝的神经似乎更脆弱，对这类事情更敏感，章表诗文中一切能够得上影射、暗示、以至可以牵强附会的字句，都会被处以谋反罪，从而给作者带来杀身灭族之祸。

按清律，凡谋反者和共谋，主犯凌迟处死，三代内父、子、兄弟、同居之叔伯兄弟及子中 16 岁以上男子全部斩首，不满 16 岁的男童阉割后罚为奴，母、妻、妾、姐、妹，不论长幼全部罚为奴。外戚师生朋友也逃不了干系，就是死了也要挖出来戮尸。

康熙一朝以及其父顺治、其子雍正及至其孙乾隆年间，都对汉族知识分子施以高压，或深文周纳、吹毛求疵，或望文生义、捕风捉影，或图谋加害、蓄意制造。“文字狱”惨案迭起，罗网撒向全国。据统计，光康熙一朝大小文字狱就不下十余次。下面两个较为突出。

第一个，发生在康熙十五年（1676 年）至十六年间，湖北人朱方旦著书两部，讲修养身心，练气聚功。朱方旦认为，脑是人体最重要的部位，人的意念、思想、记忆均藏在脑子里，并从那里释放出来。这个观点向当时占正统地位的理学提出了挑战。理学把“心”看成万物本原，所谓“圣人之学，心学也”。朱方旦与统治阶级的意识形态发生矛盾，遭到朝廷一些人的围攻。

康熙二十年（1681 年），王鸿绪上疏参劾朱方旦“诡立邪说，煽惑愚民，诬罔悖逆”，大致意思就是朱方旦居然不坚持以统治阶级宣扬的思想为指导，而是以另一套歪理邪说来蛊惑百姓，犯了阴谋颠覆政府罪。于是被康熙帝御批问斩。其著作“尽行销毁”。

第二个，发生在康熙五十年（1711 年），都察院左都御史赵申乔参劾翰林院编修戴名世“妄窃文名，恃才放荡，私刻文集，肆口妄谈”。所谓“私刻文集”，是指康熙四十年（1701 年）间，戴名世的学生尤云鹗检举老师将平日所藏钞本百余篇刊印成《南山集偶钞》，四处宣扬，意思大概就是戴名世未经类似今天出版社之类的文化检查机构审定就私自出书。这条罪名当然不够严重，顶多就是出版了一些非法作品。

问题的关键是，该书对历史、社会、人情、风俗均有记载和议论。触犯了当朝大忌的是，书中在写到有关南明的人物时，都以南明各朝如弘光、隆武、永历的正式称呼为名，没有在称呼前冠以类似“反动派”之类的定语，这当然让朝廷很不爽。加之戴名世平时恃才傲物，不喜与达官贵人交结，已得罪不少人，这回终于被赵申乔抓住了短处。康熙帝接收奏章后，降旨严察。

此案审理历时近两年，最后株连戴、方（苞）两家，三代之内，年 16 岁以上者俱处死，母女妻妾及 15 岁以下之子孙俱给功臣家为奴。此外，刻印者、作序者等无一幸免。

总之，有清一代，康（熙）雍（正）乾（隆）年间文字狱极为盛

行。而康雍乾三朝对这类案件捕风捉影之荒唐，牵强附会之怪异，株连之广泛，处理之残酷，无以复加。这些令人发指的行为，终将永远被钉在历史的耻辱柱上。

康熙六十一年（1722 年）十一月，康熙帝病逝，享年 69 岁，被葬于清东陵的景陵（今河北省遵化境内）。从此，他擒鳌拜的机智，平三藩的果敢，收复台湾的英明，击败沙俄侵略者的壮举，用兵西北和西藏、维护祖国统一的丰功伟绩以及强国富民的努力与他闭关锁国和大兴文字狱等等错误与罪恶一起，成为他鲜明的印记，永远铭刻在历史的记忆中。

滚滚长江东逝水，浪花淘尽英雄。是非成败转头空，青山依旧在，几度夕阳红。